La fabrique du féminisme

Geneviève Fraisse

le passager clandestin

Cet ouvrage a été publié pour la première fois en 2012
par les éditions le passager clandestin, sous le titre
La fabrique du féminisme. Textes et entretiens.

3, rue Louis le Pitre
56100 Lorient
www.lepassagerclandestin.fr

Couverture : Yanni Panajotopoulos
(yanni@pleineouverture.com)
Corrections : Anne Kraft et Vladimir Sichler

TABLE DES MATIÈRES

2017-2022 : FIN DE LA DISQUALIFICATION, OU DISQUALIFICATION SANS FIN ? —

Un événement a surgi, une révolte prend forme. Les femmes prennent la parole, publiquement. Arrêtons de dire, et surtout de laisser dire, que la parole s'est libérée. Le sujet femme pratique la forme active et non passive de la conjugaison française. Elles ont donc pris la parole. Alors s'il y a libération, c'est celle de l'écoute, de l'écoute de ceux et celles qui ne voulaient rien savoir ; changement en cours…

Le XXIe siècle a de nombreuses raisons de placer le corps des femmes au centre de la volonté d'émancipation. Outre le multiple des sexualités, le corps reproducteur (PMA, GPA et filiations nouvelles) et le corps sexuel (violences, du harcèlement au viol, et consentement mutuel) sont en débat et donnent une double perspective, dont on doit comprendre qu'elle est politique. Une fois encore la généalogie peut nous aider.

Durant deux siècles, en France, l'émancipation des femmes a fait feu de tout bois, œuvrant à la transformation des lois comme à la subversion des mœurs; fabriquant de nouveaux repères tout en déréglant les représentations figées. Changer le Code civil, lutter pour le droit de vote, par exemple, ou encore franchir des interdits non explicites comme passer le baccalauréat en 1861 ; ou encore écrire, peindre, sculpter comme tout un chacun. Demander un changement de loi, ou profiter des interstices et des silences de la loi, tels furent les deux chemins de l'émancipation. La subversion par les mœurs a continué, mais le cycle d'obtention des droits touche à sa fin au tournant des années 2000. Pourquoi ? Parce que les droits civils et politiques ont été égalisés, les droits économiques ont été énoncés, surtout par l'Europe avec les directives prônant l'égalité de traitement ; enfin l'égalité dans la famille a été pensée et actée (autorité parentale, transmission du nom, union homosexuelle). N'oublions pas que cet état des lieux n'est pas valable pour le monde entier.

Bien évidemment, le droit ne se transcrit pas automatiquement dans la réalité. Le formel ne fait pas le réel, nous l'avons appris à l'école. Et si ce formel indique une « fin de cycle », c'est précisément parce que la famille se devait d'être le dernier bastion de l'inégalité des sexes. Jean-Jacques Rousseau l'avait bien vu quand il notait, dans *Le contrat social*, que la famille, le domestique, devait rester à l'écart de l'ambition démocratique qui allait succéder à la monarchie installée. Finalement, le droit égalitaire a balayé tout le champ de l'existence des femmes ; et on s'en réjouit. Bien sûr, de nouvelles lois ou des améliorations juridiques peuvent advenir ; c'est encore et toujours nécessaire, mais pas suffisant.

Car le réel est loin de pratiquer sérieusement l'égalité des sexes. C'est pourquoi le corps est entré en jeu, et ce corps devient collectif, donc politique. Certes, des lois propres au corps de toute femme – divorce et recherche en paternité pour le XIXe siècle, contraception, avortement et criminalisation du viol pour le XXe – dessinèrent une ligne d'émancipation qui est moins celle de la raison (éducation, citoyenneté, travail, etc.) que celle de la propriété de soi, c'est-à-dire de son corps ; tel un *Habeas corpus*. Et, aujourd'hui, c'est le corps pluriel, le corps public qui rentre en scène. Depuis la dénonciation individuelle avec l'affaire DSK, et la plainte collective des affaires Baupin et Weinstein, la révolution MeToo a montré les femmes défendant leur corps dans l'espace ouvert de la *res publica*, de la chose publique. Sans doute le fait que nombre d'entre elles aient une présence professionnelle suffisamment forte, donc une autonomie économique, rend ce geste collectif possible. Propriété de son corps et autonomie économique sont les repères politiques de ce nouveau temps féministe.

Nous y voilà. Non seulement le droit ne transforme pas automatiquement le réel, mais aussi le droit ne peut pas tout. Car le corps des femmes est un impensé du contrat social énoncé à l'époque moderne. Il existe, comme en un soubassement, un « contrat sexuel[1] » qui confirme le fait que, même si on change de système politique, le corps des femmes est toujours à la disposition des hommes ; très, et trop souvent, en toute impunité. Patriarcat ? Le mot a ses avantages et ses inconvénients. Mais ce qui apparaît ici, c'est moins le père ou le maître, mis en cause, que le

1. Carole Pateman (1988), *Le contrat sexuel*, traduit par Charlotte Nordmann, préface de Geneviève Fraisse, postface d'Éric Fassin, Paris, La découverte, 2010.

simple fait que le corps des femmes ne leur appartient pas toujours. Certes, le corps n'est plus une propriété au sens strict, simple objet d'échange ; mais il reste une possible possession, sous la puissance d'un autre que soi.

C'est alors compréhensible qu'après ce cycle de droits, un nouveau cycle commence, celui où la révolte des corps, rendue possible par la parole des femmes, publique et multiple, se transforme en force politique.

Mais, mais, l'Histoire n'est pas téléologique, le féminisme n'est pas un long chemin de progrès continu. L'actuelle mise en cause de l'avortement nous le rappelle. Certes, on a cru à cet *Habeas corpus* (1679) qui, en amont de la Déclaration des droits de l'homme un siècle plus tard, permettait l'affirmation du sujet civil représenté par son corps. Et si j'insiste sur ce rappel historique, c'est bien pour souligner son ascendance juridique comme droit potentiellement fondamental. Les slogans des années 1970 s'y référaient implicitement ; «*our bodies ourselves*» – «notre corps nous-mêmes» – en témoigne. Les batailles de ces dernières décennies se concentrent, à juste titre, sur la nécessité d'inscrire constitutionnellement ce droit ; avant toute loi obtenue ici ou là. Désormais ces batailles font face au danger, danger de mettre en cause les lois obtenues. J'entends alors qu'il y a régression, retour en arrière. Non, l'image du progrès est simplificatrice. Je dis plutôt que «les droits des femmes sont réversibles», fragiles par conséquent. On cite souvent la phrase de Simone de Beauvoir : «Il suffira d'une crise pour que les droits des femmes soient remis en question.» (C'est peu de le dire quand on pense, par exemple, aux femmes afghanes...). Or, même sans crise, les femmes peuvent perdre leurs droits… C'est cela la réversibilité. Et c'est alors qu'il faut avoir un regard politique ; car l'avortement est une question politique, c'est-à-dire prise dans le champ de l'actualité politique.

Il est temps alors de préciser notre vocabulaire. Le mot « sexisme » prend toute sa place dans le fait de comprendre l'importance du corps des femmes dans notre vie publique. Qu'est-ce que le sexisme ? Ce mot, récent dans la langue française, est très souvent rapporté au mot « discrimination » : « agissement discriminatoire », dit le langage des institutions ou des dictionnaires. Or le sexisme ne relève pas d'emblée du langage juridique ; ou plutôt, la discrimination peut être, ou pas, une conséquence du sexisme ; toujours comme dans un deuxième temps. Car le sexisme n'est pas l'apanage du monde contemporain, ère démocratique de nos contrées où la justice se sert du juridique. Le sexisme traverse les siècles. En revanche, le mot « discrimination » fut un néologisme, daté de 1877, exactement au moment où la république s'installait pour durer en France. Le sexisme dit la « qualité », ou plutôt la « disqualification » ; hiérarchie de valeurs avant d'être pratique d'exclusion.

L'homme laisse entendre à la femme qu'elle n'est pas de la même qualité que lui, qu'il y a, dirait Aristote, une « différence de substance ». C'est pourquoi cette qualité de l'être femme, à l'évidence de moindre qualité, se transforme en infériorité et en objectivation.

Ce livre s'interrompt à l'été 2011 avec deux textes qui prennent acte de ce passage historique : l'un, à propos de DSK, souligne que le fait divers est devenu politique, donc historique, l'autre vient en soutien aux femmes tunisiennes, menacées par une nouvelle Constitution bien décidée à les renvoyer à la « complémentarité » des sexes au détriment de leur égalité. L'un inaugure ce qui va se jouer autour du corps public des femmes, l'autre nous rappelle que nous serons toujours en alerte pour ce qui est de la loi, et du droit.

Or la loi et le droit sont venus soutenir la révolte de MeToo. Non pas en donnant ou fabriquant de nouveaux droits, mais en permettant à la subversion d'être reconnue. Les femmes ont porté plainte et ne se sont pas contentées de doléances. Elles ont souvent été plusieurs face à un homme accusé, soulignant ainsi la démarche politique. C'est un changement de cycle dans l'histoire du féminisme. Des hommes sont accusés et punis, par la loi comme par l'opinion publique. Or cette révolte est une révolution : elle invite à changer de monde, à inventer un nouveau monde. Dénoncer et condamner sont des actes politiques inscrits dans une temporalité destinée à se transformer, à faire histoire. C'est ce temps à venir qui est devant nous, avec l'inventivité d'un féminisme qui se porte bien ; enfin.

Féminisme qui se diffuse comme à chaque temps fort, mot de féminisme longtemps décrié, mot maudit, écrivais-je jadis ; mot aujourd'hui presque à la mode. On ne boudera pas son plaisir mais on sera vigilante : le féminisme n'efface pas le sexisme.

« LE FÉMINISME, ÇA PENSE ! »

L'année 2011 apparut comme un laboratoire, où se donnaient à voir, dans l'expérience de l'actualité, débats et polémiques, les élaborations successives de la pensée du féminisme. La génération nouvelle des féministes succédait en douceur, et souvent avec humour, à celles qui commémoraient les 40 ans du Mouvement de libération des femmes en 2010 ; l'affaire du Sofitel était un concentré des questions posées dans quelques-uns de mes travaux, service domestique et démocratie, consentement et politique, circulation entre privé et public, singularité de l'histoire française. La polémique sur le savoir transmis aux lycéens (sexe/genre) touchait à l'ambition même de tout savoir : être reconnu légitime par l'espace académique en général. L'enjeu du droit des femmes dans les révolutions arabes faisait écho à l'histoire de la démocratie occidentale peu encline à synchroniser l'égalité des sexes avec la dynamique révolutionnaire. J'ai été étonnée, voire amusée, par cette congruence entre ma recherche théorique et l'actualité de l'histoire française et internationale. L'idée de faire ce livre vient de ce croisement.

Trouver un écho singulier dans cette actualité permet de souligner que c'est dans l'histoire en acte que les questions théoriques du féminisme ont des chances de prendre forme. Seule la rencontre entre l'histoire et la pensée ouvre le chemin d'une construction intellectuelle qui « idéologise » le moins possible. Les textes rassemblés ici sont, pour la plupart, des textes de commande, en tout cas pour ce qui concerne la presse, grande ou petite. Il y eut comme un va-et-vient entre mes travaux et les commentaires qui me furent demandés. Seule la première partie se singularise car elle marque la première distanciation de l'après 1968 et du mouvement féministe.

Un mot, donc, pour distinguer les moments du nœud problématique entre pensée et histoire.

Le premier moment est celui des creusets théoriques, les revues *Les Révoltes logiques* (1975-1985) et *Les Temps modernes* ainsi que les éditions Tierce (1977-1994).

Le deuxième (1985-1997) croise les questions de fond d'une chercheuse au CNRS avec l'histoire de la démocratie, bicentenaire, mouvement pour la parité, comme avec l'histoire de la philosophie peu disposée à authentifier l'objet « différence des sexes ».

Le troisième, absolument inattendu, est fait d'interventions directement liées à la pratique politique (1997-2004). Je suis nommée déléguée interministérielle, puis élue parlementaire européenne, au titre de la société civile (ni membre d'un parti, ni apparentée), et grâce à la « gauche plurielle » qui laisse une marge de liberté individuelle.

Le quatrième s'installe dans la durée, synthèses en cours ou reprises comme mises en perspective (2004-2011). C'est le moment de la consolidation, peut-être, mais aussi de la certitude qu'il faut toujours recommencer, car la surdité commune à l'égard du féminisme est comme une « ritournelle ». J'ai écrit, et dit, à plusieurs reprises et à haute voix, que le mot « féminisme » est un mot maudit, et peut-être pour toujours.

Au regard d'une chronologie personnelle, on voit que le mouvement des femmes des années 1970 a induit la recherche en philosophie (« les fondements philosophiques du féminisme » deviendront « les formes du féminisme historique »), puis les compétences en matière de « sexes et démocratie » ont conduit la chercheuse dans des fonctions politiques. Va-et-vient entre théorie et pratique, dira-t-on, aménagement d'une conviction gauchiste, celle d'ignorer les hiérarchies et les catégories contraignantes, plus sûrement. Quatre philosophes ont chacun donné une clé : Michel Foucault montrait que tout texte, humble ou canonique, pouvait aider la question philosophique ; Jacques Rancière voyait tout sujet, pauvre autant que riche, comme lieu de pensée ; Simone de Beauvoir validait l'objet « deuxième sexe » dans son enjeu théorique ; Gilles Deleuze disait que la philosophie surgit quand le mot, la notion se fait concept.

Au fil du temps, trois conditions sont devenues nécessaires pour poursuivre l'investigation du « comment ça pense », trois conditions incontournables : la matérialité des discours, la dualité des sexes, et la politique féministe. « Ça pense » est une affirmation polémique au regard de la méfiance renouvelée à l'encontre d'un féminisme réduit à l'hystérie ou à l'activisme.

Ces trois conditions doivent être formulées le plus clairement possible :

1. La matérialité des discours : telle fut, au moment fondateur de la revue *Les Révoltes logiques* en 1975[1], l'idée essentielle. Les « idéologies de la révolte » ont une « matérialité » qui se lit dans les discours et dans les pratiques. Cette matière, celle que les sujets de l'histoire rencontrent dans leur actualité, tient aux problèmes d'un temps historique donné, comme aux repères politiques d'une époque, d'une société, ici démocratique. Par exemple, si je me suis intéressée au « service » domestique, c'est parce que cette notion permettait de faire le lien entre travail salarié et travail non salarié, domesticité et domestication des femmes, égalité des sexes et hiérarchie sociale. Par exemple, si j'ai mis en avant la notion de « consentement », c'est parce que ce mot pouvait condenser la question du foulard, de la prostitution et de la symétrie – ou non – des désirs et des choix. La matérialité d'une question, ici « service » ou « consentement », permet, à partir de la localisation d'un problème dans la société, d'éviter la dispute morale embarrassée de généralités au profit de l'aiguisage politique des figures de l'émancipation des femmes.

2. La catégorie de la « différence des sexes » : c'est une catégorie « vide », vide de contenu (féminin/masculin), vide de sens anthropologique, vide de théorie philosophique. Visible, la dualité des sexes est une réalité empirique qui a des conséquences politiques. Réalité empirique parce que visible, visible physique, visible

1. Jean Borreil, Geneviève Fraisse, Jacques Rancière, « le Centre de recherches sur les idéologies de la révolte », *Le Doctrinal de sapience*, n° 1, 1975. Certains articles ont été repris dans Geneviève Fraisse (1998), *Les femmes et leur histoire*, Paris, Folio Gallimard, 2010, 2019.

social. C'est pourquoi je n'ai pas eu de mal à employer cette formulation ancienne – « différence des sexes » – que je transforme volontiers aujourd'hui en « question des sexes », pour éviter tout malentendu, pour éloigner toute interprétation idéologique partisane. On peut dire que le « genre » et le *queer* travaillent à l'effacement de cette binarité ; et certes, l'assouplissement des assignations sexuelles est une conquête d'importance et une subversion certaine. Mais c'est seulement une partie de la solution, un fragment ; en faire la clé de voûte du futur est une illusion politique ; car ce n'est pas le tout d'une égalité possible, le tout de la révolte et de l'émancipation féministes.

3. La politique féministe oblige à préciser le rapport intellectuel au féminisme. J'ai l'habitude de dire que je ne fais pas de la recherche féministe mais que je suis une féministe qui fait de la recherche. Aujourd'hui, on appelle cela un savoir « situé », un savoir qui n'est pas neutre. Nous sommes d'accord, le savoir est ancré dans le réel du sujet qui réfléchit. Mais, en la matière, on voit bien que le problème ne vient pas du sujet qui pense mais de l'objet à penser. Le féminisme est-il pensable, est-il le creuset d'un savoir possible ? Oui, il y a de la pensée, dans l'agir féministe comme dans la réflexion féministe ; de la pensée dans la rue et dans la bibliothèque. Or le féminisme reste frappé d'illégitimité, notamment et surtout en France, en pratique comme en théorie.

En fait, face à l'illégitimité supposée de l'intérêt conceptuel du féminisme, la réflexion s'élabore nécessairement avec la pratique même, que cette pratique soit événement ou problème. Il n'y a pas d'autre choix. Sinon, il est facile de réduire la pensée féministe, pour ses partisans comme pour ses adversaires, à de la conviction. Universalisme, différencialisme, ces mots deviennent vulgaires quand ils servent d'étiquettes. Ils emmêlent alors la patience nécessaire du concept avec l'urgence de la posture théorique. Penser avec la pratique fait le chemin inverse, celui de chercher le mot ou la notion qui collera au réel.

L'enjeu du savoir reste donc central. Quand des femmes et des hommes politiques fustigent une « théorie du genre » – qui n'existe pas –, pour bloquer l'accès à des savoirs (qu'ils soient sociologiques ou biologiques), ils expriment la peur d'un nouveau champ de connaissances. En effet, l'épistémologie du féminisme doit d'abord construire un champ de connaissances.

Oui, le féminisme, « ça pense ». Les textes choisis pour ce recueil sont un témoignage intellectuel. Témoignage d'un pari, fait au lendemain de 1968, qui fut aussi le début du MLF. J'ai pris au sérieux le fait que la parole était dehors et dedans, dans les manifestations et dans les amphithéâtres. La fabrique du féminisme, affirmer « ça pense », implique autant les sujets, individuels et collectifs, que les lieux, les espaces, les situations.

AVERTISSEMENT

Ce recueil est composé d'un choix d'articles et d'entretiens parus dans divers périodiques entre 1975 et 2011. Il suit la chronologie de la publication de ces textes.

*De manière générale, les titres des entretiens accordés par Geneviève Fraisse ont été choisis par la rédaction des journaux et revues qui les ont publiés. Quelques articles sont parus sous des titres différents de ceux suggérés par l'autrice. Les titres d'origine ont été rétablis chaque fois que cela s'imposait. Toutes ces précisions concernant lieux, dates et conditions de parution originales sont apportées dans les notes signalées par le signe *.*

*Ce livre rend compte avant tout d'un trajet de pensée. Aussi, et conformément au vœu de l'autrice, les compléments d'information historique ont été limités à leur strict nécessaire dans l'appareil critique. Ils sont signalés en note de bas de page par la mention [*NdE*]. Les autres notes figuraient lors de la première parution.*

LA RUE ET
LA BIBLIOTHÈQUE
(1976-1984)

Du milieu des années 1970 au début des années 1980, il s'agit avant tout de conquérir l'espace public, aussi bien par l'engagement militant – avec le Mouvement de libération des femmes – que par le travail de recherche. À cet égard, la découverte de la bibliothèque d'archives féministes Marguerite Durand, en 1973, est décisive, dans la mesure où l'histoire s'impose comme une réponse aux impasses de l'après 1968. Parallèlement se mettent en place différents groupes de recherche : le CRIR (Centre de recherches sur les idéologies de la révolte) au sein du département de philosophie de Paris VIII à Vincennes, animé dès 1974 par Jacques Rancière, où se fonde en 1975 la revue Les Révoltes logiques *; au même moment est créé le GEF, Groupe d'études féministes interdisciplinaires à Paris VII. Le livre sur le « service domestique »*[1] *est clairement issu de cette double inscription. Ce travail trouve son prolongement en 1983 lors de l'entrée de Geneviève Fraisse au CNRS, avec un projet sur « les fondements philosophiques de la pensée féministe » par lequel il s'agit de rendre compte de la raison des femmes.*

Le début des années 1980 correspond, avec l'arrivée des socialistes au pouvoir, à un temps de confrontations et de clarification des positions : du côté de la « recherche féministe », lors d'un colloque organisé à Toulouse ; dans les disputes avec les éditions Des femmes autour du sigle MLF, et enfin face à l'institutionnalisation probable de ce mouvement avec le gouvernement socialiste (le bicentenaire sera-t-il féministe ?).

1. *Femmes toutes mains. Essai sur le service domestique*, Paris, Seuil, 1979 ; rééd. augmentée : *Service ou servitude, essai sur les femmes toutes mains*, Points, 2009, 2021.

« Nous qui sommes sans passé, les femmes,
Nous qui n'avons pas d'histoire »
(Hymne du mouvement des femmes)
« Libération des femmes, année zéro »,
Partisans, n° 54-55, 1970

POUR MARGUERITTE DURAND*

Le mouvement des femmes a d'abord cru à sa naissance spontanée, irruption dans une histoire qui nous avait toujours ignorées. Les sorcières folles, les bourgeoises revendicatrices et les suffragettes excitées étaient nos seuls points de repère, préjugés sagement appris à l'école patriarcale. Mais si les temps forts du début du mouvement nous laissaient croire que nous inventions tout, les temps de dispersion questionnaient plus notre place dans le passé. Les amazones et les sorcières furent alors nos références parlées, amour du mythe plutôt que de l'histoire. Bourgeoises ou socialistes, les femmes de la Révolution et du XIXe siècle apparurent comme celles qui se battaient pour les femmes. C'est à la fin du XIXe siècle qu'apparaît le terme de féminisme. Il reste que l'histoire présente de nos luttes, qui n'est plus seulement une bataille pour l'avortement mais aussi contre le fascisme tout autant ou en même temps que contre le viol, nous

** *Le Catalogue des Ressources*, Paris, Édition librairie Alternative et Parallèles, 1976. Ce texte, rédigée par Geneviève Fraisse et signé collectivement sous le nom de « Faiseuses d'histoire », fut transformé par l'éditeur en « Tisseuses d'histoire ». Sa dédicace à Marguerite Durand, oubliée à la publication, est ici restituée.

conduit à retrouver les femmes qui se vivaient bien dans une politique différente, mais qui mêlaient leurs pratiques aux luttes sociales globales. En dehors, à côté ou avec l'histoire des hommes, les femmes du passé surgissent dans notre présent…

Notre histoire :

Nous ne sommes plus seules, ni aujourd'hui, ni hier.

L'histoire n'est plus seulement celle des hommes, la nôtre était occultée, il faut la faire revivre :

– pour les amoureuses de l'identification, elle est une force triomphante où puiser une confiance ;

– pour les autres ou pour les mêmes, elle pose la question de l'émergence d'un mouvement, d'une lutte de femmes et de ses disparitions répétées.

Elle montre comment se récupèrent ou s'intègrent des revendications et des révoltes ; ou plutôt comment une révolte se vit dans ses contradictions, choisit ses arguments par souci d'efficacité ou par prudence et méconnaissance devant des obstacles nécessaires ou inévitables.

Redire l'histoire pour mieux vivre celle qui se fait et se vit aujourd'hui, nos blocages, nos déplacements et nos pas en avant…

Histoire des luttes jusqu'ici enfouie et occultée, à côté ou contre l'histoire des hommes ? Histoire en mouvement, siècle après siècle, dialectique de l'oppression vers notre libération…

L'histoire des luttes n'est pas toute l'histoire. Dans les livres, on parle bien des femmes passées, non de leurs révoltes, mais de leur condition. Un peu comme si c'était les coulisses de la vie politique, à la rubrique quotidien ; histoire immobile dans ses changements, histoire de ce qu'on appelle les stéréotypes féminins, mère, épouse, gardienne du foyer ou éducatrice. Les femmes se retrouvent souvent dans un paragraphe ou dans un chapitre ; or, nous, nous voulons un livre, non pour souligner nos rôles ou nos vies, mais parce que retrouver l'histoire des femmes, ce n'est pas compléter un savoir mais le mettre en cause. On ne pourra plus raconter le mouvement ouvrier sans parler de son rapport aux ouvrières, raconter l'expansion de la médecine sans reconnaître que les hommes en ont chassé les femmes. On ne pourra plus oublier que la vie privée est politique et qu'il ne suffit pas de le dire.

Une histoire, des histoires, notre histoire :

– pour étirer notre existence en deçà de notre présent jusqu'aux grands-mères de nos grands-mères ;

– pour y puiser la confiance ;

– pour mieux vivre l'aujourd'hui de notre libération. Où sont nos contradictions, nos impasses et nos découvertes ?

« Les femmes coupées en elles-mêmes
et séparées les unes des autres ne peuvent rien »
Carmen Castillo, pour Beatriz Allende,
Libération, 15-16 octobre 1977

LA SOLITUDE VOLONTAIRE (À PROPOS D'UNE POLITIQUE DES FEMMES)*

— Notre mouvement a une histoire, disent-elles.

— Construisons le mouvement autonome, nous répond-on…

— À partir de notre histoire ?

Les lieux et les moments du mouvement des femmes se suivent et se ressemblent parfois, pas souvent, pas toujours. Des grands rassemblements à la Mutualité (oppression, viol) ou à Vincennes (rencontre internationale) à l'éparpillement des groupes de quartier, d'affinités, d'entreprise en passant par les querelles officielles (les éditions Des femmes et leurs procès, le « mouvement autonome » et son refus des féministes-petites bourgeoises-sexistes) se pose et s'impose la question : qu'est-ce que le mouvement des femmes aujourd'hui ? Il a été marginal, unique, unitaire ; il est devenu symptôme ou mauvaise conscience, dernier-né ou refoulé des politiques de gauche mixtes, traditionnelles ou extrémistes, instituées

* *Les Révoltes logiques*, numéro spécial : « Les lauriers de mai ou les chemins du pouvoir (1968-1978) », Paris, Édition Solin, février 1978.

en tout cas ; il cherche aussi maintenant à s'imposer face à ces groupes comme force autonome. Était-ce notre but et notre avenir ?

Il faut alors poser à la fois le problème de la, d'une, des politiques des femmes différentes et nouvelles, novatrices par les sujets de ces politiques (nous-mêmes enfin sujettes sans maître) et la question de l'interpellation ou de la récupération auxquelles le mouvement des femmes contraint la gauche et l'extrême-gauche en France. D'où une double interrogation : y a-t-il une politique des femmes à définir comme telle, quel est l'enjeu du féminisme à gauche ?

Avoir cru à une « année zéro »[1] de la libération des femmes nous a mises d'emblée hors de la problématique d'une juste ligne. Le mouvement des femmes est né sans avoir été programmé et devant le peu d'enthousiasme à nous accueillir, l'affirmation de notre réalité a toujours eu autant d'importance que nos objets de lutte. Comment ne pas comprendre alors qu'on refusait les alternatives et les priorités, les contradictions premières et les contradictions secondaires ? Puis, face à des choix impossibles où se mettaient en balance la volonté de lutter et la peur du pouvoir, il y eut des moments d'impuissance, blocage né de contradictions et d'antagonismes qu'il ne s'agissait pas d'éliminer ; certaines se sont épuisées à s'en tenir aux premiers élans du mouvement, d'autres se sont organisées.

Ce qui se passe aujourd'hui se veut très différent, en rupture avec les premières années du mouvement ; et

1. « Libération des femmes, année zéro », *Partisans*, n° 54-55, 1970.

chaque groupe, chaque tendance reconstruit une histoire sélective depuis 1970. Au lieu de cela, je préfère restituer quelques choix[1], et beaucoup de problèmes…

Dire mouvement et non organisation implique nécessairement, où que l'on soit *dans* le mouvement, une reconnaissance, à des degrés divers, d'une liberté de structures. On n'adhère pas au mouvement comme à un parti et je continue à croire qu'une femme qui se révolte, ici ou ailleurs, se retrouve féministe, et qu'être féministe, c'est participer au mouvement des femmes. Il suffit pour cela de ne pas se laisser pénétrer par les images des médias. En même temps, ce terme, volontairement vague, établit des confusions entre droite et gauche, gauche et extrême-gauche. Chacune d'entre nous apporte ses propres choix politiques et les subvertit en même temps puisqu'ils sont tous inopérants dans la lutte des femmes : voter ou ne pas voter, aller vers le PS ou être anarchiste, ce n'est pas cela qui nous fait choisir notre attitude face au viol… Le mouvement des femmes ce sont des femmes en mouvement disait-on ; mais comment ça marche ? Le refus des structures, c'est aussi se laisser prendre entre l'inventivité des initiatives (sous forme imagée : la couleur des slogans et la vie des manifestations) et l'éventualité du terrorisme (circuits de décision occultes parce que sans

1. Il faudrait dire aussi qu'il y a *des* mouvements de femmes. Entre le nous et le je, je n'ai évidemment aucun don d'ubiquité sereine… Si l'on n'appartient pas à un groupe qui porte un nom, il y a toujours, à Paris en tout cas, des groupes informels, réseaux d'affinités et d'histoires communes. Je voudrais que ce texte soit proche de quelques dizaines de copines rencontrées, retrouvées de réunions en réunions et qu'il ressemble aussi aux discussions de ce petit groupe de l'hiver 1976 qui s'appelait « espace politique ».

garantie institutionnelle ; les AG ont toujours plus ou moins mal masqué les réseaux d'influence...).

La liberté de structures est un certain désordre mais n'anéantit pas la politique classique qui nous rappelle à l'ordre ou nous guette dans notre désordre même : l'invention redevient tradition et inversement ; on se vit bien parfois dans l'héritage du militantisme gauchiste (parler à la place des autres, agir pour les autres) ou de l'assistanat féministe (la même chose, versant féminin ?) : il faut soutenir Barbara[1], et pas seulement en occupant la librairie « Des femmes » ; aider Hélène Vernet à résister à son expulsion[2], etc. À l'inverse, la dérision, la polémique et l'humour s'imposent comme démarche politique : ridiculiser l'année internationale de la femme en chantant et dansant à la manifestation du 8 mars 1975[3], caricaturer Giroud dans le film *Miso et Maso*[4].

Dans l'un et l'autre cas, c'est l'événement qui est privilégié, aussi enfoui dans le quotidien soit-il ; comme si la politique découlait de notre sentiment des responsabilités et des urgences où la présence du mouvement s'impose

1. Barbara était une prostituée [*NdE*].
2. Hélène Vernet est la fille de Madeleine Vernet (1879-1949), féministe et pacifiste. Voir Geneviève Fraisse, *Les femmes et leur histoire*, *op. cit.*
3. En 1975, l'Organisation des Nations unies décrète cette année-là « Année internationale de la femme » [*NdE*].
4. À la fin de l'année 1975, Bernard Pivot avait invité Françoise Giroud, première secrétaire d'État à la condition féminine, à une émission intitulée « Encore un jour et l'année de la femme, ouf ! C'est fini ». L'année suivante, le documentaire *Maso et Miso vont en bateau*, réalisé par Delphine Seyrig, Nadja Ringart, Carole Roussopoulos, Ioana Wieder, propose une parodie de cette émission pour faire « la preuve officielle que le secrétariat d'État à la condition féminine est une mystification » [*NdE*].

comme nécessité pour que l'oppression éclate. L'histoire du mouvement est tissée d'initiatives et de structures ponctuelles : « mobilisation » sur le viol, la prostitution, le fascisme… Le MLF a toujours posé ces urgences sans les transformer en interpellation politique permanente. Les campagnes du mouvement sont lancées par certaines et reprises par d'autres ou plutôt, il se produit un glissement de structures (cf. l'avortement et le MLAC[1], même si ce sont aussi les *mêmes* femmes). Que veut dire ce déplacement lorsqu'il s'agit d'assumer les répercussions sociales d'une initiative ? Faut-il dire que les organisations « gèrent » les révoltes ou bien que le sens d'une lutte se transforme en devenant publique ? Il paraît effectivement simple de faire exploser le *statu quo* d'une oppression (l'avortement) depuis longtemps refoulée et occultée ; tout se complique une fois faite la dénonciation : si on s'en tient aux refus des priorités stratégiques, comment ne pas se sentir paralysées pour agir ? Comment libérer l'avortement si ce n'est pour libérer les corps ? Quelle politique de la natalité se joue dans cette lutte ?

Ordre/désordre, continuité/ponctualité, ces oppositions appartiennent au mouvement des femmes parce qu'elles représentent notre va-et-vient entre nos repères dans l'éventail politique classique et leur importance dérisoire face à nos problèmes de femmes. Mais ces oppositions répètent un vieux débat entre la réforme et la révolte où on se sent renvoyées dos à dos.

---

1. Mouvement pour la libéralisation de l'avortement et de la contraception, créé en avril 1973 [*NdE*].

Il existe bien sûr des groupes déclarés, de la librairie Des femmes à Choisir[1], mais ils restent minoritaires par rapport à la sensibilisation/mobilisation de toutes les femmes qu'on rencontre. On pourrait plutôt dire que cette façon d'être partout et nulle part au travers de démonstrations spectaculaires nous oblige au parasitage : se servir des organisations des autres ; à l'image de la réalité parisienne du mouvement : difficultés pour une maison des femmes, pour un journal féministe. Nous restons plus dans la mixité que nous voulons bien le croire…

Dans le discours, au niveau des mots, il y a « nous », et « les mecs », opposition farouche où se ferait tout à coup l'unité si ce n'est entre toutes les femmes, du moins contre tous les hommes ; non pas pour leur déclarer la guerre, comme on aime le dire à droite et à gauche, mais parce que je crois qu'être femme, aujourd'hui, dans la politique, peut et doit s'entendre comme tel. En même temps, lorsqu'on ne confine pas le féminisme aux problèmes de « bonnes femmes », l'opposition homme/femme peut disparaître dans le concret et nous retrouvons certains « mecs » en accord avec ce qui nous apparaissait nouveau, spécifique à une expression, une volonté féministe. Qu'est-ce qui nous fait tenir alors à l'entre-femmes pour la politique, si ce n'est ce vécu qui nous colle à la peau, oppression et exploitation, qui nous a fait naître au mouvement et nous fait croire que nous pouvons créer une autre façon de faire de la politique ? Carmen Castillo le dit clairement à propos de Beatriz

---

1. Mouvement féministe, créé par Gisèle Halimi et Simone de Beauvoir en 1971, qui prend fait et cause pour l'avortement [*NdE*].

Allende : il faut cesser d'être soit femme, soit militante ; plus même, ce sont les femmes, au nom du quotidien, qui transformeront le rapport à la politique.

Les hommes de qui nous sommes proches n'ont pas ce rapport immédiat aux choses politiques : ils « font » de la politique, rencontrant, c'est possible, des bouts de vécu (armée, prison) ; mais ils peuvent très bien être d'abord spectateurs de l'oppression des autres, identifiés à une exploitation. Notre place est alors confortable : il fallait faire le chemin de refuser de parler pour les autres ; nous pouvons maintenant nous installer dans la légitimation de parler pour soi…

C'est de là que le MLF a tiré sa force : si on nous reproche si facilement, du côté de l'extrême-gauche, d'être des intellectuelles petites bourgeoises, il semble quand même que, pour une fois, la situation d'intellectuelles ne nous plaçait pas hors du champ de l'exploitation et de l'oppression, derrière le paravent de notre fonction sociale. L'avortement, le viol, la discrimination dans le travail nous touchent indépendamment de notre statut social même si le mouvement et la situation des femmes restent traversés par des clivages de classe. Je crois que c'est ce qui a permis qu'un large groupe d'intellectuelles ait pu, pendant plusieurs années, avoir une force militante réelle, radicalement neuve par rapport à l'histoire politique des intellectuels : nous n'intervenions pas sur une scène, ailleurs ; nous étions sur scène… Il ne pouvait pas y avoir de mouvement des femmes sans MLF ; encore faudrait-il en tenir compte aujourd'hui si l'on ne veut pas que le mouvement des femmes répète tranquillement les impasses masculines.

Je ne voudrais pas invoquer la simplicité et la naturalité du vécu des femmes comme une définition de leur politique. Nous arrivons au mouvement avec des révoltes, positif de tout ce négatif accumulé dans nos histoires individuelles et l'entre-femmes qui nous paraît évident à vivre pour lutter, créer un nouveau vécu : la solidarité qu'on nous propose pour sortir de l'isolement concurrentiel, la sororité, c'est aussi bien la violence, qui s'exerce à contre-jour des euphories et des rires, que l'amour sororal semblable à un mythe qui masque les luttes du pouvoir et les partages de classe. Être entre femmes, c'est y mettre quelque chose de sa vie, c'est plus qu'agir ou militer ; c'est mêler, et pas seulement lier, vie privée et vie politique, c'est aussi mettre à une certaine place la mixité quotidienne (de travail ou/et d'amour ; homo/hétérosexualité). Vivre proches dans des groupes de femmes qui vont de la prise de conscience au militantisme, ce n'est pas se faciliter la vie politique : la critique devient agression et la peur de la violence, souffrance insupportable, refoule les questions exigeantes ; à la différence des groupes mixtes aux affrontements apparemment plus dialectiques, aux lignes de fuite plus nettes en cas de conflit…

Question de nature des femmes où la tête ne sait pas vivre sans corps, question d'histoire des femmes où se retrouver ne peut se faire sans la résurgence de la haine inculquée ?

Certaines parlent non seulement de nouvelles pratiques politiques, d'une autre définition du politique, mais aussi d'une nouvelle culture… Pas facile de marquer la rupture, de faire le partage entre l'invention ou la réappropriation en positif de ce qui fut minorisé. Ce qui est sûr, c'est que nous avons maintenant des mythes, seule façon sans doute dont les médias digèrent un mouvement de révolte : la télévision propose un féminisme raisonnable et décoloré quand Benoîte Groult, dans le film sur sa vie, nous démontre comment notre bonheur d'aujourd'hui, nous femmes, passe par un féminisme qui rénove et la famille et le statut social bourgeois[1]. Agnès Varda, à qui on n'a pas envie de prêter d'intention conservatrice, nous montre dans *L'une chante, l'autre pas*, une sororité sans conflit, la liberté pour chacune d'accéder au degré de libération qui lui convient, fût-il le plus adéquat aux valeurs traditionnelles, un féminisme qui inclut la lutte pour l'avortement et la contraception mais qui n'entraîne aucune contestation politique de la société. Alors, le féminisme, une valeur sûre pour s'épanouir dès aujourd'hui sans avoir besoin de lendemains différents ?

Pendant plusieurs années, le mouvement des femmes a vécu de petits groupes éparpillés, qui coexistaient ou s'affrontaient, mais qui n'auraient jamais renoncé à être parties prenantes du mouvement des femmes. Puis, certains groupes n'ont plus supporté les actions ponctuelles qui sautaient de manifestations en campagnes ; certaines ont voulu que l'imaginaire revendiqué s'inscrive dans la réalité quotidienne : le désordre du MLF fut taxé de comportement bourgeois et élitaire. Aujourd'hui, la tendance « lutte des classes » du mouvement, ou encore

1. *L'homme en question*, FR3, 11 septembre 1977.

le « mouvement autonome » se veut en rupture avec ce passé.

Par sa démarche même, le MLF rejette la femme « ordinaire », celle-qui-est-mariée-travaille-et-vit-en-banlieue. L'argument n'est pas nouveau et pourquoi ignorer que les luttes des femmes font souvent éclater la vie privée de chacune, que ce qui se déplace dans nos vies est aussi bien cause que conséquence de notre arrivée au mouvement des femmes. C'est à partir de soi et non à partir d'une autre qu'on se décide à lutter. Mais le mouvement autonome préfère se dire étranger au MLF et affirmer que le MLF est étranger au gauchisme, c'est-à-dire bourgeois ou petit-bourgeois. On lit effectivement dans différentes brochures[1], à la rubrique « historique », que le MLF est une pure abstraction et que toutes les luttes des femmes depuis 7 ans lui sont lointaines puisqu'il ne vit que de groupes de conscience : de Psych et Po[2] aux Féministes révolutionnaires, on ignore le système social, les analyses sont a-historiques (nous aussi sans doute !).

D'autres disent différemment : le MLF a servi de détonateur, il a induit une prise de conscience nécessaire ; mais au lieu de faire tache d'huile, il est devenu peau de chagrin, ghetto de marginales aux subtils débats théoriques[3].

1. « Rencontre nationale d'ouvrières et d'employées », novembre 1975 (*Femmes travailleuses en lutte*). « Femmes, osons lutter », octobre 1976, *Cahiers. Pour le communisme*, n° 9.

2. Psychanalyse et Politique, mouvement fondé par Antoinette Fouque en 1968 [*NdE*].

3. *Brève histoire du MLF. Pour un féminisme autogestionnaire,* Rome, Paris, Savelli, Librairie la Jonquière, 1976.

Et pourtant, comment couper le mouvement des groupes de femmes qui naissent un peu partout, comment ne pas voir que si le MLF fonctionne comme un repoussoir (en grande partie grâce aux médias), il a aussi permis la naissance de tous ces groupes de femmes ? Seulement voilà, il s'est diffusé sans les maillons d'une organisation, il a utilisé la télégraphie sans fil de la révolte. *Donc* on peut continuer à penser que le MLF c'est 300 folles intellectuelles parisiennes.

D'ailleurs c'est *aussi* vrai. Qui sont-elles ? Elles sont souvent passées par le gauchisme ; comment font-elles pour ne pas s'entendre avec le gauchisme d'aujourd'hui ? Elles n'en gardent pas un bon souvenir, et le MLF, quand on le fait surgir de l'atmosphère de 1968, s'est construit dans l'agressivité à l'égard des groupes gauchistes mixtes, Rouge, Gauche prolétarienne, Vive la révolution. C'est bien ce qui les sépare des gauchistes d'aujourd'hui.

Si les différents groupes du mouvement autonome se disent plus dans l'héritage du mouvement ouvrier que dans le lignage du MLF, c'est au prix d'une méconnaissance dont la charge est explosive : elles réduisent l'histoire du féminisme à un problème de droit, de suffragisme ; elles parlent de nos grands-mères comme de bourgeoises revendicatrices. Or l'histoire des femmes en lutte ne se partage pas entre les grèves de femmes et les socialistes-femmes d'un côté, et les conquêtes de droits, les féministes bourgeoises de l'autre. L'histoire du féminisme, c'est aussi et beaucoup l'histoire des féministes socialistes (et pas seulement des socialistes-féministes). L'ignorer ou le minimiser permet de ne pas penser l'histoire des conflits entre ces femmes et le mouvement ouvrier (des saint-simoniennes aux pacifistes du XXe siècle) et de ne pas trop dire que le mouvement ouvrier s'est servi du pouvoir patriarcal comme les capitalistes et les bourgeois. L'admettre n'implique pas nécessairement qu'on tombe dans l'excès inverse, remplacer la lutte des classes par la lutte des sexes ; là encore, on peut peut-être s'éviter les priorités stratégiques, celles qui obligent à refouler des problèmes.

Mais il y a au moins deux raisons pour que cela soit impossible : le mouvement autonome ne réclame cette autonomie que parce qu'il est justement absorbé par sa dépendance à l'égard de la gauche, syndicale ou organisationnelle (pêle-mêle : la CFDT, le PSU, *Rouge*, l'OCT…) et même si les groupes femmes de ces organisations se heurtent indéfiniment à la hiérarchie masculine, il y a des mises en cause qu'ils ne peuvent pas faire. Attaquer les ouvriers et les délégués des ouvriers aux organisations militantes, c'est introduire la division. À l'inverse, on nous taxe tout de suite de confusionnisme si on ne spécifie pas que les femmes du peuple sont le moteur de la lutte des femmes. Pour le mouvement autonome, l'axiome du MLF c'est : « Nous sommes toutes sœurs » (c'est-à-dire la lutte des sexes passe avant la lutte des classes) ; ce qui est mettre sur le même plan l'oppression de la femme riche et l'exploitation de la femme pauvre[1]. N'est-ce pas là encore simplifier ? Il est loin d'être sûr que le marxisme suffise à rendre compte

1. L'exploitation est de l'ordre du travail, et l'oppression renvoie à l'idéologie (de l'avortement au viol).

de la situation et de la révolte des femmes ; je ne sais pas toujours très bien faire le partage, dans un cas concret, entre ce qui relève de l'oppression ou de l'exploitation. « Matérialisme hystérique »[1], disaient-elles sans se sentir coupables vis-à-vis des théories masculines ; ne faut-il pas justement établir des confusions explosives ?

Était-ce faire du gauchisme de gauchisme ? Il est sûr que le MLF fut un des premiers à poser la question de la figure hiérarchique, du pouvoir et de l'organisation face à l'image idéalisée de la société future. Il est certain aussi que les femmes, partout dans le mouvement, redisent sans cesse que les prises de parole de la « super-militante » et les rapports de forces les renvoient à leur oppression de femmes et mettent en suspens le sens de leur libération[2]. Ces plaintes et ces reproches sont sûrement entendus mais de quel poids pèsent-ils face à une certaine ambition du mouvement autonome ? Ambition de compter dans la balance des syndicats et des partis, de s'en donner la possibilité par un pouvoir de coordination. Là se joue alors un jeu très compliqué où il faut en même temps structurer l'ensemble du mouvement sans renier son appartenance politique[3], où il vaut mieux, même, pouvoir se réclamer d'un groupe/tendance/parti plutôt que de se réclamer de rien du tout : *L'Information des femmes*, bulletin de liaison et d'information de tous les groupes,

---

1. Semaine de la pensée marxiste, printemps 1975, un slogan qui a horrifié la tribune.

2. « Communiqué des groupes femmes Marseille », *L'information des femmes*, n° 13, février 1977, p. 5.

3. Cf. le débat entre *Femmes travailleuses en lutte* et *Pétroleuses*, in « Rencontre nationale d'ouvrières et d'employées », 29 et 30 novembre 1975, et la réponse dans *Les Pétroleuses*, n° 5.

proche du mouvement autonome, oublie sa critique de bourgeoisisme pourvu qu'il y ait une référence à un parti de gauche[1]. Dans la pratique, *elles aussi* subvertissent les familles politiques au nom du mouvement des femmes ; « sororité » réelle mais dont je vois mal comment elle se vit ailleurs que sur le papier : les AG de coordination suscitent des débats de tendances et les « organisées », occupées à faire passer une ligne, obligent nécessairement aux rapports de forces et au pouvoir structuré.

Comment les femmes voient-elles leur lien, le parallèle avec ce qui est nécessairement nommé le mouvement ouvrier (c'est le seul terme possible pour faire le lien avec le mouvement des femmes) ? Si l'on scande : « Pas de libération des femmes sans socialisme, pas de socialisme sans libération des femmes », slogan qui a ses variantes (on peut remplacer socialisme par autogestion, anarchie, etc.), on suppose que le féminisme était en puissance dans ces diverses théories et pratiques politiques ; mais dites-moi alors pourquoi cette vérité n'a pas surgi avant ? Il y a déjà un siècle qu'ils sont là…

On me répondra que c'est une affaire de complétude, que la lutte des femmes parachève les théories socialistes et révolutionnaires : ce qui était en puissance s'avère être l'ultime étape d'un processus, ce qui revient au même. On découvre tout à coup que la révolution sera imparfaite si on oublie la moitié du ciel, plus même, qu'il sera impossible de la mener à bien sans le concours des

1. Cf. l'annonce pour le Mifas, Mouvement d'intégration des femmes à l'action socialiste, dont le programme se veut semblable aux autres groupes : autonomie et rapport de forces avec la maison-père, le PS. Intégration/autonomie : que de gymnastique en perspective !

femmes. Utiles à l'ombre des luttes, nous nous retrouvons au cœur du combat ; cela a de quoi susciter l'ironie. Mais ce qui me gêne plus encore, c'est l'insistance à vouloir *démontrer* la justesse de notre démarche, les tracts et les textes qui disent, lors des heurts avec le service d'ordre de la CGT par exemple, que nous sommes de leur côté et qu'il est vraiment triste qu'ils ne le comprennent pas. Pourquoi irions-nous leur prouver que nos luttes « unifient »[1] la classe ouvrière ? Quel sens politique cela a-t-il de vouloir les *aider* à comprendre ?

Dans les deux derniers cortèges du 1er Mai, des femmes furent partagées entre leur envie de défiler avec les groupes femmes et leur insertion dans leur section syndicale. Étaient-elles d'abord travailleuses, femmes en lutte ensuite, ou l'inverse ? Cette question ne soulève pas seulement un problème de place mais met en jeu toute l'analyse du mouvement des femmes. Jeannette Laot[2] explique que, du point de vue des syndicats en tout cas (la CFDT), c'est la situation des travailleuses, seule, qui les concerne[3]. Admettons que le syndicat ne puisse pas prendre en compte la femme du militant coincée à son foyer ; mais que dire des groupes d'extrême-gauche qui affirment que poser les problèmes des travailleuses c'est

1. Tracts de Toulouse, *L'Information des femmes*, n° 7, p. 16 et n° 10, p. 12.
2. Secrétaire nationale de la CFDT [*NdE*].
3. Côté militantisme, il est sans doute difficile de se situer d'emblée comme femme. Ne faut-il pas d'abord faire ses preuves de bonne militante asexuée avant de pouvoir s'impliquer dans les commissions-femmes ? Le livre de Jeannette Laot, *Stratégies pour les femmes*, en témoigne ; les militantes de 1977, moins isolées, ne semblent pas dire autre chose... Qu'est-ce qui se renforce au lieu de se libérer ?

englober nécessairement les problèmes de toutes les femmes ? Est-il vraiment certain que l'œil de l'ouvrière voit plus juste que celui de la ménagère, de la femme au foyer, de l'employée mère de famille[1] ?

Autre question, même problème : quelles sont les luttes des femmes ? Là encore faut-il faire des partages ? Entre les problèmes de l'emploi et du chômage et les problèmes d'avortement et de viol, il n'est pas facile d'ordonner les priorités ; témoin la rencontre internationale de Vincennes de mai 1977 où si le projet de départ concernait le travail et l'emploi des femmes, la réalité des commissions fit largement état de tous les problèmes, et ce fut certainement la cause de sa réussite[2]. Sans doute faut-il dire, avec le mouvement autonome, que ce ne sont pas les objectifs des luttes qui séparent les différentes tendances du mouvement des femmes mais les démarches utilisées (démonstrations spectaculaires ou travail de commissions) ; mais est-ce vraiment une alternative ?

Là se boucle le cercle des questions ; non pas que tous les problèmes soient abordés, mais parce que je suis revenue au point de départ. Un certain MLF est mort. Un autre a surgi un peu partout dans des groupes multiples, organisés ou non. Il s'étend et se répand pendant qu'une certaine dynamique se perd et qu'apparaît la répétition. Mais comment faire autrement ? L'oppression se répète et nos dénonciations successives ont fini peu à peu par

1. *Femmes travailleuses en lutte*, rencontre nationale, p. 16.

2. Il faut quand même dire qu'un certain nombre de groupes étrangers ont refusé cette rencontre par rejet du dogmatisme « lutte de classe » et qu'une autre rencontre eut lieu, à Amsterdam, en juin 1977, cf. *L'Information des femmes*, n° 18.

nommer publiquement tous les mécanismes cachés de ces oppressions (après le viol, que dénoncer, si ce n'est à nouveau le travail et l'éducation des femmes, les conditions de l'avortement ou celles de notre vie quotidienne ?). Devons-nous pour autant nous réinsérer dans la machinerie politique traditionnelle ? Certaines femmes s'y refusent, et avec obstination ; que proposent-elles alors ?

Elles disent que si c'est à partir d'elles-mêmes qu'elles arrivent au mouvement des femmes, seul l'échange des luttes, confrontation réciproque, peut avoir un sens (des ouvrières aux mères célibataires et des prostituées aux employées)[1].

Elles voudraient une coordination *horizontale*, hostile à une organisation centralisatrice, des groupes féministes ; espoir d'un mouvement des femmes définitivement étranger à la violence des institutions patriarcales[2].

Elles se contenteraient, et ce n'est pas facile, de parler d'antagonisme pour définir nos liens conflictuels avec les forces de subversion sociale ; étant entendu qu'il n'y a ni liaison naturelle et spontanée, ni indifférence agressive à l'égard des autres luttes sociales[3].

Si nous ne nous reconnaissons pas dans ces exigences, l'après-MLF risque d'être un enterrement de plus. Quand on sait que l'histoire du féminisme depuis 1830 est une suite d'émergences et de disparitions, on ne

1. « Le rire des femmes », *Magazine littéraire*, mai 1976.
2. *L'Information des femmes*, octobre 1977, p. 19, appel de 18 femmes pour une coordination horizontale.
3. Cf. le très bel éditorial du n° 1 de *La revue d'en face* en mai 1977.

peut qu'avoir peur que nos révoltes se perdent dans les dédales des institutions politiques ou de la récupération commerciale. Marcuse disait : on ne peut pas s'attendre à ce que la libération soit un sous-produit de nouvelles institutions, elle doit naître dans les individus eux-mêmes[1]. Libération/institutions : est-ce un antagonisme irréductible ? Auquel on ne peut échapper ? En tout cas, les femmes du MLF ne voulaient plus militer comme les gauchistes pour la classe ouvrière : ou pour les femmes de la classe ouvrière. Mais à la différence des gauchistes, les femmes du mouvement autonome ont rencontré beaucoup de femmes, ouvrières ou pas ; du coup elles ne sont pas aussi sages que leur organisation le souhaitait, elles ont une dynamique qui déborde les structures ossifiées. De l'OCT à *Rouge*, les femmes de ces organisations se sont donné, de fait, une indépendance qui est devenue, à l'intérieur de ces organisations, une véritable force politique. Il se produit alors comme un balancement entre l'inféodation à la ligne « d'en haut » et la possibilité acquise d'un pouvoir de manipulation ; entre l'excès de subordination et la volonté de pouvoir. Certaines se sont vues piégées dans cette alternative et se proposent d'être les « dissidentes » des institutions d'extrême-gauche, de se regrouper comme telles. De l'autre côté, même radicalisation : certaines apparaissent définitivement bourgeoises. *F. Magazine*[2] ne fait même pas semblant d'être féministe mais a grand besoin d'utiliser des femmes féministes. L'ère de la gestion de ce qui fut

1. *Libération*, 15 mai 1974, débat à Vincennes.
2. Mensuel fondé en 1978 par Claude Servan-Schreiber et Benoîte Groult [*NdE*].

commence. Dans ces extrêmes, nous rencontrerons-nous encore ?

La politique des femmes est née dans la dénonciation des crimes contre les femmes et avec la prise en charge de notre défense ; elle ne peut pas s'en tenir là. Elle nous ouvre un espace où ne s'accumulent pas seulement les problèmes-femmes mais où tous les faits politiques se questionnent : nous ne voulons pas nous enfermer dans les problèmes-femmes, compartiment spécifique des luttes globales et il nous est difficile, en même temps, de faire une analyse féminine et féministe de n'importe quel événement politique : le terrorisme allemand nous touche comme n'importe quel « mec » et en même temps nous avons d'autres questions : comment les médias partagent le monde des femmes entre égéries terroristes et femmes mineures (les otages) comptées avec les enfants et les malades ? Analyse, question politique différente… Et la pratique ? Y aura-t-il un ailleurs où s'apprendrait la réconciliation du quotidien et de la scène politico-sociale ?

DES FEMMES PRÉSENTES (NOTES SUR L'ARTICLE PRÉCÉDENT)*

Au début du mouvement des femmes d'après 1968, il y eut un fait nouveau dans l'histoire du féminisme : les femmes n'eurent plus aucune tolérance pour les hommes qui parlaient pour elles, qui parlaient à leur place. Elles poussèrent très loin l'exclusion, signifiant chaque fois aux hommes trop aventureux le principe déplaisant de leur démarche même. Et d'ailleurs, pendant quelques années peu d'hommes s'y risquèrent.

Les femmes se donnaient ainsi le droit et le devoir exclusifs de parler d'elles – au présent et au passé – sur leur corps et leur histoire. Était-ce un nouveau ghetto ? Oui et non. Oui parce qu'il y avait une volonté de fermeture et d'exclusion ; non parce qu'à la différence des « minorités », le ghetto n'existait pas avant la révolte, pas matériellement en tout cas. On ne fait pas rentrer dans un quartier ou dans une région le « continent noir ».

---

* *Les Révoltes logiques*, n° 8/9, hiver 1979, Paris, Édition Solin. Cet article fait suite à celui de Jacques Rancière publié dans le même numéro : « Une femme encombrante (Suzanne Voilquin, *Souvenirs d'une fille du peuple*, présentés par Lydia Elhadad », Paris, Maspero, 1978). Republié dans *Les Scènes du peuple. Les Révoltes logiques (1975-1985)*, Éditions Horlieu, 2003.

On ne disposait pas non plus d'une tradition culturelle, minoritaire elle aussi, décrivant et racontant l'oppression et l'entre-soi des femmes. On pourrait dire tout au plus qu'aujourd'hui se reconstruit *a posteriori* cette culture par la représentation positive de réseaux féminins, correspondances et rencontres au marché par exemple. Mais ces réseaux restent, par définition, plus ou moins intriqués dans le tissu social hétérosexuel.

Ainsi, il n'y a pas d'« histoire perdue » des femmes de même qu'il n'y a pas de « réappropriation » de cette histoire. Il n'y a pas d'histoire perdue pour la bonne raison qu'elle n'a jamais été, que c'est dans le temps même où cette histoire advenait qu'elle était également interdite de reconnaissance. C'est cela d'abord la relation au mouvement des femmes d'aujourd'hui ; avant de savoir si on s'identifie ou non aux femmes d'hier, il se pose un problème d'existence : il est toujours aussi difficile de dire en quoi elles ont existé hier, en quoi nous existons aujourd'hui. Quant à se réapproprier une histoire, encore faudrait-il être dans un rapport de forces favorable : on ne se réapproprie rien tant qu'on vit encore l'incertitude du mouvement d'aujourd'hui. Disons plus modestement qu'on cherche des repères par une mise au jour.

S'intéresser à l'histoire d'hier parce qu'on vit l'histoire d'aujourd'hui n'a de sens que si on mesure à la fois l'étrangeté d'un contexte disparu et des choix de celles qui y vivaient alors, et la distance que chacune opère par rapport au collectif dont on partage le but. Une fois posée l'existence des féministes passées et présentes, commence la véritable histoire : ni elles ni nous ne sommes pareilles ;

aucune identification n'est possible ou souhaitable (au pire, toujours insuffisante). En revanche, il s'agit d'interlocution : comment ont-elles fait, elles, pour vivre une lutte féministe ? Et s'il y a réellement interlocution, elles ne seront pas, inversement, renvoyées à leur place au nom d'une hiérarchie des luttes qui dirait en quoi elles ont pu ou non, elles ont su ou non mener à bien leur révolte. Ni idylle, ni mépris, la relation à l'histoire du féminisme implique un lien aussi compliqué que l'est le rapport individuel qu'on entretient avec l'histoire féministe contemporaine.

Il fut un temps où il était ridicule ou dérisoire de s'intéresser à l'histoire du féminisme. C'est maintenant un objet historique reconnu. Mais ça ne signifie aucunement qu'on entende ce qui s'y dit. Certains passent sans transition de l'étonnement et de la condescendance à la lassitude et l'habitude : tu travailles « encore » sur l'histoire des femmes ? D'autres, au contraire, y trouvent vite un certain intérêt, c'est-à-dire qu'ils y trouvent un objet de recherches. Apparaît alors une autre surdité : ils n'entendent pas qu'il y a un enjeu dans la démarche des féministes d'aujourd'hui vers les femmes et les féministes d'hier.

Il n'est pas question de nier que l'histoire est toujours un objet pour l'historien professionnel comme pour le militant. Et il n'est pas question non plus de croire qu'on peut échapper à la neutralité bienveillante comme à la passion simplificatrice. Il semble plutôt qu'il faudrait s'attacher à la notion de choix d'objet. Qu'est-ce qui préside au choix d'une recherche ? Pour les historiennes féministes, nous le disions, c'est l'histoire d'aujourd'hui, c'est leur place privilégiée à la fois de révoltées contre l'ordre patriarcal et d'intellectuelles militantes. Une place privilégiée n'a jamais donné aucune garantie, surtout pour les féministes qui sont, par ailleurs, et pour de toutes autres luttes, inscrites dans le champ politique. Mais dans leur volonté de faire, elles et elles-mêmes, l'histoire des femmes, il se marque la certitude d'être, non par nature, mais par histoire, à une place particulière pour faire cette histoire. Il y a des choses qu'elles savent ou qu'elles sentent : ce n'est pas une garantie, c'est une possibilité, qui peut être meilleure que d'autres, c'est le fondement d'une réflexion singulière.

On peut toujours dire que ces réflexions générales parlent d'un idéal qui rend peu compte des pratiques effectives, qui n'empêche aucune féministe de tomber dans les travers contemporains. Féminisme et gauchisme usent tous deux largement du culte du mythe, de la projection simplificatrice ou des généalogies oppressives.

Singularité pourtant d'une démarche féministe qui n'a pas toujours les mêmes repères que les gauchistes : quand Jacques Rancière oppose l'horreur de Suzanne Voilquin devant la débauche du sérail rêvé par Enfantin et le retournement opéré par Lydia disposée à comprendre cet espace de séquestration comme le lieu d'une certaine liberté, quand il voit dans ce retournement la marque de cette « philosophie nouvelle qui assure qu'on est bien dans tous les lieux d'oppression où l'on peut, entre soi, faire circuler quelques flux dérobés à la jouissance du maître », je me dis : ce n'est pas cette opposition qui est en jeu, ce n'est pas de jouissance qu'il s'agit. Car on peut se donner d'autres instruments de lecture pour l'image de l'entre-soi : quand Louise Michel ne supportait pas le bavardage des femmes en prison, elle méprisait cet entre-soi des femmes, prise dans une évidente identification à l'homme qui la poussait à se vivre comme une exception. Nous tentons aujourd'hui d'avoir d'autres repères et de penser l'entre-soi des femmes opprimées comme un lieu où peut se jouer quelque chose de la libération : lieu où se communiquent les plaintes et où peut toujours se dessiner la révolte. Il ne s'agit pas d'être bien dans ces lieux d'oppression, il s'agit de ne pas en exclure la charge de subversion…

Analyse qui se complique d'être féministe, c'est vrai, analyse qui ne décalque pas automatiquement une obsession gauchiste ou post-gauchiste : plaider la singularité n'est pas l'affirmation autoritaire d'une originalité dont nous aurions l'exclusive. Les différences de discours ne sont jamais données au départ ; mais en fin de compte, n'a-t-on pas tout à gagner à les entendre ?

DE QUELQUES PROBLÈMES À PROPOS DE L'INTERNATIONALE FÉMINISTE*

Nous nous sommes toutes penchées, avec force pleurs, sur l'exclusion du féminisme hors de l'histoire, sur son absence d'inscription dans l'histoire des luttes. Nous avions déjà eu la naïveté de croire que nous étions les premières, les premières de toute l'histoire occidentale. Puis, quelques fouilles au fond de la mémoire collective nous avaient menées à cette désolation : les révoltes féministes vont et viennent, surgissent et s'effacent. Comment faire alors pour rendre cette répétition impossible ?

« Passer par l'institution ».

« Il y avait menace d'effacement du MLF. Nous étions en grand danger… »[2]

Déjà, à la fin de l'automne 1979, après une manifestation de 50 000 femmes d'horizons et de partis divers, un groupe, un seul, inscrivit le MLF dans et face à l'histoire :

---

* *Chroniques d'une imposture. Du Mouvement de libération des femmes à une marque commerciale*, 1er trimestre 1981. Ce recueil, édité par l'Association du « Mouvement pour les luttes féministes », est une contribution à la polémique qui a lieu après la déposition à l'Institut national de la propriété industrielle du sigle MLF comme marque commerciale par le groupe Psychanalyse et Politique.

1. Antoinette Fouque, *Le Matin*, 16 juillet 1980.

dépôt officiel d'un sigle, dénomination voulue d'un mouvement. C'était somme toute une très bonne idée pour nos mémoires futures et les historiennes à venir. On ne pourrait plus faire comme si de rien n'était. La seule chose étonnante, évidemment, ce fut que par un tour extraordinaire, un pont gigantesque était établi entre un dépôt d'association type 1901 et la réalité d'un mouvement informel.

« Mais pourquoi pas ? »

Reste qu'il faut quand même rouvrir la grande histoire et reprendre quelques détails pour réfléchir à ce qui nous arrive.

On dit qu'il faut distinguer les termes « mouvement de libération des femmes », « mouvement des femmes », « féminisme ». Le groupe dépositaire du sigle ne supporte pas qu'on puisse identifier ces termes les uns avec les autres, ou qu'il soit tout simplement parlé de « mouvement des femmes » car en ce cas, il en irait de la négation de la « libération ». Or nous, les autres, sommes coupables d'avoir, sans réfléchir, utilisé l'expression « mouvement des femmes » en analogie avec l'appellation « mouvement ouvrier ». Pourtant, puisque nous étions parentes avec la gauche et l'extrême-gauche françaises, cela n'avait rien d'insensé ; pourtant, les dépositaires du sigle semblaient, par ce geste officiel, vouloir renforcer cette similitude avec l'histoire ouvrière. Et qui s'était jamais soucié de l'absence d'un « mouvement de libération (d'émancipation, aurait-on plutôt dit) des ouvriers » ? Le terme « mouvement ouvrier » eut un sens clair ; pourquoi le « mouvement des femmes » serait-il si suspect ?

D'autant que l'analogie est possible aussi avec l'histoire de la psychanalyse, mais là, on n'y chinoise pas tant sur le vocabulaire. Tout est dans tout et tout se ressemble ; ainsi le dit Serge Leclaire[1] : « Depuis dix ans environ, c'est d'un autre type de mouvement que la psychanalyse, sans le savoir encore, s'anime ou se ranime : un mouvement politique qui, comme le mouvement ouvrier à ses commencements, telle la psychanalyse à ses débuts, suscite la dérision, le dénigrement, la condescendance paternaliste, si ce n'est l'hostilité ou même la répression la plus violemment sophistiquée : je parle du mouvement des femmes, nommément : le groupe Politique et Psychanalyse animé par Antoinette Fouque »[2].

Mais pourquoi se tracasser avec ces problèmes d'analogie ? Toute analogie n'est-elle pas nécessairement approximative ? Sans doute. Mais l'enjeu reste d'importance ; les choix d'aujourd'hui ont affaire avec les références d'hier.

Nous disons mouvement des femmes, mouvement ouvrier. Mais on n'a pas toujours parlé de mouvement ouvrier. Celui-ci a mis longtemps à se dénommer comme tel. Né d'un foisonnement d'initiatives relativement organisées, né sous le signe de l'internationalisme, il semble n'avoir été désigné comme mouvement (du moins en France) que vers 1900. À l'inverse, la lutte des femmes s'est voulue mouvement en tant que tel.

---

1. Psychanalyste (1924-1994), fondateur, en 1953, avec Jacques Lacan et Françoise Dolto, de la Société française de psychanalyse. Il est à l'origine du premier département de psychanalyse fondé en 1969 à Paris VIII Vincennes [*NdE*].
2. *Le Monde*, 2 octobre 1979.

Apparition contemporaine mais en même temps seconde par rapport à la lutte des classes, elle a vraisemblablement repris la notion de mouvement comme un drapeau. Ce faisant, elle en déplaçait le sens : l'informel et l'absence d'organisation étaient parmi ses objectifs et ses raisons d'être (tout un programme de naïveté…). Nous voulions un redoublement positif de toute une tradition de luttes. Était-ce une façon de tirer les « leçons de l'histoire », d'éviter les sectes, les exclusions, les dogmatismes propres au stalinisme ? Oui, bien sûr. Nous voulions faire mieux ; et cela devient pire : le coup de force des dépositaires du sigle MLF, c'est de créer une secte (une section) à partir d'un tout aux contours et aux limites indéfinissables. On assiste à un renversement où la partie s'arroge le droit d'être le tout.

À travers les mouvements de l'histoire, on nomme les idéologies : féminisme, communisme, socialisme…

Reprenons le mouvement ouvrier : un foisonnement d'initiatives, d'initiatives organisées (syndicats, bourses du travail, partis politiques, associations internationales) donne naissance à des luttes, à des résistances. Elles s'organisent en Ire, IIe, IIIe Internationales, elles se fédéralisent en une confédération, la CGT d'alors. Cette multiplicité n'a rien d'harmonieux ; elle est aussi le reflet de luttes internes, de tendances, de scissions, d'exclusions. La bataille se joue aussi sur les mots ; ainsi, avant la fondation de la SFIO en 1905, un Parti socialiste français s'oppose à un Parti socialiste de France. On se dispute l'appellation de « socialiste » et chacun se sent sans doute blessé que l'autre s'approprie le nom (donc le sens) de sa lutte. Le rétrécissement des luttes derrière un drapeau idéologique, c'est cela semble-t-il que le groupe Psychanalyse et Politique aurait voulu éviter en récusant le terme de « féministe » et tous les « ismes » qui vont avec. Faire l'économie de ce drapeau devrait effectivement empêcher les querelles de mots et faire place au vrai débat, celui qui nourrit et donne l'ampleur d'un mouvement authentique (je sais qu'il y a en fait un sens autrement politique à ce refus : le féminisme serait, d'après elles, l'expression d'une volonté de promotion sociale alliée à l'effectivité d'une homosexualité castratrice).

Mais ce ne sont pas les caricatures du mouvement ouvrier que ce groupe se refuse à reproduire. Il fait mieux : il les pousse jusqu'au grotesque. En étant l'ensemble du mouvement de libération des femmes à lui tout seul, il enlève *a priori* l'expression de la diversité, c'est-à-dire le mouvement même. Il était peut-être douloureux aux socialistes des deux partis ennemis de porter le même nom, il était sûrement insupportable aux communistes de l'après-guerre en désaccord avec les fondateurs du PCF de ne plus pouvoir se nommer simplement « communistes » ; mais au moins les variations de vocabulaire laissaient un jeu de libertés. Des trotskystes d'avant-hier aux maoïstes d'hier, en passant par toutes les couleurs de marxisme-léninisme, les militants de la lutte des classes ne pouvaient prétendre qu'à un bout de vérité, ou devaient tolérer la relativité de leur vérité. Il n'en est pas de même avec la marque déposée MLF, qui s'érige juge et partie d'un ensemble ; le comble du grotesque consistant à déposer en juillet 1980 une autre association, la « Confédération nationale – Mouvement de libération des femmes », union destinée à « coordonner l'ensemble des actions du MLF ». Fédérer le même avec le même, cela ne s'était jamais vu…

Au départ de ce texte il y avait plusieurs idées, contradictoires :

– alertée par le vieux refus de Psychanalyse et Politique de s'intéresser à l'histoire des luttes féministes des siècles passés, je croyais important d'inscrire l'histoire qu'il nous « propose » dans le cadre de l'histoire sociale ;

– j'étais persuadée en même temps de la perfection stalinienne de leur geste d'appropriation du MLF, de sa ressemblance avec des pratiques anciennes, fort connues des gens de gauche ;

– je voulais aussi sauver les « mouvements », qu'ils soient ouvriers ou féministes ; et malgré tout ce que l'on sait, les sauver ensemble, face aux partis ou aux associations totalitaires.

Il reste peu de choses de ces intentions.

En effet, le MLF-marque déposée n'est pas la répétition parmi d'autres de la réalité stalinienne ; il en est comme l'achèvement : il n'a pas pris le pouvoir à l'intérieur d'une situation conflictuelle, il a fait acte d'autorité par la voie juridique et financière. En ce sens, la nouveauté est absolue.

Cela veut dire qu'il faut, en ce qui concerne Psych et Po, abandonner toute analogie avec l'histoire sociale car c'est, d'un côté, plus fou que le stalinisme et, d'un autre côté, trop faible pour qu'on y reconnaisse la marque d'un foyer de résistance.

Le projet d'inscrire le mouvement de libération des femmes dans l'histoire se fait ou tente de se faire ailleurs.

P. S. : Le MLF-International existe, c'est écrit noir sur blanc depuis la publication de la pétition en faveur de Jiang Qing[1]. Le MLF, ce n'est plus nous ; ou plutôt, ce n'est plus qu'elles. Mais, à défaut, elles ne nous voleront ni le mouvement des femmes, ni notre histoire.

1. Veuve de Mao, alors condamnée à mort [*NdE*].

« Je vous demande, mesdames, de vous associer par le cœur à toute ma pensée. Je porte un toast à nos petites-filles et arrière-petites-filles, à celles qui célébreront le deuxième centenaire de 1789. Puissent-elles, libres compagnes de l'homme devenu plus juste, mettre en son cœur l'enthousiasme pour les grandes et belles idées de solidarité et de justice. Qu'elles sachent que notre pensée a été vers elles, qu'au milieu de notre présent plein d'orages nous avons entrevu, à la lueur de l'éclair Justice, leur silhouette se détacher lumineuse dans l'avenir resplendissant de la Liberté. Qu'elles sachent que, réunies à ce Congrès du Droit des Femmes, répudiant la courtisane et la prostituée, nous leur avons légué pour mission de recommencer la femme. À nos filles et arrière-petites-filles, régénératrices de la France et du monde ! »

(« Toast porté par Mme Louise Koppe[1] au banquet du Droit des Femmes », *La Femme et l'Enfant*, juillet 1889)

1789-1889-1989, LE PARADOXE DE L'HISTOIRE DES FEMMES*

Nous n'y échapperons pas. Nous célébrerons le bicentenaire de la Révolution française. Quelle y sera notre place, quel plaisir ou déplaisir y trouverons-nous ? 1789 a privilégié l'homme blanc et bourgeois. Les femmes,

1. Louise Koppe (1846-1897), féministe, journaliste, fonda en 1891 la Maison maternelle, maison d'éducation pour enfants [*NdE*].

* *La revue d'en face (revue de politique féministe du Mouvement de libération des femmes)*, Paris, éditions Tierce, n° 11, 1981. Écrit en 1981, cet article interpelle les socialistes alors nouvellement au pouvoir.

comme on sait, n'y ont conquis que le droit de monter à l'échafaud… Le XIXe siècle féministe réclamait des droits, aussi bien symboliques que réels, revendiquait l'assimilation au monde des hommes. On leur reproche aujourd'hui, à tort et à raison, ce simplisme apparent. Or si ce reproche a un sens, il est certain qu'il s'explique non pas par leur obsession du droit de vote mais bien plutôt par leur exclusion de la Déclaration des droits de l'homme et du citoyen. Traumatisme récent pour les femmes du XIXe siècle, celles-ci n'appellent pas à une nouvelle révolution à l'image, marxiste, de la révolution prolétarienne. Aucune révolution féministe n'entre dans le jeu dialectique de la subversion sociale : c'est cette limite que semble marquer la déclaration de Louise Koppe, directrice d'un des premiers périodiques féministes. Elle célèbre 1889 au Congrès du Droit des Femmes et y intègre sa propre volonté féministe. Mais que célèbre-t-elle ? Elle honore l'avenir plus que le passé, paradoxe étonnant pour une commémoration. Geste touchant pour les féministes d'aujourd'hui, plus habituées à rechercher leurs ancêtres qu'à s'entendre interpeller par elles. Des féministes et des femmes d'hier, nous usons à notre gré. Objets d'identification ou de contre-identification devant nos idéaux féministes d'aujourd'hui, ces femmes n'étaient pas supposées faire de même avec nous. Nous disions « nos grands-mères », Louise Koppe nous appelle « filles, petites-filles et arrière-petites-filles ». Plaisir d'être reconnues avant même d'exister, émotion de retrouver cette parenté partagée.

Célébrerons-nous, nous les féministes, 1989 ?

Elles disaient dès 1830 : puisque nous avons quitté l'ère de la *force* pour entrer dans l'ère du *droit*, il n'y a plus d'obstacle réel pour que la cité sociale nous soit ouverte à égalité avec les hommes. Congrès du Droit des Femmes : les femmes ont des droits, réalisables dans l'ère de droit qu'a produite la société industrielle des années 1830-1850 et qui s'épanouit avec la République de la fin du siècle.

Les femmes ont des droits certes, mais ce sont des droits à conquérir. Il est peu question, dans ce contexte, du droit naturel du XVIIIe siècle. Accéder à l'ère du droit pour Louise Koppe comme pour ses contemporaines, ce n'est pas puiser aux origines, c'est produire un nouveau monde : la « compagne de l'homme » effacera « la courtisane et la prostituée », la compagne de l'homme aura encore pour tâche de « recommencer la femme ». La femme est à défaire et à refaire, à répudier et à recommencer. Qu'est-ce que la femme ? Guère plus qu'une *silhouette* dans l'avenir.

La femme dans le passé, le présent et l'avenir. Cette femme reste une abstraction dans toute cette historicité : la courtisane d'hier, la compagne de demain, ne sont que des images bien faibles face à cette demande de définir une femme nouvelle. Entre les femmes qui illustrent notre condition et la Femme, qui nous qualifierait une bonne fois pour toutes, il semble qu'il soit vraiment difficile d'échapper au superficiel des unes pour s'en référer aux caractères de l'autre.

L'Homme, lui, n'est pas pris dans cette opposition, dans ce jeu entre les images et la définition, c'est un concept établi.

Le trop-plein d'images et le vide de la définition sont en effet les symptômes de la difficulté à penser la femme, pour les féministes d'hier. C'est pourquoi elles préfèrent se situer sur l'aire politique du droit. Luttons pour nos droits sans en déceler l'enracinement philosophique. C'est ce que désirait Louise Koppe. Est-elle si sûre que les orages encore récents du XIXe siècle appellent si fort la luminosité de l'avenir ?

L'avenir des femmes, c'est encore l'avenir des hommes : « l'homme plus juste » ; l'homme plus ajusté, dirais-je, aux demandes, exigences des femmes. D'ailleurs, qu'il soit devenu plus juste n'implique nullement qu'il le soit assez. Notre devoir de l'améliorer, avec tout ce que cela comporte d'injustice pour nous à travailler pour lui, restera sans doute à jamais inscrit dans la relation à nos droits. « Mettre en son cœur l'enthousiasme », « régénérer la France », pourquoi cette unilatéralité des devoirs entre les sexes ? Avoir l'homme en charge, pensée lancinante du XIXe siècle, réalité incongrue du XXe siècle.

Mais Louise Koppe est moins moralisante que bien des féministes qui l'entourent. Elle est même plus politique. L'alliance du *cœur* et de la *pensée*, qu'elle pratique et souhaite, fait intervenir de nouveaux concepts qui marquent peut-être une tentative de célébrer autrement le centenaire de la Révolution française. « Liberté, Égalité, Fraternité ». L'Égalité et la Fraternité sont des notions propres à l'homme mâle. On le suppose *identique* donc *égal* à ses semblables masculins ; ce ne sont que des *frères*. Louise Koppe ignore ces deux termes qui écartent la différence des sexes, mais garde le mot « Liberté ». Puis elle introduit deux termes nouveaux : la « Justice » et la « Solidarité ». « Liberté, Justice, Solidarité ».

La justice ne se pratique pas à partir du même, elle s'exerce à partir des différences et des dissemblances, à commencer peut-être par la différence des sexes. La solidarité est une notion qui suppose aussi la réalité de l'inégalité. La justice en réfère à la pensée, et la solidarité au cœur. Ainsi peut-être donnera-t-on à la liberté les moyens de se pratiquer et de s'exprimer.

Petite révolution féministe, dans une histoire trop masculine qu'il vaut mieux récupérer qu'ignorer sans succès. Cette déclaration de Louise Koppe avait un sens précis. Que ferons-nous en 1989 ?

SUR L'UTILISATION DU CONCEPT DE « RUPTURE ÉPISTÉMOLOGIQUE » DANS LE CHAMP DES RECHERCHES FÉMINISTES*

1. Les recherches féministes en sciences humaines ont modifié le paysage de la recherche de ces dix dernières années. Certains textes et discours laissent entendre qu'il est possible de parler à ce propos de « rupture épistémologique ». Avant de s'interroger sur le bien-fondé de l'utilisation de ce concept, on peut faire un bref rappel de son émergence en milieu intellectuel : faire ses études de philosophie à la fin des années 1960 signifiait lire Althusser, mettre donc au centre de son objet d'étude philosophique cette nouvelle *doxa* marxiste et son corollaire, pratiquer l'histoire des sciences qui par delà l'étude de Marx devenait la nouvelle façon de faire de la philosophie. Le concept de coupure épistémologique, emprunté explicitement à Bachelard, c'est-à-dire à la philosophie des sciences, était un mot-clé avec ses variantes de rupture et de refonte. Parler de la coupure épistémologique dans les œuvres de Marx, c'était affirmer qu'il avait, à l'instar des opérateurs de révolution

* Actes du colloque national Femmes, féminismes, recherches, Toulouse, décembre 1982, imprimé à Lyon, 1984.

scientifique, produit un nouvel objet de connaissance, non pas champ ou domaine, mais structure même de ce nouvel objet.

2. Face à cette *doxa*, le féminisme est intervenu au niveau du travail philosophique lui-même comme une rupture dans la démarche de la volonté de savoir, comme une rupture idéologique dont les femmes seraient nombreuses aujourd'hui à vouloir qu'elle soit épistémologique.

Certaines franchissent le pas et veulent faire le bilan de ces ruptures-là, annoncées jadis dans un article de *L'Arc* sous le terme de révolution épistémologique[1].

Emprunter un concept dans un champ théorique pour l'exporter dans un autre est chose à la fois courante et efficace ; Marx ne fit pas autre chose avec le concept hégélien d'aliénation par exemple. Néanmoins un emprunt, en général explicite, est travaillé comme tel, et devrait d'autant plus l'être en l'occurrence qu'il est issu d'une littérature dont la proximité politique est l'objet de débats et d'enjeux depuis plus d'un siècle, à savoir le marxisme. Marxisme et féminisme, socialisme et féminisme sont frères et sœurs ennemis : cela fait drôle dans cette si vieille tension que le féminisme emprunte au marxisme, fût-ce au niveau théorique, un concept sans en dire publiquement le mécanisme d'emprunt et d'importation.

Malaise face à ces irruptions théoriques dans le champ du féminisme dont il n'est jamais dit d'où elles viennent et où s'entretient l'illusion de la nouveauté absolue du fémi-

1. Christine Delphy, « Pour un féminisme matérialiste », *L'Arc*, n° 61, 1975.

nisme ; malaise de voir utiliser sans distance critique une terminologie ou un concept dont les connotations ainsi que les remises en cause ne peuvent laisser indifférentes.

Par conséquent ce n'est pas l'emprunt ou l'importation qui fait problème, c'est le non-dit. Non-dit dont l'importance est ici soulignée par la relation théorique et politique nouée entre marxisme et féminisme, relation de complémentarité mais aussi de contradiction. Taire ce lien ne plaide pas pour un éclaircissement du débat.

3. Posons maintenant la question : y a-t-il eu des ruptures épistémologiques dans le féminisme, c'est-à-dire non seulement des ruptures dans la recherche instituée (ouverture de champ, déplacement de perspective), mais aussi une rupture telle qu'on passe « d'une problématique idéologique à une problématique scientifique » (pour Althusser lisant Marx de l'idéalisme au matérialisme) ou encore telle que l'objet de recherche et de savoir apparaisse radicalement nouveau dans sa structure (comme c'est le cas de l'inconscient ou de la plus-value). Où donc se trouve la ou les ruptures épistémologiques dans le féminisme ? Le pluriel déjà inquiète en ce qu'il renvoie aux apports spécifiques de chaque discipline. Le singulier voudrait indiquer la nouvelle structure de l'objet femme : est-ce le concept de « classe de femmes » qui permettrait une nouvelle structuration ? Pour ma part j'en doute car elle ne déplace pas l'alternative ancienne et trop idéologique qui tiraille cette classe de femmes entre l'assimilation à l'autre sexe et la surdétermination de la différence. L'enjeu d'une rupture épistémologique dans le féminisme me paraît devoir au contraire être axé

sur la conceptualisation de la différence des sexes. C'est de là qu'un nouvel « objet » peut naître et être placé au fondement d'une révolution théorique.

Pour finir, il faudrait aussi réfléchir, et cela pas seulement à propos du féminisme contemporain, sur la relation méthodologique et épistémologique générale que les productions féministes entretiennent avec les évolutions et innovations des productions masculines dans les diverses sciences humaines. Emprunts et analogies à partir de disciplines telles que la psychanalyse, l'histoire ou la sociologie par exemple, sont patents dans les travaux féministes ; analysés, explicités, ils permettraient sûrement d'avancer sur le chemin d'une réelle rupture épistémologique.

C'est donc sur un non-dit qui cache des liens lourds de significations qu'il faut s'interroger. C'est aussi de l'affirmation et même de la certitude de la rupture épistémologique qu'il faut débattre à un moment où le féminisme ne brille pas par sa force théorique. C'est enfin la méconnaissance du féminisme quant à son inscription inéluctable dans le champ théorique général qu'il faut mettre en cause.

L'HISTORICITÉ DES SEXES (1985-1997)

À partir de 1984, Geneviève Fraisse crée un séminaire sur « les formes du féminisme historique » au Collège international de philosophie, qui sera suivi d'un séminaire collectif intitulé « l'exercice du savoir et la différence des sexes ». Cette période a pour axe central le travail de recherche, d'abord en saluant l'autodidacte philosophe et traductrice de Darwin Clémence Royer, puis en cherchant à comprendre la naissance du féminisme du XIX*e siècle, dans* Muse de la raison. Démocratie et exclusion des femmes en France, *paru en 1989*[1]. *Véritable aboutissement du parti pris d'histoire, cet ouvrage aborde philosophiquement la relation entre la démocratie naissante et le lien entre les sexes au lendemain de la Révolution. Rendu intelligible, ce moment fondateur de la « démocratie exclusive » explicite le croisement de la domination masculine et de l'exclusion des femmes de la sphère publique tout en soulignant l'idée que la différence des sexes relève de l'historicité.*

*L'approche historique se prolonge au même moment dans la co-direction, avec Michelle Perrot, du quatrième volume d'*Histoire des femmes[2] *et avec la publication, en 1996, de* La différence des sexes[3], *lecture de la tradition philosophique à l'aune de l'objet de pensée introuvable, sexe ou genre.*

---

1. *Muse de la raison. Démocratie exclusive et différence des sexes* (1989), Paris, Gallimard, coll. « Folio Histoire » n° 68, 1995, 2017.
2. Georges Duby et Michelle Perrot (dir.) *Histoire des femmes en Occident,* volume IV, *XIXe siècle*, Paris, Plon, 1991 ; édition poche, Paris, Perrin, coll. « Tempus », 2002.
3. *La différence des sexes,* Paris, Puf, coll. « Philosophies », 1996 ; republié

Au même moment surgit la question de la parité, qui sera le support du renouveau de la lutte féministe. L'ouvrage Les deux gouvernements *– rédigé à cette époque et qui paraîtra en 2000 –, suite de* Muse de la raison, *cherchera ainsi à lier famille et cité, parité et PACS.*

dans *À côté du genre, sexe et philosophie de l'égalité*, 2010, Paris, PUF, coll. « Quadrige », 2022.

DES CONQUÉRANTES ENTRE DEUX GUERRES*

Dans votre attitude à l'égard du mouvement des femmes, comment s'est fait le partage entre militantisme et réflexion ?

Les deux ont coïncidé dans le temps. Je suis arrivée dans le mouvement au début des années 1970, quand le militantisme était en plein essor. C'est aussi à ce moment-là que j'ai commencé mes recherches sur l'histoire et les fondements de la pensée féministe.

Au terme de la Décennie de la femme, que pensez-vous de l'évolution du féminisme ? Va-t-on vers une « individualisation » de la réflexion, comme semble le montrer votre récent ouvrage sur une intellectuelle du XIXe siècle, Clémence Royer[1] ?

Je ne suis pas sûre que cette individualisation puisse être généralisée. Il est vrai que je n'aurais pas écrit ce livre sur Clémence Royer il y a dix ans. J'étais alors avant tout sensible à la nécessité de faire une critique des héroïnes et de leur utilisation, et de découvrir derrière ces figures idéalisées la réalité complexe d'une pensée féministe.

---

* *Le Monde*, 14-15 juillet 1985. Entretien réalisé par Florence Lautredou, Raphaëlle Rérolle et Josyane Savigneau.

1. *Clémence Royer, philosophe et femme de sciences*, Paris, La Découverte, 1984, 2002.

De même, aujourd'hui, je ne cherche pas non plus à faire de Clémence Royer, figure atypique, une héroïne. Elle est un contre-exemple, elle a eu à la fois une philosophie et une pensée féministe. J'ai travaillé sur le lien entre sa pensée philosophique (celle de la traductrice de Darwin, de l'économiste, de l'anthropologue) et sa pensée féministe (quelle est l'origine de l'inégalité entre hommes et femmes ? Comment peut-on la combattre ?). Ainsi, ce travail ne marque nullement pour moi un changement d'orientation. J'ai en préparation une étude sur les origines du féminisme au XIXe siècle.

Au XXe siècle, aujourd'hui, est-on dans une période de latence du féminisme ?

Il suffit d'ouvrir n'importe quel magazine féminin pour trouver l'expression de « post-féminisme ». La disparition du mouvement est indéniable, même si le féminisme n'est pas mort. L'expression de post-féminisme va avec ce regard distant des jeunes qui ne comprennent pas qu'on puisse « avoir un rapport aussi parcellisé au monde ».

Ce qui est étonnant, c'est que le mouvement des femmes représentait une sorte de transversalité dans le champ social et que, soudain, l'image qu'il renvoie est celle de la plus grande fragmentation.

Comment en est-on arrivé là ?

Il faut réfléchir sur l'histoire. Un mouvement féministe correspond à un moment historique de conflit entre les sexes. Ce conflit, évidemment récurrent dans l'histoire, trouve à certaines époques une expression collective. Mais, à la différence du conflit gouvernant-gouverné, ou patron-ouvrier, il est peu circonscrit et se diffuse dans l'ensemble du tissu social. Il ne peut donc pas se perpétuer sous sa forme la plus intense, et des besoins de réconciliation apparaissent, entraînant un rejet de l'expression collective.

Plus précisément, il faut considérer la façon dont s'est faite l'histoire du féminisme. Jusqu'à une période récente, le féminisme se concevait en dehors d'une histoire cumulative. À cela différentes causes : d'abord un manque d'institutions qui a paralysé le développement d'une mémoire collective ; ensuite, une annulation immédiate de la geste féministe par le sarcasme ou la caricature.

Enfin, les femmes elles-mêmes, exclues depuis longtemps de la représentation historique, ne se posent pas toujours comme des sujets historiques. D'où la difficulté d'établir des filiations, sur le plan tant politique qu'intellectuel.

Les causes internes de l'essoufflement du féminisme excluent-elles des causes externes, tels le rejet du militantisme ou les retombées de la crise économique ?

Dire que les revendications féministes deviennent moins urgentes dans une période de crise, ce n'est pas toujours une bonne explication. On a bien assisté à une explosion du féminisme en pleine révolution de 1848 ! Certes, l'essoufflement actuel peut être relié à un contexte plus global, ce qui n'exclut pas qu'un travail souterrain soit en train de se faire.

Quand on sait que le mouvement des femmes s'est constitué autour des notions de solidarité et de sororité, on comprend que les conflits aient été d'une violence à la mesure de l'intensité de la fusion initiale. Les luttes intestines se sont surtout déclarées à partir de 1975. Je ne sais pas si, comme on le dit parfois, elles se cristallisent autour de deux pôles, séparatisme et intégration, ou si les deux attitudes se sont succédé dans le temps. En tout cas, pour nourrir la réflexion, je prendrai deux références chronologiques. En 1975, nous avons contesté le début de la Décennie de la femme, car notre radicalisme passait par la critique théorique de l'institution masculine. Puis, en 1981, la rencontre socialisme-féminisme a pu se traduire par le recours à l'institution.

A-t-elle mis en danger le caractère subversif du mouvement ?

La réponse doit être nuancée. Être reconnu donne, à l'évidence, des moyens matériels. Néanmoins, ce type de reconnaissance limite, alors que le mouvement des femmes est traditionnellement transversal, même si la relation entre l'autonomie et la dépendance du féminisme par rapport à l'ensemble du champ social n'a pas été suffisamment pensée.

Est-ce par confort qu'on a fait l'économie de cette réflexion ?

Tout ne peut pas se faire en même temps. Pourtant, le problème des « importations » idéologiques et intellectuelles dans le mouvement féministe aurait dû être plus rapidement pris en compte. C'est une réflexion qui oblige à devenir modeste, mais qui permet d'aller plus loin, dans l'analyse du rapport aux institutions, comme dans celle du rapport aux théories.

Ces recherches érudites ont-elles une efficacité pratique ?

Dans les années 1970, quand les féministes parlaient de la contraception et de l'avortement, on disait déjà : « Ce ne sont que des intellectuelles ». Ces acquis sont désormais passés dans l'histoire.

Sont-ils pour autant irréversibles ?

Je ne sais pas. On peut penser que non si l'on regarde ce qui se passe aux États-Unis. À la différence des luttes ouvrières, les conflits entre les sexes ne suivent pas une histoire linéaire. Quand on observe l'évolution du féminisme, on découvre des moments de régression effrayante. La loi sur le divorce élaborée pendant la Révolution de 1789 a été annulée en 1816 ! On a attendu 1884 pour avoir de nouveau le droit de divorcer…

Parlons de l'avenir : l'avènement des mères porteuses va-t-il encore changer la condition des femmes ?

Le changement est énorme. Mais il n'y a pas à ce sujet – au contraire de l'avortement – d'unanimité parmi les féministes. Certaines y voient une nouvelle exploitation du corps de la femme, d'autres affirment qu'on a enfin dissocié sexualité et reproduction. Pour ma part, je trouve cette dissociation ambiguë. Si elle a été libératrice, elle peut aussi produire une curieuse représentation du désir.

Que pensez-vous du déséquilibre entre les sexes : des femmes affranchies, célibataires le plus souvent, laissant en arrière des hommes qui n'ont pas su changer ?

Il est vrai qu'il existe une image de « femme performante », mais elle peut être aussi bien le produit d'attentes masculines. Cependant, que les femmes fassent leurs choix propres ne signifie pas qu'elles renoncent à leurs rapports aux hommes. Les femmes actuelles ont sans doute, plus qu'auparavant, une certaine facilité à circuler dans les images féminines. Néanmoins, de l'autre côté, la réalité traditionnelle perdure, avec ces filles de vingt ans qui se marient et cessent de travailler, pour le plus grand soulagement des hommes.

En définitive, y a-t-il eu une rupture radicale dans l'histoire des femmes depuis une quinzaine d'années ? Y a-t-il les femmes d'avant la contraception et celles d'après ?

Sans aucun doute. Mais on ne saurait s'en tenir à cette constatation. Aujourd'hui, la nouveauté essentielle de la pensée féministe, c'est la volonté de ne plus se concentrer sur les femmes pour travailler sur la différence des sexes : se donner la possibilité de réfléchir sur les rapports entre les hommes et les femmes et pas seulement sur une identité féminine, détachée de tout contexte. Pour moi, l'émergence de ce courant marque un tournant. Désormais, on ne peut plus extraire la femme du champ social et de son rapport au masculin. On ne peut plus en faire une entité séparée.

NATURE OU DROIT NATUREL*

Il est malaisé de questionner les droits de l'homme au regard de la différence des sexes car la réponse est donnée avec la question, dans toute sa difficulté rhétorique : il n'y a pas de différence entre un homme et une femme au regard de l'humanité, les révolutionnaires d'hier et les démocrates d'aujourd'hui n'en disconviennent jamais. Or le réel de la différence des sexes, accompagné de l'inévitable inégalité entre les sexes, induit une différence concrète de droits incompréhensible face à l'abstraction des droits de l'homme. Là resurgit la difficulté rhétorique, celle du débat lui-même comme celle de son mode d'exposition, discussion trop générale sous le terme « droits de l'homme » ou trop particulière sous le terme « droits des femmes ». Or cette difficulté rhétorique n'est jamais appréhendée comme telle, voire même jamais reconnue. Il s'agirait donc ici d'éviter cette alternative malheureusement classique, et à notre avis inefficace, entre le débat général et la question particulière ; il s'agirait par là même d'échapper à l'opposition, trop prévisible, entre le remarquable et prestigieux débat

* *Droit et société, Revue internationale de théorie du droit et de sociologie juridique*, « La famille, la loi, l'État. Débats révolutionnaires, problèmes d'aujourd'hui », n° 14, 1990 (texte donné lors de la conférence de clôture du séminaire tenu durant l'année 1989 « La famille, la loi, l'État, 1787-1804 » au centre Georges Pompidou).

sur le droit naturel et les droits de l'homme (droit au singulier ou au pluriel, droit naturel ou loi naturelle) et l'importante, mais toujours limitée et un peu misérable, question des femmes.

On tenterait de croiser le débat général et la question particulière là où ce serait possible. On peut distinguer, dans le débat révolutionnaire, trois lieux distincts d'intersection, précisément la question du mariage, la discussion sur la famille et la représentation même de la différence des sexes. Ils se réfléchissent aussi bien du point de vue du droit naturel, débat général, que du point de vue d'une nature féminine, question particulière. Ces deux points de vue, droit de l'individu et essence de la femme, éclairent ainsi l'espace où se pose la question des droits de l'homme au regard de la différence des sexes.

De fait on fonde les droits de l'homme doublement, sur le droit naturel du sujet de raison, et sur la loi naturelle de la conservation de la vie dans l'espèce. L'antique et éternel discours sur la nature des femmes rencontre donc à l'ère moderne ces deux fondements, la question de la définition de leur raison et celle de leur rôle dans la perpétuation de l'espèce. On sait bien par ailleurs que tout propos sur la question des sexes ou la définition de la famille n'échappe jamais à la tension problématique entre ce qui subsiste de la nature et ce qui fait inéluctablement société ; on sait aussi que, dès que la femme est objet de réflexion, l'intervention du naturel, en deçà de tout droit semble-t-il, est inévitable. Par là même la question du droit des femmes s'en trouve toujours fragilisée car la relation sexuelle comme la vie familiale sont pensées aussi souvent dans que hors le champ des discussions sur le légitime et le juridique ; cela dépend vraisemblablement toujours du rapport de conjoncture entre le droit et la politique. Présentement, il s'agit de considérer les effets des débats révolutionnaires, le déplacement qu'ils opèrent dans la pensée du droit naturel, justement la tentation, exaspérée par l'urgence politique de la fin de la Révolution, d'esquiver le rapport de justice en ce qui concerne les sexes.

Prenons l'exemple du mariage (et du divorce) : proposé comme contrat civil plutôt qu'union religieuse, contrat pouvant se faire et se défaire en fonction du consentement de deux volontés autonomes, il ne garde, en 1804, de contrat civil, que le nom. En effet, quel type de contrat subsiste quand les deux parties contractantes ne possèdent pas une égale autonomie de la volonté, quand l'une, la femme, est soumise à tout un réseau de dépendances ? Car il n'est pas sûr qu'on lui accorde une raison semblable à celle de l'homme quand on en souligne avant tout les limites, le rapport aux affections de son corps, ou son besoin nécessaire d'en référer toujours à autrui. Mais alors comment fonder les lois sur le droit naturel qui, supposant l'identité des sujets et l'autonomie de leur raison, se trouve en contradiction avec lui-même dès qu'il s'agit des femmes ? Que celles-ci, dans l'après-Révolution, ne soient pas conviées au banquet du droit naturel, cela se conclut plus que cela ne se proclame, cela se laisse dire plus que cela ne s'affirme. De cette contradiction entre le principe du droit naturel et sa conséquence, personne ne dit mot ; seules l'évocation et l'invocation de la nature des femmes permettent de la masquer.

Prenons l'exemple de la famille : passage au premier lien social éventuel (au delà du lien sexuel), elle contribue à consolider le partage entre les deux sexes. L'homme, le père, sort de la Révolution raffermi dans son autorité d'époux et de père mais surtout réassuré dans sa liberté par l'interdiction de la recherche en paternité ; or l'autorité et la liberté sont des valeurs fondamentales pour la citoyenneté. La femme quant à elle est univoquement désignée, avec l'appui du discours médical, comme celle dont la maternité, garante de la continuité de l'espèce, est sa principale, voire son unique fonction sociale. Or ce quasi lieu commun éclaire curieusement les choses : si pour une femme le rapport au social est rapport à l'espèce et à la transmission de la vie, alors la loi naturelle, plus que le droit naturel, définit sa position. On mêle ensemble conservation de la vie et création de la vie. Mais en ce cas le rapport à la loi de la nature convie moins à un droit qu'à un devoir, et l'on fait de cette loi un objectif, un but, plus qu'un dénominateur commun entre les personnes ; une telle astreinte ne saurait, dans une discussion sur le droit, laisser indifférent.

Pour la question de la différence des sexes par conséquent, on remarque que la nature, bien loin d'être la médiation susceptible d'assurer, par le droit naturel comme par la loi naturelle, l'identité des deux sexes, est au contraire le moyen par lequel on les sépare. Là où l'on voit théoriquement la référence et la garantie commune à l'humanité dans son ensemble, surgit par le jeu sémantique sur les mots naturel et nature, une disparité irréductible entre l'homme et la femme. Elle est fondement d'altérité au lieu d'identité. Plus encore : la nature est le lieu, même s'il est donné comme lieu social, où l'on place l'un des deux sexes uniquement, la femme. La raison d'une femme, élément de sa nature, ne saurait lui permettre une position de sujet, civil ou citoyen, car celle-ci est avant tout prise dans son corps ; on assurera donc sa dépendance d'épouse et son exclusion de la vie publique. La raison d'une femme n'est pas citoyenne et sa vie sert à donner la vie : sa vie est un moyen tout autant qu'une fin.

Ainsi la nature des femmes intervient de façon surdéterminée dans la représentation du droit naturel comme de la loi naturelle. La nature n'est pas seulement le support, le soutènement, transformable, du droit naturel ; elle est plus qu'une référence fondamentale. La nature n'est pas non plus le garant, pour l'espèce humaine, d'une loi naturelle ; elle est plus qu'un repère de stabilité. Elle est un ailleurs, un lieu imaginaire où la femme se tient, auquel elle reste attachée. La nature est ce qui permet d'empêcher la confusion entre les sexes, de rétablir la distinction entre l'homme et la femme là où la pensée démocratique pourrait l'effacer. Ainsi la nature sert avant tout à faire opposition à autre chose. Au lieu d'être le support du droit naturel, ou le garant de la loi naturelle, elle se trouve mise en vis-à-vis du sujet de la citoyenneté, à l'opposé de la sociabilité publique. Telle est une des issues de la Révolution où des lois civiles, fondées au départ sur le droit naturel, loi relative au divorce ou à l'enfant naturel, sont rediscutées et remaniées jusqu'au Code civil de 1804 au point d'en perdre ce fondement ; autrement dit, ce qui relève du lien sexuel, ou du lien familial, est parfois dissocié de la référence au droit naturel.

Si la modernité hésite sur la définition de la femme comme sujet, et conserve son image de médiatrice avec la nature, on peut se demander pourquoi. Repréciser la différence sexuelle, s'assurer que la femme est bien distincte de l'homme est sans doute essentiel. La démocratie, en soulignant si fort l'identité des personnes, a besoin de réaffirmer la différence des sexes. Mais plus encore peut-être : après la rupture révolutionnaire, recréer le partage entre l'homme et l'autre, ou l'ailleurs, de telle façon que l'homme fonde son essor, son émancipation, à partir et surtout grâce à ce qui n'est pas lui. Si l'appel à la transcendance divine et royale s'estompe progressivement, le recours à l'altérité de nature est alors fondamental. La différence sexuelle tient peut-être cette place importante dans le monde moderne avec ce qui s'en est suivi, à savoir sa résolution probable, la reconnaissance de la femme comme sujet.

Sur tout cela, le recul qui nous est permis aujourd'hui est tout à fait éclairant. D'un côté, deux siècles d'histoire montrent comment fut possible une lente réappropriation, pour les femmes, de droits fondés, à leurs yeux, sur le droit naturel. De l'accès à la citoyenneté aux divers droits civils (comme la loi sur le divorce de 1975) l'identité du sujet de raison entre l'homme et la femme est réaffirmée. De même, la quasi assimilation de l'enfant naturel à l'enfant légitime (loi de 1972) transforme le rapport de la famille à la société dans la mesure où le groupe famille n'empêche pas le rapport direct de l'individu à l'État. « Les droits de l'enfant » en sont l'ultime expression. On ne dira pas, par là, que la famille est dissoute, simplement qu'elle n'est plus l'intermédiaire obligé entre l'individu et la société.

D'un autre côté, le rapport à l'espèce s'est profondément modifié : quelque chose de la contrainte d'une loi naturelle cesse ; l'avortement, la contraception et les nouvelles techniques de reproduction mettent un terme à la neutralité apparente de la nature. Cela joue au profit d'une liberté évidente dans le rapport de l'individu, notamment de l'individu femme, à l'espèce ; et ce qui relevait d'un devoir, devoir de procréation, devient aussi un droit. Un droit comment et pour qui, là est le nouveau problème ; ni la contraception, ni la reproduction artificielle ne sauraient être des choses simples en pratique.

La question des sexes excède toujours l'espace du droit ; en ce sens rien n'est jamais acquis. Pour le droit des personnes, de la qualité de la vie, comme pour le droit à la vie elle-même, conservation et reproduction, on ne saurait penser que la différence entre les sexes s'amenuise, voire qu'elle puisse être considérée comme nulle, disparaître. Alors, les droits de l'homme semblent toujours une évidence difficile.

SUR L'HISTORICITÉ DE LA DIFFÉRENCE DES SEXES*

Toute ma recherche sur l'élaboration discursive de la différence des sexes dans l'histoire postule une histoire des représentations de la différence des sexes. Dire cela n'est pas anodin. La différence des sexes, en effet, relève pour la plupart des gens de l'empiricité immédiate, des choses humaines dont la temporalité ne s'inscrit pas dans l'histoire. Or, affirmer son historicité, conséquence du postulat d'une histoire des représentations, signifie précisément qu'on peut en dire quelque chose. Reste que l'anhistoricité apparente de la relation sexuelle est à penser elle aussi. C'était le point de départ de ma contribution à *L'exercice du savoir et la différence des sexes*[1].

Je faisais l'hypothèse de l'historicité comme la condition nécessaire à la pensée philosophique de la différence des sexes ; je repartais précisément de l'évidence pour beaucoup que le sexe n'a pas d'histoire, que la relation entre hommes et femmes échappe au discours autre

---

* « Über die Geschichtlichkeit der Geschlechtdifferenz », *Die Philosophin*, n° 7, Tübingen, éditions Discord, mai 1993.

1. Contribution intitulée « La différence des sexes, une différence historique », in *L'exercice du savoir et la différence des sexes*, Monique David-Ménard, Geneviève Fraisse, Michel Tort (dir.), Paris, L'Harmattan, 1991, d'après le colloque du même titre organisé au Collège international de philosophie en juin 1990.

que trivial ou littéraire, ou qu'elle est structurée par des invariants liés aux identités sexuelles. Je remarquais alors l'intérêt pour l'histoire des femmes, histoire où la richesse des représentations semble couvrir ces invariants d'une multiplicité porteuse d'un possible toujours neuf ; je constatais en même temps la si grande difficulté de la philosophie à comprendre la différence des sexes comme un objet philosophique ; je soulignais l'absence, dans l'histoire de la pensée, du philosophème « différence des sexes ».

Entre ce vide conceptuel de la philosophie (qui n'est pas, bien entendu, une absence de pensée), l'anhistoricité des représentations traditionnelles du sexe et de la sexualité, et la promesse de l'histoire contemporaine, j'imaginais, puis j'affirmais que l'hypothèse de l'historicité ouvrait une perspective nouvelle ; et ce doublement : en rendant possible une lecture des philosophes et de leur traitement de la question des sexes ; en déjouant la facticité, l'empiricité infra-théorique qui fait qu'aujourd'hui encore toutes les recherches sur les femmes n'ont pas modifié l'*a priori* (le préjugé) contre la conceptualisation de la différence sexuelle.

Aujourd'hui cette hypothèse mérite d'être approfondie, travaillée ; des deux points de vue. Du côté de l'historicité on travaillera aussi bien la notion d'événement et de conjoncture, de rupture et de chronologie, pour comprendre à partir de quels référents on peut parler d'historicité ; référents politiques de courte ou moyenne durée (jeu ou dialectique entre oppression et domination, entre égalité et inégalité) ; référents anthropologiques plus proches, mais pas toujours, de la longue durée (de la reproduction de l'espèce à la représentation imaginaire et symbolique du masculin et féminin). Du côté de l'anhistoricité, on s'intéressera à ce qu'elle explique : que là s'enracine le fait d'une absence de conceptualisation de la différence des sexes. En effet, si le philosophème fait défaut, si le discours sur la différence des sexes est toujours morcelé, empirique, c'est parce que les sexes échappent à eux-mêmes dans leurs représentations, excepté s'il s'agit de décrire l'éternité du masculin ou du féminin. Sur la dénégation du réel comme sur l'affirmation du mythe, il faudra s'arrêter ; dans le champ psychanalytique comme dans l'espace littéraire.

D'où le paradoxe qu'il ne faut pas écarter : le concept manque pour cause d'anhistoricité quand le propre du concept justement serait de se définir hors de l'histoire.

D'où sans doute mon sentiment actuel : que nous n'en finirons jamais avec cette hypothèse paradoxale. L'hypothèse de l'historicité indique le passage de l'histoire des représentations à la représentation de l'histoire : nous sommes dans cet entre-deux aujourd'hui, et peut-être y resterons-nous. En 1990, je me sentais forte de la promesse de l'histoire contemporaine. Or ce qui à mes yeux faisait preuve, cette histoire des femmes ramassée et densifiée en cinq volumes[1], apparaît, une fois achevée, dire la répétition et la similitude, l'analogie des situations plus que les surprises et les nouveautés ; répétition de l'assujettissement des femmes et de l'inégalité des sexes bien entendu tout au long de l'histoire occidentale (même

1. *Histoire des femmes en Occident*, volume IV, *op. cit.*

si la rupture moderne et l'avènement du féminisme sont bien un phénomène historique, l'indice d'une conscience nouvelle de la place des femmes dans l'histoire).

Évidemment il faudrait savoir ce qui fait histoire dans l'histoire des femmes, ce qui manifeste l'historicité. Si je dis que l'historicité est la représentation de l'histoire (sa conscience ?), cela concerne aussi bien les acteurs de l'histoire ainsi faite, femmes et hommes, que les lieux où se passe cette histoire, l'économique ou le juridique, le politique ou le religieux... Qu'on y constate une infinie répétition de l'inégalité est une chose mais au fond est-ce l'objet même de l'histoire des femmes ? N'est-ce pas seulement un élément ? Et quels sont les autres ?

Que l'enjeu de l'historicité soit important, personne n'en doute ; qu'il faille distinguer à partir de l'histoire des femmes ce qui fait le caractère historique de la différence des sexes semble désormais plus complexe, encore à faire. Mais que la déclaration d'historicité soit à tout jamais peut-être programmatique est également probable. Retenons seulement l'idée que l'histoire ne prouve pas l'historicité.

En revanche, si nous nous tournons vers la discipline philosophique, l'historicité s'avère immédiatement opératoire. Opératoire de l'intérieur et de l'extérieur de la discipline philosophique : de l'intérieur parce que toutes les apparitions de la question des sexes, des femmes, de la relation et du conflit entre hommes et femmes, des valeurs ou identités masculin/féminin se révèlent traversées par la nécessité philosophique de l'auteur et de sa pensée inscrite dans l'histoire de la culture ; de l'extérieur aussi parce qu'il apparaît combien le philosophe répond à son temps en faisant intervenir ici où là tous ces thèmes, combien aussi le philosophe entend, à partir de l'ère moderne, la demande d'émancipation des femmes.

Je ferai pour finir une remarque plus personnelle ; l'historicité de la différence des sexes apparaît à mes yeux comme une infinie question sur la multiplicité éventuelle des représentations des sexes ; une promesse d'enrichissement. L'histoire serait alors comme un laboratoire permanent, un objet de curiosité sans cesse renouvelée ? Non, car parler d'historicité, c'est désigner d'abord une représentation pour soi, une conscience. Or cette conscience se présente sous des formes logiques, des modes explicatifs. De deux façons, ici indicatives : par la généalogie des représentations, par l'interrogation sur les ruptures historiques. La généalogie explique, la rupture rend manifeste ; par exemple, la généalogie permet de comprendre la naissance du féminisme, la rupture révolutionnaire donne à voir en le reformulant le lien sexuel dans une société donnée, ici démocratique. J'ai mis en pratique ces deux types d'explication dans *Muse de la raison* auquel je renvoie ici[1].

En fin de compte, je pense que l'historicité de la différence des sexes n'a pas seulement d'intérêt pour elle-même, c'est-à-dire pour déjouer les pièges de son anhistoricité supposée. Elle sert à interroger l'ensemble de la culture, à voir qu'elle est, au titre d'autres éléments de la vie humaine, un opérateur de la culture. Cela pourrait passer pour une évidence ; malheureusement, il n'en est rien.

1. *Muse de la raison*, *op. cit.*

LIBERTÉ, INÉGALITÉ, FIDÉLITÉ*

Le XIXe siècle eut une double morale, celle de la licence donnée aux hommes, du devoir exigé des femmes, de la liberté sexuelle pour les uns, de la fidélité obligatoire pour les autres. Il eut aussi une double loi, celle qui condamnait l'adultère des femmes et tolérait celle des hommes : l'homme sera excusé de tuer sa femme prise en flagrant délit d'amour illicite, la femme n'aura rien à dire si ce même délit est commis par l'homme hors du domicile conjugal.

L'adultère de la femme fut longtemps un crime qui ne se pardonnait guère. Sous l'Ancien Régime, et ce, presque jusqu'à la Révolution, le mari a droit à bien des violences physiques et juridiques contre l'épouse et son amant. L'adultère de l'épouse est d'ailleurs une des rares causes possibles de la demande de séparation de corps, seule permise jusqu'à la Révolution. La séparation de corps laisse place au divorce en 1792. Cette loi, au sens propre révolutionnaire, introduit la notion de « consentement mutuel » : ce que la volonté de deux parties a pu faire, il peut le défaire. L'individu futur citoyen sera libre, parce que capable de l'être, et l'adultère se fond sous le motif général de « dérèglement des mœurs ». L'adultère devient une cause implicite de divorce sans distinction de sexe.

* *Le Nouvel Observateur*, 12 août 1993.

Mais pas pour longtemps : dès 1794, cette cause redevient centrale pour justifier une séparation ou un divorce, et elle le restera jusqu'à récemment. La loi de 1803 en fait le premier motif de la demande de divorce : « Le mari pourra demander le divorce pour cause d'adultère de sa femme ; la femme pourra demander le divorce pour cause d'adultère de son mari, lorsqu'il aura tenu sa concubine dans la maison commune ». Oui, la double morale est issue de cette loi inégalitaire. Avant, l'homme dominait la femme de son pouvoir de la répudier, de l'envoyer au couvent, à l'hôpital. Après la Révolution et avec le Code civil, le déséquilibre introduit entre la faute de l'homme et celle de la femme permet un dédoublement de la morale sexuelle : si l'article 212 du Code civil stipule que les époux se doivent mutuellement « fidélité, secours, assistance », cette réciprocité – toutes les féministes du XIXe siècle le remarqueront – ne s'accorde nullement avec d'autres articles du Code imposant à l'épouse la dépendance.

Après la domination explicite de l'Ancien Régime, c'est l'inégalité réelle dans l'égalité de principe qu'inaugure l'ère démocratique, là est le dédoublement : la réciprocité dans la fidélité n'est pas contradictoire avec la tolérance asymétrique de l'infidélité.

Évidemment les enjeux de la nouvelle société, la future bourgeoisie propriétaire, servent d'excuse : peu importe l'infidélité du mari tant qu'il ne dilapide pas son bien pour une autre ; terrible est la frivolité de la femme susceptible de fabriquer des bâtards. C'est bien la conséquence de l'adultère qui justifie une double loi, conséquence économique et conséquence symbolique : l'héritage vise désormais à égalité tous les enfants, filles et garçons aînés et cadets, mais à condition qu'ils aient le nom du père ; car la recherche en paternité est interdite par le code napoléonien (jusqu'en 1912).

L'adultère cependant ne se réduit pas à une affaire de descendance. Le mari outragé par sa femme peut s'adresser à la loi et divorcer (jusqu'en 1816, où le divorce est à nouveau interdit), ou se faire justice lui-même. « Tue-la », lance Alexandre Dumas fils par provocation, pour dénoncer l'absurdité d'une république naissante, après 1870, où l'impossibilité de divorcer souligne l'absence de liberté privée. « Tue-la », la femme adultère, dont tu ne peux divorcer, dit-il, car c'est « la conséquence logique d'une loi illogique », celle qui acquitte en toute bonne conscience le mari meurtrier. Et puis en 1872 tout bascule, et l'affaire Dubourg, où le mari assassin se voit condamné à cinq ans de prison, déclenche la campagne qui permettra enfin le rétablissement du divorce, la loi Naquet, en 1884. Alfred Naquet souhaitait que le « consentement mutuel » soit au centre du divorce comme il l'était du mariage. Mais il échoua et le divorce pour faute survécut jusqu'en 1975. Pour le dire vite, nous avons retrouvé aujourd'hui le principe de la loi de 1792, fondé sur la libre volonté des individus.

Et l'adultère, qu'est-il devenu ? Crime sous l'Ancien Régime, cet acte devint un délit au XIXe siècle, inégalement perçu par le Code civil. Aujourd'hui, ce mot fait sourire, et pourrait bien disparaître. L'infidélité, terme adéquat pour décrire désormais l'errance amoureuse, ludique ou dramatique, participe de la liberté des mœurs qu'on s'accorde à reconnaître à notre époque.

Alors la double morale a-t-elle disparu puisque la double loi appartient au XIXe siècle ? On pourrait l'imaginer. Même si les hommes et les femmes ne sont pas infidèles de la même façon – les enquêtes médiatiques aiment à le prouver –, plus rien dans l'espace public ne vient établir des règles et des jugements. L'infidélité est devenue un affaire éminemment privée et la morale sexuelle échappe désormais au débat politique. Sauf si le débat porte sur l'égalité des sexes, débat que beaucoup souhaiteraient ignorer et que le féminisme maintient coûte que coûte.

Au XIXe siècle, sur la question de l'adultère et du divorce, la marge de manœuvre du féminisme était étroite car le désir de liberté s'interprétait trop facilement en supposée licence ; réclamer la liberté des mœurs, c'était être suspecté de mauvaises mœurs, et le journal *La Femme libre* des saint-simoniennes dut se transformer prudemment en *L'Avenir des femmes* : prôner l'amour libre dans le milieu anarchiste de 1900, comme le fit Madeleine Vernet, c'était, sans le vouloir, autoriser les hommes à la goujaterie. Souvent, alors, les femmes mêlaient la demande de liberté des mœurs à la réassurance de leur désir de fidélité, d'une fidélité choisie et non subie. Apparemment, aujourd'hui, cette voie étroite de la liberté des femmes s'est grandement élargie. Mais l'égalité en la matière n'est pas pour autant évidente. Les jeunes collégiennes le découvrent à leur tour : quand un garçon séduit plusieurs filles, c'est un macho (entendez au sens positif), mais quand une fille plaît à quelques garçons, c'est une salope, dit l'une d'elles, stupéfaite à l'aube de la vie amoureuse d'une telle injustice du regard.

CET ÉTÉ, PAS DE CARTES POSTALES DE DUBROVNIK*

Souvent, je me suis souvenue d'une carte postale de vacances qui ne m'était pas adressée : « Les gens heureux sont sans histoire », disaient ces amis à mon oncle. C'était l'été au soleil et j'étais glacée. Étaient-ce les vacances qui produisaient ce temps sans histoire, étaient-ce ces auteurs de la carte postale qui n'avaient rien à raconter ? Comment savoir ? Et si tout le temps de vacances ou du reste était sans histoire, sans histoires... L'horreur. Fallait-il vraiment être malheureux pour avoir une histoire ? Ou inversement ; et tel était mon sentiment : que le malheur est de ne pas avoir d'histoire ; fut-ce le temps des vacances ou de l'école, fut-ce dans la famille ou dans la rue.

Alors j'aimais qu'on fît des histoires : celles des femmes, par exemple, qui créaient à nouveau le mouvement féministe et je signais « les faiseuses d'histoire » un bref texte en l'honneur des archives féministes conservées à la bibliothèque Marguerite Durand[1] à Paris. C'était sans doute la carte postale, le texte de la carte postale que j'aurais choisie. Faire des histoires comme dans la cour de récréation ou faire des histoires comme les dominés les font aux dominants : pour que cesse l'insupportable,

---

* *Libération*, 17 août 1993.

1. Cf. *supra*, « Pour Marguerite Durand », p. 25-27 [*NdE*].

pour qu'advienne la justice. De faire des histoires à faire l'histoire, tout l'enjeu du féminisme depuis 1830 est là.

On dit en effet qu'elles font des histoires, histoires ridicules, excessives : certes. Histoires drôles tout autant. A-t-on assez raconté que le féminisme fut pour ses actrices une histoire drôle où se mêlaient l'ironie et le rire. La carte postale aurait été en couleurs, bariolée comme les bayadères du XIXe siècle. Toutes ces histoires où se disent colères et réclamations sont à l'évidence un regard sur l'histoire en train de se faire, une façon de s'inscrire dans l'histoire, d'avoir un nom d'acteur ; apparitions sur une scène, interventions dans le cours du temps historique. Les hommes font l'histoire, nous apprit l'école marxiste. Mais les femmes n'ont pas toujours fait l'histoire, répond le féminisme : on a envie de faire l'histoire, d'être dans l'histoire. Ce serait cela le bonheur ; le texte et l'image de la carte seraient à eux deux le récit d'un monde vivant.

Tiens donc ! Les femmes étaient-elles hors de l'histoire avant le XIXe siècle, avant les commencements de l'émancipation ? Les cinq tomes de l'*Histoire des femmes* sembleraient par le titre même dire le contraire. *Histoire des femmes* il y a et depuis toujours, en ce sens l'*Histoire des femmes* en apporte la preuve. Passons sur la commodité de ce titre qui n'induit, on s'en doute, aucune idée d'histoire séparée ; il s'agit avec plus ou moins de facilité de dire que l'histoire est sexuée, plus encore d'affirmer que la différence des sexes relève de l'historicité. Mais le résultat, au bout du compte, n'est pas évident, les invariants sautent aux yeux et, disposés autour de l'inégalité des sexes, espace privé/espace public, maternité/travail, etc., semblent résister précisément à l'historicité. Invariants sous formes différentes suivant les siècles mais invariants quand même. Ces cinq volumes illustrent effectivement l'histoire de l'assujettissement des femmes, histoire répétitive plus qu'inventive. L'*Histoire des femmes* est une illustration ; pas une carte postale.

Si loin de l'histoire d'aujourd'hui ?

Dans la balance entre le sentiment d'un progrès, d'une inscription des femmes dans l'histoire chantée par le féminisme et ce poids de l'histoire qui raconte cette constante inégalité entre les hommes et les femmes, la perplexité guette ceux ou celles qui, comme moi, croient au bonheur du temps historique. Qui peut écrire la carte ? Si nouveauté il y a avec l'époque contemporaine, elle est dans la liberté des femmes certes : aussi dans une mise en scène historique. Il y a l'histoire du féminisme et il y a l'histoire du XXe siècle, qui est celle des guerres. Quelle y est la place des femmes ? On souligne leur suppléance des hommes en 14-18, on dispute âprement de leur « rôle » dans le fascisme, passif ou actif, de victimes ou de coupables, on ignore trop facilement leur place dans la Résistance. Hésitations, incertitudes des représentations sur la participation des femmes à l'histoire comme sujets. Et quand elles sont objets ? Victimes de guerre ? Les pratiques de viol en ex-Yougoslavie déplacent cyniquement notre perception : les femmes appartenaient jadis au butin de guerre, les viols se comprenaient comme une conséquence inéluctable dont on s'attardait plus ou moins à souligner l'atrocité. Aujourd'hui, dans cette guerre-là, les femmes sont une arme, elles sont dans la bataille et pas seulement après la bataille. Elles entrent dans l'histoire comme moyen de faire la guerre ; le viol n'est plus une récompense ignoble mais une arme. Sait-on si tout cela est vraiment nouveau ? Les historiens ont apparemment du mal à répondre. Et le malheur dispute au bonheur la chance pour les femmes d'entrer dans l'histoire comme actrices de celle-ci. Cet été, nous ne recevrons pas de cartes postales de Dubrovnik.

QUAND GOUVERNER N'EST PAS REPRÉSENTER*

L'étonnement de voir une femme gouverner un État, en Grande-Bretagne, en Norvège mais aussi en Turquie et dans d'autres continents, Amérique du Nord, Asie, sauf en France où l'expérience brève d'Édith Cresson fut malheureuse, est un sentiment multiple : à la surprise de voir, hors de l'Occident sûr de son avance en matière de droits, des femmes accéder au pouvoir politique suprême, se mêle la gêne de savoir notre pays à la traîne de la représentation politique. Avec nos 5 ou 6 %, nous partageons, en compagnie de la Grèce et des États-Unis, autres berceaux de la démocratie, ce privilège du retard démocratique. Et pourtant la notion de retard n'explique rien : les femmes sont « citoyennes à part entière » depuis quelque cinquante années et désormais le débat se déplace : comment la citoyenneté n'entraîne-t-elle pas la représentativité ? Comment la représentation politique des femmes ne recouvre-t-elle pas le gouvernement qu'on leur accorde parfois ? Distinguer par conséquent citoyenneté, représentation et gouvernement : les femmes participèrent au gouvernement en 1936, alors qu'elles n'étaient même pas encore électrices, encore moins

* *Libération*, 14 juin 1994, paru sous le titre : « La souveraineté limitée des femmes », republié dans *À côté du genre, op. cit.*

députées. Serait-il donc plus facile de gouverner que de représenter, plus évident d'être ministre que députée ? Oui.

La citoyenneté fut très tard acquise. Nulle contingence à cela : la démocratie fut « exclusive » dès l'origine, en son principe même. Par voie de conséquence, la république fut masculine. Le droit de vote relevait du droit démocratique ; le droit d'être élu, de « représenter », suppose que s'y ajoute l'action du sujet républicain. La représentation, ou députation, permet donc bien plus qu'une simple participation à la chose publique : justement, il faut représenter. Représenter le peuple, la nation, ne pas être seulement citoyen mais citoyen au nom des autres : les députés ont une double fonction, ou une double réalité, celle de décider pour le peuple du bien public à partir d'une circonscription géographique, celle de faire les lois d'une part, celle de régner sur un fief d'autre part. Faire les lois est le travail explicite du député, celle de conserver, gouverner en séduisant, son fief, est une nécessité implicite. De ces deux points de vue, les femmes sont dans une situation délicate. En effet, un des arguments de la démocratie exclusive comme de la république masculine est d'expliquer que les femmes font les mœurs, tandis que les hommes font les lois ; partage donc du travail à l'intérieur de la cité. Les femmes politiques sont aujourd'hui encore spécialistes du « social », cantonnées aux secteurs santé, éducation… Exclues de la fabrique des lois, elles ne sont pas tellement mieux préparées à régner sur un fief. Car le fief est depuis longtemps déjà, depuis la féodalité, une affaire d'hommes. La loi salique, loi féodale qui servit autant imaginairement que réellement à exclure les femmes du trône, est une loi française que les révolutionnaires, dans le peu de temps qui sépare le 14 juillet 1789 de la chute de la royauté, inscrivirent d'urgence dans la première Constitution. Napoléon III fit de même. Ce rappel historique dit la force de la tradition féodale. Notre monarchie fut « de droit divin ». Cela signifie que le roi, outre sa fonction de gouvernant, doit jouer un rôle religieux que le sacre met au niveau d'un lien avec Dieu. Bref, la monarchie française a une puissance de transcendance que la masculinité du trône entend bien garder pour elle. C'est une affaire symbolique, une affaire de symbolique. De faire des lois à faire le fief, les hommes jouissent donc d'un pouvoir dont l'histoire nous explique qu'il est nécessairement masculin.

Or les femmes ne sont pas absentes de tout pouvoir. L'espace économique leur est plus favorable. En quelque sorte : pouvoir politique non, pouvoir socio-économique, oui. À cela s'ajoute le fait que la France supporte plutôt bien, comparée à ses voisines, l'Allemagne ou l'Italie, que les femmes « cumulent » maternité et travail salarié. On sait que les femmes gouvernent en politique, à défaut de représenter, mais comment une femme accède-t-elle au gouvernement ? Elle est nommée, non point élue ; elle ne représente donc qu'elle-même. C'est son savoir et sa compétence, non sa capacité de représenter, qui sont requis. Un homme, président de la République ou Premier ministre, désigne cette compétence, la sollicite. C'est beaucoup plus simple que d'être élue.

La chose cependant est plus complexe et tourne autour de la notion même de gouvernement. Car le gouvernement s'applique aussi bien au politique qu'au domestique. Non par effet polysémique du mot mais parce que ces deux notions, le gouvernement d'un État et le gouvernement de la famille, furent pensées au début de l'ère moderne, ensemble. Soit pour les penser comme analogues, côté conservateurs, soit pour les dissocier, côté Rousseau par exemple. C'est dire que ce lien entre le gouvernement politique et le gouvernement domestique s'ancre nécessairement dans la relation entre les sexes, entre le pouvoir des hommes et le pouvoir des femmes.

J'aimerais poursuivre ce travail sur le jeu, les jeux entre citoyenneté, représentation et gouvernement et le partage inégal entre les sexes qui s'y fait. J'aimerais, d'autant que l'ordre du jour des élections européennes, mais aussi et surtout de l'action féministe, a fait de la parité hommes/femmes dans la représentation politique le centre d'un débat. Ce débat est subversif, son impact politique, fondamental ; mais il laisse ouverte la question du sens. Que signifie, en terme de théorie politique, la parité ? Est-ce un idéal, au même titre que la justice ou la liberté ? Et que voudrait dire, dans une construction politique, le partage du pouvoir entre hommes et femmes fondé sur une réalité anthropologique, la dualité sexuelle du monde ? Pour ma part, j'y vois un problème philosophique. D'où le condensé d'une formule, pour dire mon embarras, empruntée à Kant mais inversée : la parité est une idée, une théorie, « pratiquement vraie mais théoriquement fausse ». Impossible à fonder en théorie mais terriblement efficace en pratique. Non pas un idéal mais une arme dans un combat essentiel. L'idée a traversé, voire secoué l'agir des partis politiques. Que l'égalité des sexes y gagne quelque chose, c'est bien l'objectif ; que la vie politique masculine française en soit transformée, on peut en douter ; ou même en rire : les femmes furent et restent un objet d'échange, plus, une monnaie d'échange dans toute société. Ou bien encore un symptôme, celui de la crise de la représentation politique. Que personne ne s'y trompe, surtout si on veut à la fois penser et agir l'égalité des sexes.

L'EXIGENCE DES FÉMINISTES*

Certains seront surpris si je leur dis que le mouvement des femmes fut ou est porteur d'utopie. Car pour eux, ou elles, le féminisme est un avatar, une forme ultime de la guerre des sexes ; lutte pour le pouvoir, attaque des hommes par les femmes. Je ne sais de quand date l'expression « guerre des sexes ». En revanche, je persiste à voir dans la contestation féministe l'espoir que cesse la guerre entre les sexes ; tout en sachant que la sexualité, la relation sexuelle est faite d'un jeu proche du duel. Mais je ne vois pas, en effet, sous les vocables égalité et liberté des significations allant dans le sens d'un conflit ni même d'un malentendu. L'utopie porte bien toujours une part d'illusion. L'utopie du féminisme laisse imaginer la paix entre les sexes, le partage égal du monde, l'échange libre des pouvoirs.

Je sais l'utopie du féminisme depuis sa naissance comme mouvement collectif au XIXe siècle. L'amour libre et la révolution sociale en bornèrent le champ d'investigation du plus personnel au plus collectif. Je sais l'utopie du mouvement des années 1970 dont l'originalité fut peut-être l'indépendance des femmes, une déclaration d'autonomie qui n'était pas simple proclamation. Les jeunes femmes des années 1970 avaient les moyens de

* *Le Monde des débats*, janvier 1995.

cette décision, car leur autonomie revendiquée n'était pas une simple représentation volontaire d'elles-mêmes ; leur autonomie puisait sa certitude dans les transformations d'une société, avec la mixité scolaire, l'accès à toutes les professions, la révolution contraceptive, sans parler des changements du droit et de la dénonciation des violences sexuelles. Bref, le réel de l'autonomie nous permit non seulement d'en rêver mais d'y croire. D'où l'idée, par-delà une émancipation, d'une libération des femmes.

1981, dans l'histoire d'une politique des femmes, marqua le passage du rêve militant à une éventuelle réalité. La décennie qui s'achevait avait soutenu une vision politique globale où les femmes étaient subversives pour elles-mêmes et pour les autres, où changer le monde version féministe faisait voler en éclats le clivage entre public et privé, entre le politique et l'intime. S'achevait l'époque où le slogan dénonçant le franquisme sous l'expression « le machisme fait le lit du fascisme » n'étonnait pas. Commençait l'ère moins révolutionnaire et plus républicaine où un ministère du droit des femmes, une loi pour l'égalité professionnelle et bien d'autres réformes ouvraient à une participation plus grande des femmes à la politique. En deux décennies, nous eûmes donc, entre contestation révolutionnaire et participation républicaine, les deux versants possibles d'une action politique des femmes.

Or ces deux situations sont issues de la tradition démocratique, entre utopie et république. D'un côté, il est clair que la Révolution française, la démocratie naissante et la République progressive du xixe siècle ne voulurent pas des deux sexes en politique. De la fermeture des clubs de femmes en 1793 à la masculinité de la citoyenneté et à une République des frères, les femmes ne furent pas invitées à débattre de la chose publique. L'inclusion des femmes dans l'espace politique fut la conquête du xixe et du xxe siècle. De l'autre côté, toutes les utopies nées avec l'espoir démocratique et les théories révolutionnaires marxistes se fabriquèrent avec les hommes et les femmes, avec la dualité sexuelle. Depuis Fourier et les saint-simoniens jusqu'à Marx et Lénine, les femmes sont d'emblée parties prenantes des sociétés futures. L'égalité des sexes et la liberté des femmes ont été des principes de départ. Qu'ils aient été malmenés dans le développement même de l'utopie, aussi bien dans le microcosme saint-simonien que dans la société communiste, n'enlève rien au principe lui-même.

Ainsi s'opposent deux mouvements de la démocratie : celui qui occulte dans l'universel, ou le général, la différence des sexes, et fait du sexe une particularité au détriment des femmes réelles, des citoyennes ; et celui qui n'imagine pas changer le monde, faire la révolution, avec la moitié du monde seulement et impose qu'hommes et femmes apportent leur part à ce changement. Or ces deux mouvements se sont pour ainsi dire croisés dans notre histoire. La République des frères a appris à faire de la place à ses sœurs, et l'inclusion des femmes dans la cité a succédé à leur exclusion politique. Inversement, utopies et révolutions se sont toujours arrêtées sur le chemin d'une véritable mixité de leurs projets ou de leurs réalisations.

La déception des femmes, de Claire Demar[1], la saint-simonienne, à Alexandra Kollontaï[2], la révolutionnaire, succéda toujours à leurs rêves de libération partagée avec leurs compagnons.

C'est à la lumière du croisement de ces deux tendances qu'il faut lire la demande de parité. La parité est proposée comme la figure nouvelle de l'égalité. La parité réaliserait l'égalité entre les sexes : c'est une utopie. Il est dit aussi que la parité des hommes et des femmes dans les instances politiques ne se fera pas sans l'obtention d'une loi. La demande de loi est une chose bien connue de qui observe l'histoire de l'égalité des sexes depuis la naissance de la démocratie. La demande de loi relève des mécanismes d'inclusion des femmes dans la chose publique. En même temps, l'exigence de parité semble, au regard de la réalité politique française, totalement irréaliste, à vrai dire utopique. Qui se soucie, dans la « classe politique », de la participation des femmes à la chose publique ? Plus encore, l'utopie de la parité tient à cette représentation duelle du monde, à l'idée que le monde est deux, composé de deux sexes, de deux principes : les hommes et les femmes, le masculin et le féminin.

Ainsi la parité est, au regard de l'histoire de l'égalité, un tour de force car elle joue le jeu démocratique de

1. Claire Demar (1799-1833), féministe journaliste saint-simonienne, se suicida avec son compagnon, alors même que, privée de toutes ressources, elle doutait du progrès de l'émancipation des femmes [*NdE*].
2. Alexandra Kollontaï (1872-1952), féministe et femme politique russe. En 1921, elle prend ses distances avec Lénine, qu'elle accuse de défendre le capitalisme [*NdE*].

la demande de droit, de l'exigence d'une loi ; et, en même temps, introduit dans l'universel démocratique une notion paradoxale, celle du deux en politique. La demande de parité mêle donc deux éléments modernes, en général disjoints, l'universel du droit et l'irréductible différence des sexes. Fin, donc, d'un faux particulier, les femmes comme minorité, au regard d'un faux universel, l'homme des droits de l'homme. Début d'un universel non neutre. Cette utopie est symbolique.

Restent le réel et l'imaginaire. Côté réel, les embarras sont ceux de tout formalisme. Rien ne présage en toute certitude d'un monde nouveau grâce à un partage sexué des affaires de la cité ; et rien n'est donné de plus que le pouvoir politique séparé de l'égalité sociale et économique.

Côté imaginaire, l'utopie est majeure. Elle est dans l'idée d'une dualité sexuelle forte d'une alternative possible. Les femmes auraient un autre rapport à la politique, un autre regard, un autre désir. Différence, dualité des sexes voudraient dire altérité. L'idée est évidemment ancienne, celle d'un principe féminin opprimé par le principe masculin et subversif à la fois par sa différence et l'effet de son défoulement. L'idée se développe philosophiquement, notamment dans l'école de Francfort qui sut penser la « dialectique des Lumières » à travers l'opposition d'une raison oppressive et de ce qui lui échappe et l'interpelle. L'idée est présente désormais, ici et là, dans les débats politiques et dans les analyses des politologues. Elle est dans les témoignages des femmes politiques elles-mêmes, tous partis confondus, qui constatent qu'« elles ne sont pas pareilles » aussi bien lors d'un soir de défaite électorale face aux médias que dans les assemblées municipales, régionales, nationales. Où il est moins question d'affirmer une différence que d'observer une inadéquation au modèle proposé. Il y aurait comme l'évidence d'une dissemblance vécue par la plupart des femmes politiques. Et ici peu importe de faire le départ entre l'héritage d'une histoire, celui d'exclues de la *res publica,* plus sensibles au terrain de l'action, et la marque existentielle d'un rapport concret au monde susceptible de lier le privé et le public. L'utopie est négative : le modèle dominant n'est justement pas un modèle.

Ainsi je ne connais l'utopie d'aujourd'hui que par ce que les femmes désignent comme l'insupportable : que les hommes gouvernent seuls sans elles, « moitié du ciel », et que les hommes gouvernent mal, au plus loin des réalités humaines qu'elles identifient si bien.

Mais pendant ce temps la différence sexuelle fait rage à l'autre extrême de la vie politique, dans la guerre. Les femmes sont l'autre du combattant dans l'ex-Yougoslavie, femmes dont le viol est une arme (et non plus un butin) de guerre ; les femmes sont l'autre des frères d'islam, en Algérie par exemple, et les violences qu'elles subissent les mettent au rang d'instruments pour une politique effrayante. Être l'autre, objet et non sujet. Ceci comme un rappel, essentiel : il n'y aura pas d'utopie de l'égalité sans utopie de la liberté des femmes. Cela semblait un acquis d'être sujet d'égalité et sujet de liberté. Or la reconnaissance de ce sujet, s'il n'est pas une utopie, est encore notre horizon, proche.

LA LIBERTÉ DES FEMMES EST EN DANGER*

Partons, si vous le voulez bien, de la situation des femmes telle qu'elle se présente en France aujourd'hui. Des assises européennes viennent de se tenir à Marseille. On y a appris que, dans notre pays, on recense 4 millions de femmes battues.

Ça fait beaucoup... C'est bien de le rendre public. Pour que le viol soit reconnu comme un crime contre la personne, il a fallu mener une vraie bagarre. Cela a été aussi le cas pour la contraception que je considère comme une révolution. Dans le tissu d'horreurs de cette fin de siècle, c'est une invention positive qui concerne les hommes et les femmes. La conférence du Caire[1] a bien montré que l'on n'était pas au bout de cette révolution. Beaucoup d'hommes de pouvoir se demandent à voix haute : quelles libertés va-t-on donner aux femmes avec la contraception ? Il faut savoir que la contraception est aussi utilisée pour stériliser les femmes, contrôler la population, pour des tas de choses qui ne vont pas dans le sens de l'autonomie de l'individu.

---

* *L'Humanité*, 8 mars 1995. Propos recueillis par Arnaud Spire.

1. Conférence internationale sur la population et le développement du fonds des Nations unies pour la population, 5-13 septembre 1994 [*NdE*].

Peut-on dire que la domination des hommes sur les femmes soit tendanciellement en recul sur l'ensemble de la planète ?

Cette question est peut-être plus facile à faire émerger que la question de la liberté. Est-ce qu'on fait l'égalité du point de vue de l'universel, c'est-à-dire du point de vue de la confusion des sexes ? Je sais bien que la Déclaration des droits de l'homme est aussi celle des droits de la femme. Mais si on prend l'histoire des violences, on voit bien qu'il faut faire des lois spécifiques liées aux discriminations et aux oppressions ! Ce qui me retient de répondre à votre question, c'est la guerre dans l'ex-Yougoslavie, l'Algérie, et d'autres pays concernés par la conférence du Caire. La liberté des femmes se joue dans les conflits actuels, où la question de la différence des sexes est devenue un des nerfs de la guerre. Aujourd'hui, on fabrique de la guerre avec cette question-là. Et cela me trouble beaucoup.

Alors, recul de la domination masculine ? Oui et non. Au siècle dernier, il fallait conquérir un droit du travail spécifique pour limiter la peine des femmes et des enfants. Aujourd'hui, la situation a évolué. Je ne sais pas si je dois être pour ou contre l'interdiction du travail de nuit pour les femmes. De la même manière, je sais que certaines filles musulmanes ont utilisé le voile pour se protéger de la domination de leur frère ou de leur père. Dans certains lieux, elles se sont donc réapproprié comme sujet ce qui leur a été imposé comme une oppression. Nous sommes des êtres d'histoire. Il faut croiser à chaque moment l'universel et le spécifique pour ne pas opposer l'égalité à la liberté. En Algérie, peut-on dire que la domination masculine a régressé ? Je ne le crois pas. En France, l'égalité de carrière et de salaire est encore à conquérir.

Malgré la crise, le nombre de femmes salariées en France ne cesse d'augmenter. Dans le même temps, nous restons l'un des pays les plus faibles en matière de représentation politique féminine.

On dit que les femmes n'ont aucun pouvoir en France puisqu'elles ne sont pas représentées. Il y a à l'Assemblée nationale 6,1 % de députés femmes. Une proportion à peine plus forte qu'à la Libération. La baisse serait criante si le nombre de députées communistes ne la compensait un peu. Il est vrai que nous, Françaises, avons, plus que d'autres pays, accès au monde économique. Même si tous les hommes de droite sont en train de rêver de renvoyer les femmes à la maison pour faire baisser les chiffres du chômage.

L'apogée de la lutte pour l'égalité des femmes se cristallise sur cette question de la parité politique. Pendant que nous discutons de cela se joue la question de la liberté des femmes. Je parie qu'à la rentrée prochaine, on ne va pas se battre sur les questions d'égalité politique, mais sur la façon dont le pouvoir va essayer de remettre en cause, par le partage du temps de travail, l'égalité entre les sexes. Malgré la force des femmes en France, il est encore admis dans notre pays que les femmes aient une double vie, de mère de famille et de travailleuse. Je crains que, au lendemain de la présidentielle, on ne revienne à l'archaïsme d'un droit à choisir entre maternité et emploi. Les projets plus ou moins cachés de salaires maternels sous formes d'allocations, de parcellisation de l'emploi, de temps partiel, m'inquiètent.

Égalité contre liberté ? Gouverner ou représenter ? Ce sont là des oppositions innovantes…

Je dis qu'une femme a plus de mal à « représenter » qu'un homme. En France, tous les lieux de délégation politico-symbolique sont restés des lieux d'hommes. Le pouvoir économique ou le pouvoir du gouvernement sont des pouvoirs qui reposent sur une hiérarchie organisée, sur des compétences, des savoirs. Quand on fait appel à une femme comme ministre, c'est pour ses compétences. Généralement en matière de santé ou d'éducation. Mais quand une femme est élue députée, elle représente la nation, hommes et femmes compris. Dans la réalité, on préfère une femme ministre – nommée par un homme – à une femme députée représentant aussi les hommes…

Le PCF est sorti du cercle selon lequel il faudrait attendre un grand soir de révolution pour commencer à lutter contre les mentalités rétrogrades. Qu'attendez-vous, dans ces conditions, des communistes aujourd'hui ?

Il y a eu, dans l'histoire du Parti communiste français, des attitudes contraires au féminisme. J'en ai été moi-même le témoin. Dans les années 1970, dans des manifestations du 1er Mai, je me souviens avoir été molestée. Je l'ai dit à Robert Hue, lors de la rencontre du cirque d'Hiver. En fin d'après-midi, un jeune est venu me voir pour me demander s'il était vrai que le Parti communiste français n'avait pas été tout de suite favorable au planning familial et à la contraception. C'était pour lui comme une rumeur. C'était bouleversant de candeur militante.

Il y a en France deux traditions démocratiques depuis le début du XIXe siècle. Celle, universaliste, de la démocratie libérale, républicaine, et même socialiste. Celle-là a eu beaucoup de mal à intégrer les femmes, parce qu'elle est fondée sur l'homme générique, universel, et que, du même coup, elle a tendance à exclure les femmes individus, particulières. L'autre tendance est celle de l'utopie dans laquelle j'intègre le saint-simonisme, le fouriérisme, le marxisme et la naissance du communisme. Dans ce courant, il y a une ouverture aux hommes et aux femmes. À mon avis, la question de la parité est fondée sur un mélange des deux courants, universaliste et utopiste.

Le Parti communiste est partie intégrante de la seconde tendance. Quand Robert Hue dit « les hommes et les femmes », cela veut dire qu'il est vraiment question des hommes et des femmes. Quand Jacques Chirac dit « les hommes et les femmes », ça veut dire les hommes... Je crois que le Parti communiste a une responsabilité historique en tant que représentant de la tradition utopiste. Je ne dirais pas la même chose à quelqu'un du Parti socialiste. Il y a une histoire. Et depuis le milieu du XIXe siècle, dans ce parti-là, je suis désolée, on pousse les femmes sur les côtés. Le mouvement ouvrier français a une tradition antiféministe et une autre fondée sur la démocratie utopiste. Moi je pense que le Parti communiste français devrait reprendre la seconde.

LES FEMMES, ENTRE ÉGALITÉ ET LIBERTÉ*

La guerre et la paix se croisèrent à Pékin[1], au milieu de ces femmes venues du monde entier fabriquer un improbable consensus. Triste était la proposition officielle qui osait encore, en cette fin de xxe siècle, parler de promotion de la femme. Ce mot qu'on croyait vieilli, semblable à « l'amélioration du sort de la femme » d'un timide xixe siècle, comment pouvait-il avoir encore cours ? L'énoncé du principe d'égalité, intrinsèque à toute démocratie, était-il donc mis en cause ?

L'égalité des sexes est affirmée depuis cinquante ans par la Charte de l'ONU, et il semblait bien que ce devait être le cœur des multiples débats de cette rencontre internationale. Pourtant, là comme ailleurs, le mot d'équité fut mis en balance avec le mot d'égalité. L'équité entre les sexes, analogie boiteuse parce que sans définition sûre, comme progrès dérisoire face au volontarisme peureux et bien-pensant d'une promotion de la femme ? Décidément, l'évidence du principe d'égalité des sexes reste à démontrer dans de nombreux pays et face au monde entier.

* *Le Monde*, 26-27 novembre 1995.

1. La quatrième conférence mondiale sur les femmes, organisée par les Nations unies, s'était tenue du 4 au 15 septembre 1995 à Pékin [*NdE*].

La guerre et la paix se croisèrent à Pékin. Car l'égalité, hors son statut de principe, hors sa signification finalement si peu légitime, si peu évidente aux yeux de certains, définit alors tout et n'importe quoi. Est-ce d'égalité qu'il s'agit lorsque nous refusons qu'une femme s'astreigne à une loi religieuse imposée, lorsque nous dénonçons les viols des femmes comme arme de guerre, lorsque nous exigeons qu'une femme dispose de son corps, de sa sexualité, de sa reproduction comme elle le souhaite ? Non, ce n'est pas d'égalité qu'il s'agit ; mais de liberté, d'une liberté individuelle, personnelle, physique, corporelle. Certains participants de la conférence du Caire de septembre 1994, catholiques et islamistes mêlés, ne s'y étaient pas trompés lorsqu'ils s'affolaient de ce que les femmes gagnent en liberté avec la contraception, cette grande révolution du XXe siècle.

Alors il faut distinguer l'égalité et la liberté. Les mots de la Révolution et de la démocratie sont au nombre de trois : égalité, liberté, fraternité. Laissons la fraternité et son ambiguïté d'une société de frères où les sœurs demeurent en retrait. Laissons, pourtant sans l'abandonner, ce principe de fraternité qui ne concerne pas d'abord les femmes. La fraternité n'est pas un principe universel, j'en suis désolée. Je connais aujourd'hui des républiques de frères qui massacrent leurs sœurs.

Restent l'égalité et la liberté, reste à comprendre là où les hommes et les femmes se retrouvent égaux, là où les femmes pourront être libres. Ce n'est pas la même chose, et le mot d'égalité est trop précieux pour qu'il recouvre d'un voile de brume les multiples revendications des femmes dans le monde.

Première observation : la paix est l'espace où s'offre une égalité possible ; la guerre est le lieu où se bafoue la liberté. Pourquoi ? Parce que l'égalité, si elle est un principe de la démocratie, est aussi son espoir. L'égalité des sexes est l'utopie de la démocratie, une de ses utopies. L'égalité des sexes se fonde sur l'identité des individus des deux sexes, leur similitude.

L'homme et la femme se ressemblent comme êtres de raison. À ce titre sont réclamés depuis près de deux siècles des droits civils et politiques en vue de ce qui se nomme aussi aujourd'hui la parité des sexes. Les sexes sont égaux là où ils sont semblables, à l'image de l'animal rationnel.

En temps de guerre, à l'inverse, la demande d'égalité des sexes s'efface devant la lutte pour conserver sa liberté, qui, pour une femme, est avant tout la protection de son corps. Les violences contre les femmes, qui ne sont pas les mêmes, en Algérie ou en ex-Yougoslavie par exemple, que les violences contre les hommes, sont une atteinte à leur corps, à leur sexe le plus souvent. Alors la liberté des femmes désigne toujours leur différence d'avec l'homme, différence des corps et des sexes, irréductible différence.

La liberté des femmes n'est pas un espoir à venir ; c'est une nécessité première. Rappelons que Taslima Nasreen se battait pour la liberté avant même de s'engager dans un combat pour l'égalité des sexes[1].

---

1. Talisma Nasreen, militante anti-fondamentaliste et féministe bangladaise [*NdE*].

C'est pourquoi la guerre et la paix se croisèrent à Pékin. Car il est impossible de mettre sous le vocable égalité tout ce qui relève du simple *habeas corpus*, valable pour les Chinoises empêchées dans leur maternité ou pour les Iraniennes rétives à la loi coranique ; valable pour n'importe quelle femme, n'importe où. Je dis bien : *habeas corpus*.

Opposer guerre et paix, liberté et égalité, ne nous fera cependant pas tomber dans le piège du commun de l'égalité face à l'individuel de la liberté. L'affaire de la liberté est aussi collective. L'opposition n'est pas entre le commun et le singulier, les femmes et une femme, mais entre l'identité et la différence des sexes.

Certains, certaines discutent encore d'une étrange opposition, celle de l'égalité et de la différence entre hommes et femmes. Tel est souvent le débat féministe, en deçà et au-delà de l'Atlantique. Or on n'est pas égaux ou différents ; plutôt identiques (au sens de semblables) ou différents, nous apprend la tradition philosophique. L'égalité venant alors s'introduire comme un troisième terme, bien en peine d'être efficace face à la similitude aussi bien que face à la différence des sexes.

Certes, l'égalité se comprend mieux lorsque les êtres se ressemblent, sont identiques, comme hommes et femmes. Certes, la différence induit, en revanche, plus facilement de l'inégalité puisque le dissemblable est en soi une justification à la domination. C'est pourquoi tant de démocrates, hommes et femmes, ont préféré oublier la différence des sexes au profit de l'identité des êtres sexués. C'était plus sûr, une garantie de justice possible. Or c'est impossible justement, et c'est pourquoi il faut penser la liberté en plus de l'égalité.

La différence des sexes resurgit toujours dans l'histoire, lorsque les guerres violentent les femmes, mais pas seulement. Car la religion, qui est désormais retour du religieux, est traversée – que dis-je ! est essentiellement fabriquée – par de la différence sexuelle. Car l'espace économique, le marché du travail, est très souvent structuré avec la différence des sexes, en l'occurrence des corps (fonctions et forces). D'où tant de difficultés à produire de l'égalité professionnelle.

Entre l'égalité des sexes et la liberté des femmes, le siècle qui vient n'aura pas à choisir ; et nous-mêmes n'avons pas à choisir entre notre identité d'être humain et notre différence d'être sexué. *Empowerment*, a conclu le texte final de la conférence de Pékin. Mot intraduisible qui dit l'autonomie à venir, le pouvoir et la puissance, l'être et son développement, l'existence et son dépassement. Dynamique vers l'égalité grâce à la liberté.

QUAND LES FEMMES ACCÉDÈRENT À LA RAISON*

La question du statut de la femme a toujours posé problème pour les philosophes qui, jusqu'au XXe siècle, étaient essentiellement des hommes. Vos travaux – de femme philosophe – portent sur la façon dont se sont croisées la question d'une définition de l'humain et celle de la domination masculine. Pouvez-vous nous retracer les grandes lignes du débat philosophique à ce sujet ?

À l'origine de la pensée occidentale, deux grands courants philosophiques coexistent. Le premier obéit à la loi du vertical qui veut que les femmes soient inférieures aux hommes sur l'échelle des êtres : c'est la position platonicienne. La position aristotélicienne renvoie la femme à la matière quand c'est l'homme qui donne la forme. On est alors sur une ligne horizontale d'altérité. Les conséquences ne sont pas tout à fait les mêmes si l'on traite les femmes comme une catégorie inférieure, comme les esclaves et pourquoi pas comme les bêtes, ou bien si on les traite comme autres, dans un discours d'éventuelle complémentarité. Mais, comme l'altérité aristotélicienne

---

* *Sciences humaines*, novembre-décembre 2005. Version revue par l'autrice d'un entretien paru dans le numéro 64 d'août-septembre 1996, sous le titre : « La différence des sexes. Objet philosophique ». Propos recueillis par Martine Fournier.

entraîne elle aussi une infériorité, les deux images, du vertical et de l'horizontal, se rejoignent.

Une vieille querelle fantasmatique a été de savoir si les femmes avaient une âme. La légende raconte qu'en 586, au concile de Mâcon, on aurait posé la question de l'âme des femmes, et qu'il aurait été répondu par l'affirmative à la majorité de trois voix. Cette querelle est en fait un jeu sur la variante de *homo* [être humain] et de *vir* [mâle] : les hommes se sont demandé si *homo* renvoyait aussi bien au mâle qu'à la femelle.

Muse de la raison construit toute la question de l'exclusion des femmes de la vie politique à partir de 1800 et à partir de cette scène fantasmatique. Quand on ferme un club de femmes en 1793, à chaque fois qu'elles descendent dans la rue sous la Révolution, ou en 1848, il y a toujours quelqu'un pour faire référence au fait qu'il n'est pas sûr qu'elles aient une âme. Si elles n'ont pas d'âme, leur citoyenneté est problématique.

Comme beaucoup de légendes qui servent à justifier une domination, le faux débat sur l'âme des femmes est comme un serpent de mer qui reapparaît à la fin du XVIe siècle parce qu'il alimente des querelles théologiques dans lesquelles les femmes servent de « moyen d'échange » : personne n'a jamais vraiment cru qu'il fallait se poser la question de l'âme des femmes, mais cela sert à se quereller entre hommes. Encore aujourd'hui dans la question du politique, les femmes peuvent toujours être instrumentalisées.

L'anthropologie a montré que les femmes sont, dans une structure sociale, un moyen d'échange, telles les Sabines romaines par exemple. Mais elles sont aussi un moyen d'échange dans la pensée, c'est-à-dire qu'elles servent à traiter d'autres affaires plus importantes, notamment dans l'achèvement et la déconstruction de la métaphysique après 1800.

Dans cette optique, la différence des sexes peut-elle être un objet philosophique ?

La différence des sexes est une catégorie vide. D'après certains, il n'y aurait rien à en dire, il suffirait d'agir pour réduire les inégalités. Or, la différence des sexes est le fait empirique à partir duquel la pensée s'est développée. Il n'y aurait pas développement de la pensée à partir du même. Ce qui expliquerait que les philosophes n'aient pas fait de la différence des sexes un objet philosophique, même s'ils en parlent plus souvent qu'on ne le pense, mais de façon un peu désordonnée…

Sigmund Freud en fait un point d'arrivée neutre : notre pensée provient d'une libido désexualisée (ou énergie sublimée). Que je sois Hannah Arendt ou Martin Heidegger, la pensée sublimée est neutre. Pour Gilles Deleuze, c'est à partir du désir érotique que nous pensons. Tout le travail de déconstruction de la métaphysique a aussi accompli cette distinction. Lentement, notre modernité dissocie les hommes et les femmes des qualités masculines ou féminines.

C'est seulement à partir du XXe siècle que des femmes se font reconnaître en tant que philosophes : Hannah Arendt, Simone Weil, Simone de Beauvoir… En quoi participent-elles de l'évolution de la pensée féminine ?

Aujourd'hui, la question qui se pose pour les femmes n'est pas seulement celle de l'identité et de la différence, mais celle du sujet et de l'objet. Depuis deux siècles, les femmes cherchent à devenir des sujets ; pas seulement des sujets politiques ou civils, mais aussi des sujets dans la pensée.

En vingt-cinq siècles de philosophie, les femmes ont été mises en position d'objet pour la pensée et surtout pas de sujet qui pense. Elles sont soit apparence (ce qui se donne à voir), soit symbole : elles seront la République, la Vérité, la Justice, ces figures de pierre que l'on trouve dans la cour de la Bibliothèque nationale… Elles sont une image, au sens propre comme au sens figuré. Mais si elles sont symboliquement la vérité, elles ne sont pas capables d'y accéder, donc incapables d'être philosophes, ou d'user de leur raison. La Marianne n'est qu'un avatar de ces images féminines qui incarnent une idée symbolique, qu'elle soit politique ou métaphysique, mais qui empêche les femmes réelles d'intervenir dans tout cela. Et, très souvent, la femme est plus moyen que fin. C'est ce que disent un certain nombre de philosophes aux alentours de 1800. Pour Johann Fichte par exemple, la femme n'est que moyen par rapport à la propre fin de l'homme ; elle se met à son service par la procréation, la famille, l'amour, pour que celui-ci puisse se réaliser. Ici, il ne s'agit pas de dénoncer la position de la « femme-objet », ce qu'un certain nombre de travaux ont déjà fait auparavant. C'est le rapport sujet-objet qui m'intéresse, quand les femmes parviennent à passer de la position d'objet à la position de sujet. Ce que j'appelle « la raison des femmes » : toute leur histoire récente est l'émergence de leur exigence (et de celle de certains hommes) d'accéder à la raison. Certains philosophes leur concèdent une « raison limitée » (alors que la raison de l'homme n'est pas limitée), mais toute notre modernité tourne autour de cette question, qui peut leur permettre de devenir sujet : c'est-à-dire exercer leur raison.

Dans votre ouvrage, La différence des sexes, *vous proposiez de reconsidérer un certain nombre de concepts pour penser le statut de la femme aujourd'hui. Quelle est votre position par rapport au débat récurrent sur l'identité ou la différence ?*

Durant deux siècles d'histoire de la pensée sur l'égalité des sexes, on n'a cessé d'exiger de choisir entre différence et identité, identité étant pris dans le sens de similitude (identité à l'autre). À mes yeux, c'est une aporie ; non pas au sens d'une impasse, mais au sens philosophique fondamental de ce terme, à savoir d'une question qui n'a pas de réponse.

Il n'y a pas à choisir entre similitude et différence, les deux problématiques sont valables. Je décide donc d'abandonner un débat qui a beaucoup nourri les vingt ou trente dernières années du féminisme : je pose que c'est une aporie, et l'on peut très bien vivre avec. De la même façon que l'on naît et que l'on meurt, on est semblable et différent.

Alors, à certains moments on insiste sur la similitude, à d'autres, sur la différence. Disons que dans l'amour hétérosexuel, c'est la différence qui va primer, dans d'autres cas comme la politique, c'est plutôt la ressemblance. Dès lors, il n'est pas pertinent d'opposer les termes d'égalité et de différence, comme on l'a souvent fait dans le féminisme, puisque l'égalité est concept politique, et la différence un concept ontologique.

Si l'on veut parler de la différence des sexes, il faut utiliser ces trois termes : identité, différence et, depuis l'ère démocratique ou même depuis la réapparition de l'idée d'égalité à la Renaissance, égalité.

Dès lors que les femmes peuvent penser par elles-mêmes, et qu'elles peuvent revendiquer leur différence, une véritable parité entre les deux sexes est-elle possible ?

On en vient à la question de l'altérité, qui est nécessairement celle du conflit. Soyons clairs, il n'y a pas d'altérité sans conflit. La domination masculine est une constante. Pour ouvrir des horizons, ma proposition est de conserver l'aporie identité-différence comme telle.

C'est aussi d'ailleurs ce qui fait le sel de l'existence, le plaisir et le déplaisir, le plaisir et le conflit, l'amour et la guerre… Mais ne pensons pas que l'on annulera la différence.

Pourquoi le conflit est-il inévitable ?

Parce qu'il ne pourra jamais y avoir de neutralisation de la différence sexuelle. La démocratie nous a introduits dans un cercle vicieux ; les uns disent : « Ne parlons pas de la différence car on introduit l'idée de hiérarchie et de discrimination, donc on fait le lit de la domination ; nous sommes tous égaux ». Cet universalisme, neutralité apparente, se traduit en fait par une non-reconnaissance des inégalités, c'est une position forte chez les démocrates.

L'autre position, différencialiste ou communautariste, est également ambiguë : ses avantages sont de souligner les discriminations, mais le danger consiste à avancer que les femmes sont meilleures, ou qu'il n'y a que ce groupe d'exclues qui compte.

Mettre l'aporie en avant implique qu'on arrête de jouer un mauvais scénario qui nous piège de toute façon. De même, arrêtons de dire qu'il n'y aura plus jamais de conflits entre les hommes et les femmes. Les discriminations restent flagrantes : actuellement les femmes sont massivement touchées par la crise économique qui les envoie à la pauvreté. En France, nous sommes les derniers d'Europe en ce qui concerne la représentation politique des femmes. Il y a donc nécessairement du conflit, familial, conjugal, économique, politique… La question des sexes, c'est la même chose que la question des races… Plutôt que de nier les différences, il vaut mieux les identifier : soit on les cache au nom de la démocratie et cela se retourne contre les exclus, soit on les exacerbe et il y a toujours un déséquilibre qui se crée.

Le travail de construction de l'aporie passe par la reconnaissance du conflit.

Vous dites aussi que c'est en affirmant l'historicité de la différence des sexes que l'on pourra permettre de la penser et de développer l'égalité. Pouvez-vous expliciter ce propos ?

La différence des sexes travaille la pensée mais aussi tout simplement l'histoire. On a longtemps fait l'histoire tout en entérinant une représentation masculine de la condition féminine, ou au mieux en racontant l'éternelle domination des femmes, ou, au contraire leurs tentatives de contourner l'oppression…

Prenons un exemple emblématique, l'exclusion des femmes de la vie politique au lendemain de la Révolution française. Mon hypothèse est qu'un bouleversement du lien social est aussi un bouleversement du lien sexuel : si les femmes font la même chose que nous, disent les démocrates de 1800, il y aura confusion des sexes et perte de la différence, c'est-à-dire perte de l'éros et l'amour deviendra amitié... On ne pouvait pas se poser cette question-là tant que l'on n'était pas entré dans l'ère démocratique. Cette question est une question moderne.

L'histoire est sexuée. Quand Karl Marx critique l'homme propriétaire bourgeois, il faut constater que cela ne fonctionne pas pour la femme : elle n'est pas propriétaire, elle est dépendante... Si on réintroduit la différence des sexes dans l'histoire ou la philosophie, on s'aperçoit que l'on fait voler en éclats la représentation atemporelle d'une différence sexuelle. Ce n'est pas la même chose de faire l'histoire des femmes et de réfléchir la différence des sexes dans une représentation historique.

J'AI VU LES FEMMES AVOIR PEUR* –

Je travaille sur la différence des sexes, cela reste…

Sabine Prokhoris : Incongru ?

Incongru, et indécent. Mais j'ai tellement l'habitude d'avoir travaillé sur cet obstacle, qui n'est d'ailleurs pas extérieur, mais inhérent à l'objet. Tout mon travail consiste à déjouer. J'essaie de *faire preuve* en entraînant le lecteur à travers des concepts classiques, qu'il reconnaît comme siens, et de l'amener à un point où il se retourne et dit : j'ai pris cette question au sérieux. Voilà comment je fais travailler l'obstacle. Ce contre quoi je lutte, c'est l'idéologie, et contre un travail qui consiste à produire de la dénonciation. Je ne peux rien faire avec la dénonciation. C'est seulement en énonçant des choses que je fais évoluer les choses, que je peux déplacer les résistances. On m'a d'ailleurs rétorqué : « Alors vous perdez l'objectif féministe… » Si on pose au départ une position politique disant qu'il faut dénoncer une oppression dans l'espace politique comme dans l'espace de la pensée, on n'obtiendra rien. Ce qu'il faut, c'est, à travers le travail de la pensée, produire des effets politiques. Pas d'*a priori* politique, mais de l'*a posteriori* politique. Voici comment je lutte contre les résistances : je dois pouvoir *a posteriori*

---

* *Vacarme* 04/05, automne 1997. Entretien réalisé par Frédérique Ildefonse et Sabine Prokhoris.

avoir déplacé quelque chose chez le lecteur et l'auditeur. Mon enjeu est là, et c'est pourquoi je reprends la tradition philosophique. Sinon, je dirais – ce que beaucoup ont fait : « Écartons cette affaire et produisons quelque chose de différent, de nouveau, d'alternatif ». Ce qui peut d'abord sembler naïf (quand on est un peu historien, on sait bien qu'il ne suffit pas de dire : « Faisons surgir le féminin, l'autre côté de la modernité »), mais aussi inspirer un grand respect (quel est ce travail de pensée d'une émergence ?). Je n'ai pas envie de dire qu'il n'y a peut-être rien à y lire ; simplement cela ne m'intéresse pas. Ce type de position (on fait table rase, on crée une symbolique féminine – transmission de mère à fille, différente de la transmission symbolique –, on crée un espace neuf, avec, par exemple, Luce Irigaray) a séduit beaucoup de femmes, mais moi je suis restée muette face à cela. Il ne suffit pas de prendre le recto d'une page pour faire disparaître son verso. Aucune révolution ne s'est faite comme cela, ni historique, ni symbolique. Mais, en termes de séduction, ça a incroyablement marché…

Frédérique Ildefonse : Ça peut marcher si ça marche pour certaines personnes, un certain temps, et après, ça s'arrête.

Il y a quelque chose qui s'épuise. Mais ces personnes ne vont pas faire le pas dialectique de passer à autre chose ; cela va plutôt être : « Retournons à la poésie, à la peinture, à une autre forme d'expression ». Mais c'est aussi cela la séduction : on transfère plein de choses sur un objet, et ensuite, il n'en reste rien. Je ne commence que maintenant à dire à quel point cela ne m'a pas intéressée. Je ne prends pas la tradition philosophique sur la question de la différence des sexes pour me livrer à un petit exercice rhétorique. Cela me paraît être la seule issue intéressante, qui est de voir, de l'intérieur, en quoi on va peut-être pouvoir élaborer les conditions à partir desquelles déplacer les choses.

S. P. : J'aimerais que vous reveniez sur votre rapport à l'histoire et à l'historicité.

L'historicité permet d'échapper aux alternatives traditionnelles qui apparaissent dans l'explication de la différence des sexes inné/acquis, nature/culture, biologie/rapports sociaux de sexe, d'éviter d'avoir à choisir entre l'explication naturaliste et l'explication culturaliste. Il y a fabrication d'histoire. C'est déjà opposer une première résistance à l'idée selon laquelle les rapports entre les sexes échapperaient à l'histoire, seraient atemporels, ou relèveraient d'invariants anthropologiques ou psychanalytiques. Et à côté, la littérature serait là pour raconter… L'historicité, c'est raconter l'histoire – une histoire qui ne relève pas seulement du texte littéraire et donc, par là-même, qui ébranle légèrement la représentation des invariants ou de l'atemporalité. Affirmer l'historicité, ce n'est pas seulement repérer des ruptures historiques ou des points d'histoire, c'est se dire que la différence des sexes fait histoire, qu'elle est un des éléments de production d'histoire, dans la pensée comme dans le réel politique. L'historicité – le fait que les sexes feraient histoire – annule le choix à faire entre nature et société : l'historicité est la seule chose qui permette d'échapper à la binarité, elle ne s'oppose à rien. Les sociologues féministes qui soutiennent l'idée de rapports sociaux de sexe s'épuisent à s'opposer au biologique et au naturel : elles retendent le miroir qu'on leur a tendu. Je n'ai pas de théorie de l'historicité, mais je propose de travailler avec l'historicité, de manière à échapper à la binarité nature/culture, biologique/social. Comme la psychanalyse le fait sur le plan individuel, je travaille avec ce mélange de nature et de culture.

F. I. : Pouvez-vous donner des précisions sur cette production d'histoire ?

Dans l'histoire de ces deux derniers siècles, qu'on reprenne le travail féminin, l'accès des femmes au savoir, les guerres, on voit bien que la différence des sexes produit de l'histoire. Prenons la guerre de 1914, les hommes comme héros et les femmes comme support de la reproduction, y compris celle des bombes : on n'a jamais pris la mesure de la façon dont ça pouvait produire de l'histoire, de la répression que les femmes vont subir à la sortie de la guerre, et de la transformation d'une société dans son ensemble. On dira : il faut aussi traiter des femmes et de la guerre. On est dans le « aussi », dans le « en plus », jamais dans la dynamique intérieure. Ce qui est frappant, c'est que le moment, au début du XXe siècle, où la représentation de l'homme (l'homme de l'anthropologie) comme être historique devient dominante est aussi, étonnamment, le moment où les sciences produisent la théorie des invariants de la différence des sexes, où l'on va faire du rapport hommes/femmes quelque chose d'extérieur à l'histoire. La différence des sexes fonctionne à contretemps. Nietzsche a tout compris ; vous pouvez constater qu'il historicise toujours la situation des femmes, *a contrario* des autres philosophes qui historicisent l'être humain sans qu'il soit jamais question de la différence des sexes ; celle-ci sert par ailleurs aux philosophes à déconstruire la métaphysique et, curieusement, le rapport hommes/femmes est laissé dans l'atemporalité. Pour ma part, je fais de la construction, pas de la déconstruction. Je ne cherche pas l'envers du décor. J'aime le côté un peu chantier de l'historicité, son côté à la fois polémique, programmatique et théorique.

S. P. : À propos de l'expression « différence des sexes », que penseriez-vous de lui substituer le terme de dualité ?

Dualité est un terme intéressant. Mais je tiens à l'expression « différence des sexes », qui, contrairement à la « différence sexuelle », ne propose aucun contenu. C'est un concept vide, et c'est bien. Je ne propose pas de théorie de la différence, mais je m'attache aux conditions de pensée épistémologiques de la différence. Ce que l'on n'a pas avec la théorie du genre (*gender*), qui en reste à une scission entre biologique et social, sans jamais s'émanciper de cette opposition, sinon en croyant pouvoir annuler le biologique. Je dis qu'il n'y a aucune définition, aucune science, mais un savoir qu'il faut construire, un savoir qui pourra traverser des sciences constituées, la psychanalyse… Et je refuse tout autant l'idée selon laquelle la différence des sexes serait l'objet exclusif, l'affaire de la psychanalyse. C'est inverser d'une manière stupéfiante la puissance de subversion de la psychanalyse, tout en confortant l'idée qu'il n'y a pas d'objet philosophique « différence des sexes », puisqu'une science s'en occupe : après la médecine, la psychanalyse !

F. I. : Quelque chose me gêne dans l'utilisation du terme de dualité, qui recoupe le problème d'une « identité sexuelle ». On ne peut éviter de s'interroger sur la nécessité d'une sommation à se déterminer sexuellement. Sortir de la binarité, comme vous le proposez, c'est aussi se méfier de la dualité et concevoir que c'est plus compliqué que cela. À cet égard, la levée de l'adhérence du masculin aux hommes, du féminin aux femmes n'ouvre pas seulement quatre termes, mais une multiplicité de combinaisons.

S. P. : La dualité est également au sein de chacun.

On n'a pas à penser seulement la question de l'identité. Le mot « dualité » pourrait me gêner parce que je tiens à l'absence de contenu – je refuse de donner un contenu à la différence des sexes. Si je suis une femme à Kaboul aujourd'hui, je suis effectivement assignée à une identité simplifiée, mon corps de femme – et je suis très mal. Mais je n'entre pas, pour ma part, dans ces sommations à définir mon identité. Tout dépend du niveau auquel je parle. Il y a différents niveaux : le niveau du rapport amoureux, le niveau social, le niveau politique. Effectivement, dissocier le masculin des hommes et le féminin des femmes ne produit pas seulement quatre termes, mais me permet d'instruire les niveaux auxquels je vais me tenir.

S. P. : Cette affaire de niveaux est essentielle. Mais la question sur la différence portait non pas sur l'utilisation que vous en faites, mais sur sa réception. Lorsque Françoise Héritier parle de différence, on a le sentiment que ce terme enveloppe nécessairement une hiérarchie.

Il y a énormément d'interrogations autour de cette contrainte à l'identité. Personnellement, j'en suis étonnée, parce que je ne l'entends pas, bien que je l'entende souvent, par exemple dans les textes américains d'aujourd'hui. Pour moi c'est une question qui ne se pose pas. Il y a tant de niveaux de détermination, tant de détournements chez un être, qui exprime, tour à tour, tel trait féminin, tel trait masculin, selon les moments de son histoire, avec plus ou moins de bonheur. Ici, c'est la sommation à la solution qui se manifeste. Si on reparle « science, théorie, savoir », je suis extrêmement surprise du fait que, sur la question de la différence des sexes, il faille toujours donner des solutions, toujours résoudre des problèmes, toujours dire « c'est comme cela et pas autrement ». C'est ce qui a donné lieu aux fameux débats entre différentialistes et égalitaristes : il fallait dire « on est d'abord différents », « on est d'abord égaux ». Je me suis toujours dit : pourquoi tant d'énervement ? Pourquoi faut-il absolument répondre à des questions formulées depuis si peu de temps – à peine formulées ? Dans d'autres domaines de l'existence, les politiques, les philosophes fabriquent, formulent, réévaluent, réélaborent sans cesse les questions. Or, sur la question des sexes, il faut répondre. Je retournerais la question : pourquoi une telle panique ? Qui vous somme ?

S. P. : Il n'y a pas de détermination biologico-je ne sais quoi qui déterminerait des essences, et un destin.

Moi, je n'ai pas de réponse, et je tiens à cette absence de réponse. J'aime la position aporétique entre identité et différence qui scandalise un certain état féministe. Récemment, on a traduit, dans un des mes textes, le terme d'aporie par « *dead-end* », c'est-à-dire « impasse » !

Vous vous rendez compte ? Comme s'il était impossible de supporter une question sans réponse. Pour ma part je n'éprouve pas de panique existentielle sur ce point ; cela permet de dire qu'on peut s'en tenir à l'aporie. L'aporie, c'est quelque chose d'ouvert. L'humanité a besoin de fermer, de boucher.

F. I. : L'indétermination se supporte assez mal.

Ce que j'aime, c'est la liberté. L'aporie, ne pas répondre, c'est de la liberté. On ne se cherche pas une place. Lever le refoulement sur la question de la différence des sexes, cela n'aura pas pour effet de nous mettre dans une place déterminée.

Affirmant dès le départ qu'il n'y a pas, dans la tradition, d'objet philosophique « différence des sexes », on bute immédiatement sur l'amour et le désir, qui en tiennent lieu. À défaut de l'objet « différence des sexes », on a l'objet « amour ». De même pour le désir, l'éros, il y a quelque chose qui tient à la différence des sexes – dans les deux cas, il s'agit de rapports de contiguïté, de connexions. Il n'y a pas absence complète de ce qui évoque la différence des sexes. Ce qui est frappant, c'est que le désir et l'amour sont toujours présents en même temps, dans l'Antiquité, et à nouveau à partir du XIXe siècle. J'ai été frappée par la fameuse phrase de Schopenhauer selon laquelle personne n'a traité de l'amour entre Platon et Rousseau. Ce n'est pas complètement vrai, ce n'est pas complètement faux non plus. Voyez la lettre de Descartes à Chanut : soit je n'ai rien à dire, soit j'ai trop à dire, du coup, je ne dis rien. Il sent quelque chose de très fort et, en même temps, il décide de rester complètement à côté. Sur l'amour, il est tout à coup muet, ce qui ne l'empêche pas par ailleurs de parler des passions. Ce qui m'intéresse, ce sont les occurrences de l'amour dans la temporalité : l'amour est un philosophème qui joue un rôle curieux dans l'histoire de la philosophie ; on pourrait raconter l'histoire de la philosophie à travers les manifestations de la question de l'amour, pour observer comment l'amour est un opérateur, de même que l'égalité. Si on ne voit pas comment travaille la question de l'amour, à quel moment cela travaille nécessairement l'histoire de la philosophie – parce qu'aussi, par moments, cela s'absente –, on perd quelque chose de considérable. De même, ceux qui font l'impasse sur la question de l'égalité entre les sexes, qui disent par exemple que c'est uniquement une affaire de pratique politique ; que, théoriquement, il n'y a rien à en dire, ceux-là ne vont pas avancer très loin.

F. I. : La différence des sexes n'est pas initiale – pas plus que la sexualité n'est centrale. C'est ce que Foucault met en lumière. L'objet « différence des sexes » se trouve, à certaines périodes, différemment configuré par divers énoncés, divers processus de pouvoir, qui produisent comme un « état » de la différence des sexes, et, par une espèce d'effet de sablier, ces différents états de la différence des sexes vont eux-mêmes produire quelque chose – au sens de la production d'histoire dont vous parlez.

Oui, c'est ce qui fait que cela fait histoire. Mais Foucault parle plutôt du sexe. Pas de la différence des sexes. Ni de la sexualité. Qu'est-ce que le sexe chez Foucault ? Parler en tout cas de ces états, c'est bien voir que le sexe n'est pas un élément isolé, c'est un élément qui se brasse avec des tas d'autres suivant des moments différents…

F. I. : Sans pour autant qu'il puisse être banalisé, mis sur le même plan que les eaux et forêts, les différences sociales…

Bien sûr, mais c'est un jeu complexe. Si on prend l'histoire, il faut faire advenir la dimension selon laquelle l'histoire est aussi sexuée. En philosophie, l'intérêt serait en revanche de ne pas dissoudre l'objet femme, mais de le faire advenir et de le problématiser comme tel.

F. I. : Peut-on revenir à la peur de la confusion des sexes, à la panique qui s'y attache ?

La question de la confusion des sexes est proprement liée à une représentation démocratique de la société – elle ne se pose pas dans des sociétés hiérarchisées. La société démocratique est la seule où les différences sont censées disparaître. La confusion est la pire des questions, la pire des sommations. C'est affreux : on veut faire les hommes et les femmes pareils ! Mais que, sur les sexes, il faille se taire…

S. P. : … ne pas penser…

… c'est tout à fait fascinant. Sur la différence des sexes, tout le monde énonce de l'opinion ; il n'y pas l'idée de la représentation d'une production de savoir : tout le monde en sait quelque chose, puisque ça vient de l'empiricité ! Et si on produit du savoir et que ce savoir est visible, notamment par une publication (cela m'a fait de la peine autour des années 1990, maintenant je suis habituée), c'est que j'ai vu les femmes avoir peur – ne pas vouloir défendre l'idée qu'il faudrait penser sur les femmes, y compris à l'intérieur d'une exigence féministe.

F. I. : Mais qu'est-ce qui justifie la peur ? On peut estimer que ce n'est pas un objet de savoir, ne pas comprendre, trouver cela indécent, etc. Mais pourquoi la peur ?

Parce que le sexe. Le sexe, c'est l'objet du refoulement et du consentement à la domination, c'est-à-dire à des choses qui ne se disent pas. Le sexe ne se dit pas, quoique cela fasse beaucoup parler. En même temps, il y a quelque chose qu'il ne faut pas dire.

F. I. : Mais pourquoi les femmes ont-elles peur ?

Parce qu'il y a un aspect de transgression. Pour les femmes, il faut maquiller l'accès au pouvoir politique, au symbolique, à la pensée.

S. P. : C'est comme si elles risquaient de ne plus exister.

Je l'ai vu avec les médias : une femme ne peut pas défendre un texte théorique sur les femmes. Il y a de la peur, et je crois même un peu de honte : l'idée d'une position à ne pas prendre. Position phallique ?

S. P. : Je ne sais pas s'il s'agit de position phallique. Je crois que la panique vient du fait que, précisément, ce n'est pas une position phallique. Alors qu'est-ce que c'est ?

F. I. : Là, pour le coup, on sort bien de la binarité…

Oui, et cela fait histoire.

S. P. : Objet non identifié.

F. I. : Peut-être s'agit-il de la production de quelque chose qui n'est pas repéré et qu'on a toute tentation, pourtant, d'interpréter comme phallique parce que c'est dans un repérage connu. Dans la peur, la gêne, la honte, on sent bien les ramifications des étiquettes et, éventuellement, leur mise en défaut.

En tout cas, c'est une histoire entre femmes. C'est une femme qui ne peut pas supporter qu'une femme transgresse quelque chose. Sur la question de la théorie, comme sur la question de l'érotisme (qui en est l'envers exact), on ne peut pas *a priori* faire crédit aux femmes qu'elles savent produire des textes, de la pensée. Un universitaire m'a récemment demandé, alors qu'il reconnaît parfaitement ma position sociale (reconnaissance universitaire) : « Tu travailles toujours sur les suffragettes ? ». Vingt ans de production ramassés sur le rien ! C'était fou, cette discordance. Il ne pouvait se représenter mon travail que dans l'archi-rien (c'est-à-dire dans l'agitation féministe). Pour les hommes, on est dans le rien d'objet et pour les femmes, ce n'est pas possible d'avoir osé produire de la théorie là-dessus.

F. I. : Cela ne correspond pas à un élément du quadrillage existant.

On retombe toujours sur l'idée qu'il n'y a pas d'objet à penser. Donc les suffragettes c'est la négation même de l'objet... C'est comme si on disait du mouvement ouvrier : « Quelques grévistes débiles, quelques excités... ». On est dans le rien, et si on ne fait pas du rien, comment annuler le fait qu'il n'y ait pas du rien ?

F. I. : Il faudrait aussi se demander ce que cela veut dire pour le rapport des hommes à leur caractère masculin que de dire que cet objet n'en est pas un...

Ni les hommes ni les femmes n'ont envie de réfléchir sur la position femme, différence des sexes, etc. On veut émettre des opinions – c'est-à-dire en rester à des croyances, à des humeurs.

S. P. : Cela recoupe le problème de la différence entre une femme et une autre, comment la penser hors référence phallique ?

Il y a cette question de la perte des repères phalliques, mais aussi l'idée que le sexe ne peut jamais occuper une place normale. Mais peut-être que c'est bien. On me l'a bien dit, il n'y aura jamais de sérénité possible pour qui aborde cette question. En tout cas, il n'y a pas de place préalable, d'où une réaction de panique.

LE PRIVÉ ET LE PUBLIC, UNE CIRCULATION NÉCESSAIRE*

L'opposition entre ces deux termes, privé et public, est à la fois ancienne et moderne. C'est sans doute pourquoi je la crois toujours incroyablement pertinente. Hannah Arendt, introduisant avec force le « social » comme troisième dimension, n'a pas réellement modifié cette opposition classique. On peut le regretter ; mais il faut partir de là.

Nous savons que l'affirmation de la séparation entre ces deux espaces, ces deux sphères, est une construction moderne. Si construction il y a, la représentation de cette construction importe autant que sa réalité. Si cette représentation existe autant que sa réalité, elle n'est pas le double de la réalité, plutôt une fiction originaire. C'est pourquoi je substitue une construction à une autre : je propose de parler de circulation entre le privé et le public. De ce point de vue, l'image de deux sphères est meilleure que celle de deux espaces car le recoupement des sphères se conçoit visuellement assez facilement.

La construction moderne des deux sphères est bornée par deux repères : la production de la vie d'une part, le gouvernement d'autre part. Le premier repère relèverait

* *Futur antérieur*, n° 39-40, 1997-1998.

du privé, le second du public. Il apparaît rapidement, sur ces deux points, que la circulation l'emporte sur la séparation. Reproduction humaine et production sociale s'entraînent mutuellement ; gouvernement politique et gouvernement domestique ont une origine historique commune.

Il est vrai que mon point de vue est privilégié : avec le prisme de l'histoire des femmes et la recherche de la pensée de la différence des sexes, la perspective montre d'emblée comment les cercles des sphères se recoupent. Je propose donc de considérer la différence des sexes, sous l'image de la femme, comme un opérateur, opérateur de lecture de la circulation entre privé et public.

Le vivant

La pensée féministe de ces vingt dernières années a insisté sur le fait que la reproduction de la vie, enfantement et entretien de l'existence, participait du système de production. Reprise vigoureuse de l'analyse marxiste qu'il serait vain d'oublier et qui a servi de démonstration à l'assertion d'alors : « le privé est politique ». Mais ce n'est pas pour autant que furent entreprises des analyses sur la circulation entre les sphères. Sur deux points par exemple, la production de la vie et le travail des femmes.

Repartons du corps et du vivant, deux termes proches et pourtant distincts : en parallèle, notre époque vit deux grandes révolutions, celle d'une appropriation, par les femmes, de leur corps à travers la contraception et le droit à l'avortement, et celle de la maîtrise du vivant avec les nouvelles technologies de reproduction. D'un côté le corps reproducteur d'une femme change de statut, et d'objet, devient sujet : « notre corps nous-mêmes », disaient les féministes. Et ce passage à la position de sujet est une vraie et bonne révolution dans ce siècle de désastres. De l'autre côté, la technologie apporte des réponses aux difficultés de procréation qui placent la reproduction entre, là encore, une maîtrise, et le commerce traditionnel des femmes. Deux révolutions, deux nouvelles maîtrises dont le parallélisme historique nécessite la compréhension de leur interdépendance, plus même, une analyse conjointe.

Le lien entre production et reproduction se lit évidemment assez bien à travers le travail des femmes, salarié et non salarié. Je parlerai volontiers du brouillage savamment entretenu dans les représentations de la fameuse « double journée » des femmes. Deux exemples : le travail domestique, payé ou non payé suivant qu'il est accompli par la femme du foyer ou par une employée de maison, n'est jamais appréhendé dans ce double statut. Voilà pourtant une circulation privé/public drôlement complexe ! Quant à la double journée des femmes, qui permet quelques mensonges aussi bien sur le temps partiel que sur le désir des femmes à chercher des aménagements, je soulignerai simplement ceci : au moment où tous s'intéressent à l'éthique dans l'entreprise, il me semble qu'il serait bon de « démoraliser » la condition de la femme au travail. À contretemps d'une éthique propre au salarié citoyen et à son employeur, je verrai bien les femmes désigner l'articulation privé/public de leur double journée comme ce qui doit cesser de relever d'une prétendue responsabilité morale.

Le gouvernement

Nous avons pris l'habitude de ne voir le gouvernement que sous sa forme publique et politique. La famille, société de la vie privée, est considérée sous l'angle de son « chef » d'un côté, et de « l'autorité parentale » de l'autre. Tels furent les termes du XXe siècle. Pourtant, l'autorité dans l'espace familial fut longtemps couplée avec la souveraineté nationale sous le terme polysémique de « gouvernement ». Jusqu'à la fin de l'Ancien Régime, en effet, on pense d'un même mouvement le gouvernement domestique et le gouvernement politique avec la double image patriarcale du père et du roi. Et dans les deux espaces, privé et public, se posait la question du gouvernement des femmes, mis en balance de façon comparative : dans la famille, le gouvernement leur est plus facilement contesté qu'à la Cour ; tel est l'avis de Montesquieu, tout à fait théorique il est vrai.

Mais l'intéressant est dans la comparaison et dans le fait qu'on envisage l'existence parallèle de deux gouvernements. C'est ce que *Le Contrat social* de Rousseau va dissoudre, exigeant que toute comparaison cesse entre la structure d'un État et celle de la famille. Dans l'espace public, le gouvernement sera désormais concurrencé par la représentation politique, deux façons distinctes d'exercer le pouvoir ; dans la famille, en revanche, surgit et resurgit l'idée du chef et de son autorité incontestée. On ne discute plus alors du gouvernement des femmes dans une situation comme dans l'autre : après 1800, les femmes sont hors de la citoyenneté politique d'une part et en situation de tutelle civile d'autre part. L'heure n'est pas au pouvoir des femmes. Cela renvoie à la thèse même d'Aristote : quel que soit le rapport entre les sexes, la femme n'a jamais le pouvoir de commandement.

Inutile de dire que le XXe siècle s'est bien gardé de respecter ces impératifs. Dans la sphère publique comme dans la sphère privée, la question du pouvoir des hommes et des femmes est désormais soulevée, et loin d'être réglée. Dans la famille, les autorités sont conjointes ou disjointes, dans la cité les hommes tentent de garder leur monopole. Dans les deux cas existe maintenant une tension entre hommes et femmes à partir de leurs positions respectives de sujets et de citoyens.

La circulation

Au regard de la dimension sexuée de l'histoire, les deux repères proposés, le vivant et le gouvernement, illustrent le propos d'une circulation bien plus que d'une séparation des deux sphères. Le vivant désigne la reproduction de l'espèce comme un tissu où se lient et se délient la maîtrise et le travail que cette reproduction exige. Le gouvernement montre qu'un espace d'autorité se pense en relation à l'autre espace et non dans une hétérogénéité respective ; famille et cité se répondent.

Deux brefs exemples : il est remarquable que la maîtrise du vivant oblige à mettre sur la place publique ce qui relevait de l'intime à l'intérieur du privé : la production du fœtus. Celle-ci est devenue, du côté de l'autonomie des femmes comme des techniques de reproduction, une véritable affaire publique[1]. De même, en interprétant la lutte pour ou contre le divorce depuis la première loi de 1792 comme une affaire religieuse dans une république naissante, on s'est privé de la lecture d'un enjeu politique autre, celui de la liberté des femmes. Le divorce donne une indépendance citoyenne aux femmes, une liberté privée dont elles pourraient user dans la vie publique. Telle est l'interprétation du vicomte de Bonald dès 1800 et il ne se trompe guère.

Plaidons, donc, pour cette circulation des affaires et des enjeux entre la sphère privée et la sphère publique. Circulation politique vraisemblablement car, en faisant de la différence des sexes un opérateur pour *lire* cette circulation, on s'aperçoit qu'il s'agit souvent d'évaluer la liberté des femmes et l'égalité des sexes. L'autonomie, l'indépendance, le gouvernement de soi, nous renvoient à cet individu démocratique pris entre deux lieux, privé et public.

Gardons-nous cependant de coller l'étiquette politique trop simplement. L'affaire des sans-papiers illustre bien l'ambiguïté de cette circulation politique. Certes, le féminisme a dit que le privé était politique ; à quoi il fut aussitôt rétorqué, à juste titre, que l'intime reste néanmoins privé. « Pour vivre heureux, vivons cachés » est une formule qui aurait plu à Hannah Arendt. Mais le privé intime n'est pas seulement le support du bonheur ; il est aussi celui de la liberté de chacun. L'État, qui n'est

1. Cf. Barbara Duden, *L'invention du fœtus*, Paris, Éditions Descartes et Cie, 1995.

pas tout du public n'a pas que des droits face au privé[1]. Inversement, cache-t-on seulement l'intimité du bonheur ou la liberté menacée ?

Il est des espaces publics où se retire la vie privée dès lors que la vie individuelle échappe au ronronnement de la vie sociale quotidienne. La maladie, l'accident, la mort sont désormais si peu exposés au regard public (hors de quelques médiatisations) que la personne singulière est reléguée dans des lieux spécialisés. La maladie a-t-elle vraiment « droit de cité » ? Offre-t-on aujourd'hui à la mort un espace de deuil, ou plutôt un temps social de deuil ? Quelle violence du caché, violence imposée parfois plus qu'on ne l'imagine ?

Cacher le bonheur, cacher l'être menacé, cacher le corps souffrant : ces attitudes existentielles, en rien semblables, nous laissent dans cet aléatoire d'une circulation entre le privé et le public, à jamais ouvert sur le choix de l'individu singulier.

1. Cf. Étienne Balibar, *Le Monde*, 19 février 1997.

INTELLECTUELLE SPÉCIFIQUE (1997-2004)

Être « intellectuelle spécifique », c'est partir d'une matière, d'un donné précis pour énoncer, formuler une parole politique. L'égalité des sexes est cette matière propre à ancrer l'acceptation d'une fonction politique.

De 1997 à 2004, Geneviève Fraisse fait ce qu'elle appelle son « service politique », à la fois comme déléguée interministérielle aux Droits des femmes dans le gouvernement socialiste de Lionel Jospin de 1997 à 1998, puis, sur la liste du Parti communiste avec Robert Hue, comme députée au Parlement européen de 1999 à 2004. C'est bien parce qu'il s'agit de « gauche plurielle » qu'elle reste « société civile » (tendance gauche radicale) et siégera comme « députée indépendante » dans la Gauche unitaire européenne. La mobilisation pour la parité n'a d'égal que l'urgence de l'égalité professionnelle. Quelques slogans personnels lui servent à résumer ce féminisme en milieu politique : « On ne produit pas d'égalité sans contraintes », « Les droits des femmes sont réversibles », « La parité est un habit de l'égalité », ou encore « Il faut toujours tout demander ! ». L'Europe se révèle à ses yeux un véritable moteur pour la construction de l'égalité économique et politique des sexes, comme de la lutte contre les violences faites aux femmes. Geneviève Fraisse est notamment à l'origine d'un rapport d'initiative sur les femmes et le sport. Les chroniques radiophoniques L'Europe des idées, *recueillie sous forme de livre*[1]*, donne un aperçu du lien entre l'Europe de la culture et l'actualité féministe.*

1. *L'Europe des idées* suivi de *Tourisme en démocratie, chronique d'une élue*

Si les articles colligés dans cette partie répondent pour la plupart aux sollicitations des médias sur des sujets politiques (notamment dans une chronologie serrée pour l'année passée à Matignon), d'autres textes font écho au travail de recherche poursuivi durant cette période : parution des Deux gouvernements[1], *réédition de* Clémence Royer, *édition de* La controverse des sexes[2], *articulant ainsi, dans un va-et-vient permanent, travail intellectuel et action politique.*

---

au Parlement européen, 1999-2004 (avec Christine Guedj), Paris, France Culture/L'Harmattan, 2008.

1. *Les deux gouvernements : la famille et la Cité*, Paris, Gallimard, coll. « Folio Essais », 2000.

2. *La controverse des sexes*, Paris, Puf, 2001, republié dans *À côté du genre, op. cit.*

LA DOUBLE ÉVIDENCE DU FÉMINISME*

L'opinion se partage volontiers entre deux évidences : celle qui pense l'égalité des sexes accomplie et celle qui sait que la réalité est loin du compte. Aux tenants de la première, nous accorderons la certitude du possible, c'est-à-dire la liberté : tout est possible aujourd'hui, en France, en matière d'égalité des chances entre un petit garçon et une petite fille.

Mais auprès des tenants de la seconde, nous nous attarderons car les formes de l'inégalité sont promptes à se renouveler, car l'égalité est plus souvent un principe qu'une réalité tangible. Avec les premiers, nous serons sans mémoire, oubliant le retard français tant ressassé, la massive absence des femmes de tous les lieux de pouvoir, pour ne souligner que les avancées rapides : il n'est plus là le temps ridicule où une femme, à la place hautement symbolique de Premier ministre, faisait rigoler. Il est aujourd'hui possible d'être femme et garde des Sceaux ou numéro deux du gouvernement, encore des postes symboliques d'importance, sans susciter grand commentaire. Ouf !

---

* *Le Monde*, 20 janvier 1998.

Avec les premiers encore, nous serons lucides. Nous admettrons la dialectique de l'héroïsme et de la peur. Le surcroît de performance des femmes pour réussir une carrière brillante peut coexister avec la timidité propre aux êtres à qui on a inculqué l'habitude de perdre. L'invisible plafond de verre contraint toujours les femmes à se contenter du bas de l'échelle des hiérarchies sociales, économiques et politiques.

Mais nous saurons alors que les hommes aussi ont peur, que leur peur du pouvoir des femmes est à la hauteur des privilèges ancestraux de leur sexe, et surtout à la mesure du pari de nouveauté devant lequel ils se trouvent : le droit des femmes menace l'identité des hommes... ou lui ouvre un nouvel horizon. À eux de choisir entre le privilège et l'aventure. L'aventure a le mérite, comme par exemple le droit à la contraception, d'engager la liberté des deux sexes.

Des premiers, donc, nous garderons délibérément l'optimisme. Avec les seconds, nous prendrons le temps de l'exactitude des faits, le temps de promener notre regard sur la géographie sociale. Alors, nous verrons qu'une hirondelle ne fait toujours pas le printemps, que quelques femmes ministres et 10 % de députées ne font pas la parité, pas plus que cinq femmes à des postes de préfets et 13 % de femmes professeurs d'université ne font la mixité.

Le pouvoir en France est masculin. Alors, la parité ? Oui, la parité politique, accompagnée d'une parité publique au sens large, celle qui veut faire rimer égalité avec mixité. La mixité des sexes, offerte si généreusement dès l'école maternelle, ne devrait pas cesser à l'âge adulte d'être une dynamique de partage des tâches et des pouvoirs. Et puisqu'il paraît que la France n'aime pas la guerre des sexes, alors quoi de plus simple que d'œuvrer à l'égalité ?

Mais l'égalité n'est pas qu'un bon mot qui se brandit comme un étendard, de guerre ou de paix. L'égalité n'existe pas sans preuves tangibles et concrètes. Avant d'avoir peur de ses excès ou d'y voir une menace pour la santé de la différence des sexes, nous pouvons d'abord en prendre la mesure effective.

Dans le domaine économique, aucun mystère n'entoure cette surprenante règle qui dure depuis le XIXe siècle et la révolution industrielle : une femme ne gagne pas, à travail égal, le même salaire qu'un homme, 27 % de moins en moyenne pour être précis. Le lecteur m'accordera que c'est beaucoup. Plus surprenant peut-être : il existe, depuis 1983, la loi Roudy pour garantir l'égalité professionnelle.

Souvent dans l'histoire moderne, les féministes ont réclamé des lois ; et en réclament encore. Récemment, en trois décennies, elles en obtinrent, pour la contraception et l'avortement, contre le harcèlement sexuel ; bientôt la parité en politique, la lutte contre l'injure sexiste (analogue au racisme) devraient solliciter l'intérêt du législateur.

Mais l'étonnant, ici, est qu'une loi ne soit pas appliquée, ne parvienne pas à produire de l'égalité. Alors, il faut travailler à l'application de cette loi. De l'égalité professionnelle découlera la reconnaissance de la valeur du travail des femmes, à temps complet comme à temps partiel. Longtemps, le travail des femmes fut un « appoint », un additif au revenu principal.

À peine reconnu comme le support de l'autonomie économique individuelle, de l'indépendance, il se trouve au centre d'un double débat, en deux lieux de la géographie sociale. D'un côté, il faut lier le droit à l'autonomie économique avec la nécessité des responsabilités parentales ; en clair, il faut qu'une femme seule, une mère seule ne soit pénalisée ni par le temps partiel (disqualifié, incompatible avec la vie de famille...), ni par la discrimination salariale. Il faut que toute femme ait accès à l'autonomie réelle.

De l'autre côté, il faut disjoindre le travail salarié des femmes de leur position féminine d'épouse et de mère qu'un emploi familial autoriserait à sortir de chez elles. La garde des enfants n'est pas uniquement un problème de femmes ; cette question engage l'homme tout autant. Banalité que de le dire ? Non. Il faut repenser ensemble la famille et la cité, le lien entre deux espaces sociaux que le travail salarié a fait semblant ou cru pouvoir disjoindre. Comme on disait jadis, il existe deux gouvernements, le gouvernement politique et le gouvernement domestique.

D'où ma conclusion : l'égalité professionnelle, tout comme l'égalité en général, qui a désormais pour instrument la parité, est une condition politique. Les Françaises sont, plus que d'autres Européennes, depuis longtemps, présentes sur le marché du travail ; elles sont aussi, plus que d'autres femmes des pays voisins, absentes des lieux de pouvoir. La réalité économique ne va pas toujours de pair avec le pouvoir politique. L'entrée des femmes dans l'Europe se fera avec cette double spécificité nationale.

Nous fêterons cette année le cinquantenaire de la Déclaration universelle des droits de l'homme, déclaration qui fut signée à Paris, comme le fut celle de la Révolution française. On sait que la première oublia les femmes quand l'autre, la seconde, parle d'égalité des sexes.

Continuons donc cette tradition des actes symboliques en effaçant son appropriation masculine. La langue française, en cette fin de siècle, féminise les mots ; l'histoire, souvent, précède le législateur. Les femmes aussi sont des êtres marqués par leur appartenance à la vie symbolique. Personne ne l'ignore mais le neutre (masculin), censé les représenter, n'est malheureusement pas crédible. Le troisième millénaire doit faire le pari d'une démocratie où les deux sexes, hommes et femmes, s'accordent.

INSCRIRE LA PARITÉ DANS LA CONSTITUTION*

Pour la cause des femmes, ne regrettez-vous pas de n'avoir pas eu un ministère ou un secrétariat d'État ?

L'interministérialité, même si c'est difficile, est exactement en correspondance avec ce que veut l'Europe, c'est-à-dire rappeler dans chaque dossier la variable égalité des chances entre les sexes. Nous vivons une période clé où nous avons la nécessité d'aller porter le droit des femmes dans tous les dossiers. De ce point de vue, l'interministérialité correspond à la démarche que j'ai suivie comme chercheuse au CNRS : j'ai toujours travaillé avec des équipes qui s'intéressaient au droit des femmes mais j'ai toujours privilégié le fait d'être dans des équipes qui s'occupaient d'autre chose. Les particularités, quand elles sont mises dans des ghettos, ne font pas forcément des choses positives. Ne soyons pas naïfs pour autant : quelqu'un qui n'est ni ministre ni secrétaire d'État a très peu de moyens, mais j'en ai quelques-uns que je n'ai pas encore épuisés !

Quels sont ces moyens ?

---

* *Journal du dimanche*, 8 mars 1998. Propos recueillis par Florence Muracciole.

Ils sont de deux sortes. Il y a l'interpellation des ministères les uns après les autres sur des dossiers précis et la construction de dossiers en interministériel. Sur ma proposition, Ségolène Royal a signé une circulaire qui demande aux établissements scolaires de débattre de l'égalité des sexes au cours du mois de mars. Je suis bien sûr en liaison étroite avec le Premier ministre : nous allons reprendre la circulaire sur la féminisation des noms de fonction. Cette circulaire avait été signée en 1986 par Laurent Fabius, alors Premier ministre, à la suite du rapport qu'avait fait Benoîte Groult sous le ministère Roudy. Un ministère qui a marqué.

Les académiciens vont à nouveau hurler si vous féminisez les métiers, notamment politiques.

La circulaire est de 1986, elle a le mérite de son antériorité… Par ailleurs, j'ai des liens étroits avec Élisabeth Guigou car le dossier des violences est très important. Bien sûr, je travaille avec Martine Aubry, qui est ministre en titre pour le droit des femmes. Je vais rencontrer également Pierre Moscovici, le ministre des Affaires européennes, car l'Europe est un support extraordinaire ; l'égalité des chances est un leitmotiv des circulaires européennes. La prochaine présidence autrichienne a d'ailleurs arrêté ses priorités dans le domaine social, qui sont au nombre de deux : égalité entre les sexes et dialogue social. C'est pain béni pour moi. Il faudra y répondre.

Intellectuelle au pouvoir, est-ce facile pour vous ?

Je travaille sur le long terme. Bien qu'engagée, j'étais tellement loin de la pratique politique que j'ai tout à apprendre du fonctionnement de la chose publique. En fait, là où je suis, j'ai à répondre de ce que j'ai écrit depuis une vingtaine d'années. Je prends ma mission comme une expérience au sens existentiel du terme. Je n'allais pas la refuser au regard de la tradition du lien entre le philosophe et le roi !

Où en est le dossier de la parité ?

La parité est un chantier très délicat en termes de constitution. Il y a une volonté forte de la part du Premier ministre qui se trouve face à un problème de calendrier et a des conflits internes au monde politique. Ce n'est pas un chantier facile mais ce n'est pas un gadget.

La parité inscrite dans la loi n'est-elle pas pour vous un pis-aller ?

J'ai une formule, inversée, du philosophe Kant : c'est vrai en pratique et faux en théorie. Je pense que c'est un formidable outil de prise de conscience de l'inégalité entre les sexes, de l'absence de pouvoir des femmes dans les lieux de décision et c'est un formidable outil de transformation. Historiquement et concrètement, la parité – qu'elle soit politique, professionnelle ou domestique – fait ses preuves en cristallisant tous les problèmes d'égalité entre les sexes. Le chantier de la parité est ouvert. Il faut l'inscrire dans la Constitution comme le Premier ministre l'a indiqué dans sa déclaration de politique générale.

Le problème est qu'énoncer un principe est rarement suffisant. Je suis consciente des difficultés qu'entraîne la réalisation d'un tel chantier. La semaine dernière, à l'occasion de ma tournée en province pour préparer la « Journée de la femme », j'ai vu au Planning familial de Marseille une affiche où l'homme disait : « Ah, j'aimerais partir dans un pays où je ne vais jamais » et la femme lui répondait : « Viens donc dans la cuisine ! »

Qu'apporte ce dimanche, journée internationale ?

C'est l'occasion qui fait la larronne ! Je ne lui donne pas un sens philosophique définitif. La journée est là, a le mérite d'exister, a été reconnue et adoptée par l'ONU pour soutenir le droit des femmes. C'est l'occasion de rappeler que le droit des femmes est en danger dans certains pays, que l'égalité des sexes n'existe pas, que la liberté des femmes peut être menacée.

BRISER LE PLAFOND DE VERRE* —

Aujourd'hui, on parle beaucoup de parité politique, alors que les inégalités les plus urgentes paraissent économiques. Est-ce qu'on ne se trompe pas de priorité ?

Je ne crois pas qu'il y ait aujourd'hui une priorité. Il faut faire avancer en même temps tous les aspects. La question de la représentation est un exemple intéressant : je pense que si nous faisons croître la parité politique et publique en général, cela aura une répercussion importante y compris sur l'emploi. Et c'est souvent une anecdote qu'on m'a racontée : un centre de la Poste où, lorsqu'une femme est convoquée en travail de nuit, elle y va toujours avec une collègue, de peur de passer à la casserole. Si on s'attaque au problème de la violence conjugale, mais aussi dans l'entreprise, dans la sphère publique, je crois que cela aura une répercussion sur l'emploi.

Et cependant, les grandes avancées de la cause féminine se sont produites lorsqu'une seule revendication était mise en exergue.

Sauf qu'il est à mon avis partiellement faux de dire que les revendications ont porté, à un moment précis, sur un seul aspect. Par exemple, la question du droit de vote naît avant la IIIe République, et à l'inverse les suffragettes du

* *La Rue*, mars 1998. Entretien réalisé par Vincent Villeminot.

début du siècle s'intéressent aussi à l'emploi. En revanche, il est vrai que dans les années 1970, la question s'est focalisée sur les droits propres, plus que sur l'emploi ou la représentation, parce que ce n'était pas encore la crise, et que le mouvement des femmes portait une critique de la représentation politique. Quoi qu'il en soit, la question des femmes pâtit de ce qu'on établit toujours des priorités, qu'il s'agisse de la citoyenneté, du droit du corps ou de l'emploi. Il me semble qu'au contraire, tous les aspects se tiennent les uns les autres, sont des éléments d'un ensemble, comme un mobile de Calder.

Même si tout est lié, les mentalités et les comportements semblent plus lents à évoluer dans le domaine économique, malgré l'arrivée massive des femmes sur le marché de l'emploi.

D'abord, une précision sur cette arrivée. Depuis le XIXe siècle, la Française travaille plus que ses voisines en Europe. Il y a une tradition d'emploi féminin, qui s'est évidemment développé depuis trois décennies. Et la crise n'a pas découragé les femmes, qui continuent à vouloir travailler, même dans des conditions précaires. Tout cela fait de la France un cas particulier. Les femmes y sont plus présentes qu'ailleurs dans la sphère économique, mais moins qu'ailleurs dans les lieux de pouvoir, y compris ceux de l'entreprise et de la sphère économique. Elles restent sous ce fameux plafond de verre. Il y a discrimination non seulement dans l'emploi, mais aussi dans les trajectoires professionnelles.

Que les femmes accèdent aux postes de commande, en politique, dans les syndicats et dans les entreprises et tout serait résolu ?

La question est de savoir ce qui changerait si les femmes étaient au pouvoir. Et pas seulement quelques-unes. Pour l'instant, elles sont encore des exceptions, même si l'accession de femmes à des postes importants commence à se généraliser. Que l'on soit du côté du pouvoir ou des contre-pouvoirs, une représentation plus large des femmes est une nécessité évidente. Je pense d'ailleurs qu'il s'agit d'une des rares chances de changement de la vie démocratique dans le futur proche.

Cela changera forcément quelque chose, y compris dans la sphère économique. Quant à savoir quoi, cela évidemment je l'ignore.

Quand on se souvient de la charge de Marc Blondel contre Nicole Notat, on se dit que ce n'est pas pour demain.

Oui. Je pense qu'il ne s'agit pas d'un cas personnel, mais plutôt d'un mode de « pensée », largement répandu. La grossièreté sexiste est encore importante, dans les organisations syndicales, en politique… Marc Blondel n'a fait que dire tout haut ce qui se dit habituellement dans les couloirs. Cependant, l'espace de la représentation va avancer. Quelle que soit l'issue apportée au dossier parité, il est sûr qu'un certain nombre de mesures vont être prises dans ce domaine. L'opinion publique est prête sur cette question, elle est même en attente. En revanche, il y a actuellement une très grande hypocrisie sur la question des inégalités entre hommes et femmes dans la sphère économique, particulièrement celui de l'emploi. Pour ce qui touche à ce dossier de l'emploi, je pense qu'il faut reprendre et mettre en avant la loi Roudy sur l'égalité.

Faudra-t-il alors avoir recours à un système de quotas, en politique comme dans les syndicats, voire sur les postes d'encadrement des entreprises ?

C'est vrai que l'héritage français d'universalisme est questionné par le thème de la parité politique ou syndicale, c'est-à-dire par la différence des sexes. Certains y voient un risque de dérive vers des particularismes, des communautarismes. Je pense que c'est une erreur. Utiliser le neutre est un mensonge puisqu'il signifie toujours une domination masculine. Il faut donc changer les mentalités politiques d'abord, afin de travailler l'opinion publique sur ce point. Sur le plan économique, je crois qu'il faut revenir à la bonne vieille notion de droit au travail qu'avaient mise en avant Charles Fourier et Flora Tristan au XIXe siècle. Ils raisonnaient, par rapport à la question de l'émancipation de la femme, à partir du droit au travail plus que des droits de l'homme ou de toute autre dimension. Aujourd'hui, on parlerait de droit à l'emploi. Or, pour parler du temps partiel, la sociologue Margaret Maruani utilise justement le terme de sous-emploi. À côté des femmes qui travaillent en temps choisi, il y a celles qui voudraient travailler plus, celles qui sont appauvries, celles qui se trouvent dans la non-conciliation de leur vie privée et professionnelle.

Mais parler de droit au travail ne risque-t-il pas de gommer des revendications spécifiquement féminines ?

Le risque d'abandonner toute réflexion spécifiquement féminine est la neutralisation des discours et des actions. À force de parler de façon neutre, cela devient une façon d'étouffer les femmes. On continue à parler du chômage des jeunes, par exemple, sans dire qu'il est à 60 % un chômage des jeunes filles ; il faut conserver des données sexuées. Mais ne raisonner que de façon spécifique, sexuée, est aussi une erreur, qui risque de déboucher sur des actions limitées et discriminantes. On finirait par protéger les femmes comme au XIXe siècle, voire à les plaindre. Je crois qu'il faut de toute façon articuler les questions spécifiquement féminines au reste, afin de marcher sur ses deux pieds, action générale et spécifique.

Le gouvernement actuel, en optant pour une délégation interministérielle plutôt que de recréer un ministère en charge du dossier, semble avoir opté pour une approche non discriminante…

Pour ma part, en tant que chercheuse, je n'ai jamais été favorable aux *women studies*. Je préfère introduire la question des femmes partout, être un lieu qui délègue dans tous les domaines. Cela dit, je ne sais pas encore si c'est la bonne option en politique. On va voir à l'usage.

LES FEMMES NE SE RECONNAISSENT PAS DANS LES LOIS QUI SONT VOTÉES* –

*Les sondages effectués à l'occasion du premier anniversaire de la présence de Lionel Jospin à Matignon font apparaître une moindre confiance des femmes, par rapport aux hommes, à l'égard de la politique menée par le gouvernement (*Le Monde *du 29 mai). Comment expliquez-vous cet écart ?*

En tant que déléguée interministérielle, je n'en ai pas été surprise, pour m'être rendue sur le terrain, dans les régions, et avoir rencontré des femmes et des associations. Ces dernières ont soutenu le gouvernement et ont une très forte attente. Elles n'ont pas entendu ou pas compris la volonté politique de droits des femmes du gouvernement.

Cela s'explique aisément. Le Premier ministre a voulu faire du droit des femmes autrement. Il n'y a pas de ministère en charge de ce dossier, mais une structure interministérielle légère. Le gouvernement a annoncé deux pôles : celui de la parité, celui d'une campagne sur la contraception et sur les violences. Entre ces deux axes, se jouent les droits des femmes. Les femmes se disent :

---

* *Le Monde*, 7 et 8 juin 1998. Propos recueillis par Michèle Aulagnon. Lors de sa parution, ce texte était précédé, en une, d'un chapeau et du titre : « Une femme en colère ».

« D'un côté, oui, il va peut-être y avoir de la parité, puisque cela est en discussion au plus haut niveau. Là, le gouvernement tient ses promesses ». Sauf que les femmes ne sont pas convaincues que cela aura des effets dans leur vie réelle.

Le Premier ministre a nommé beaucoup de femmes à des postes-clés du gouvernement, est-ce que cela suffit pour les femmes en général ?

Les femmes veulent que cette parité déclenche de l'égalité, c'est-à-dire qu'elle ait des effets ailleurs que dans la sphère politique, notamment pour le domaine économique, pour l'égalité professionnelle. Il y a là une forte attente.

C'est comme s'il y avait deux chemins parallèles. La première parallèle est celle de la parité. Elle indique que la démocratie est sexuée, que la République est sexuée. La conférence sur la famille relève de la même logique. Je propose de parler de parité domestique, comme il y a un gouvernement domestique. Ce serait novateur : prendre les décisions ensemble et pas seulement partager les tâches dans la famille, cesser de considérer que le domestique est d'abord l'affaire des femmes. Je ne m'étonne donc pas, contrairement à d'autres, qu'un gouvernement de gauche arrive, en 1998, à parler de la famille.

Une deuxième parallèle se profile, avec des lois faites par le gouvernement. Si l'on examine trois textes législatifs : les 35 heures, l'exclusion et l'immigration, les femmes ne s'y retrouvent pas. Ce sont des textes généraux. Des députées vous diraient que chaque fois qu'elles ont proposé des amendements concernant les femmes immigrées, le temps partiel ou des parents isolés, ils n'ont pas été retenus.

De la loi sur les 35 heures par exemple, il ne sortira pas mécaniquement une nouvelle articulation entre vie privée et vie professionnelle. Il ne faut pas que les femmes soient les perdantes de la famille. Il faut qu'elles soient reconnues dans leur activité professionnelle comme dans leur maternité…

Comment expliquer que ces deux chemins ne se rencontrent jamais ?

D'un côté, la parité dit : il existe des hommes et des femmes. De l'autre, les lois disent : il existe des êtres humains à qui il arrive des choses indifférenciées. Mais les femmes savent que c'est faux. Je comprends l'insatisfaction des femmes. Elles ne se reconnaissent pas dans les lois qui sont votées. Du coup, elles doutent de ce qui se passe du côté de la parité.

L'intellectuelle que je suis, trouve qu'il s'agit d'un moment historique. On ne parle plus de mères célibataires, mais de familles monoparentales. On ne parle plus du temps partiel féminin, mais du temps partiel en général, alors que cela concerne 80 % de femmes. Cette volonté d'« asexuer » les catégories de population s'inscrit au moment où on a voulu sortir les femmes de leur ghetto. Mais il n'est pas sûr que cela ne se retourne pas contre elles. Quand on faisait du catégoriel, on voyait où elles étaient. À généraliser, elles disparaissent.

Votre mandat de déléguée interministérielle aux Droits des femmes et les moyens dont vous disposez ne vous permettent pas d'impulser une autre vision ?

Demain peut-être, aujourd'hui pas encore. On pourrait travailler les projets de loi en tenant compte des situations différentes des hommes et des femmes. Dans la loi sur l'exclusion, par exemple, on sait que de nombreuses femmes sont concernées, mais qu'elles ne se vivent pas comme cela. En effet, l'exclusion suppose la rupture du lien social. Or, les femmes très pauvres ont un logement, des enfants, soignent leur apparence et ne se reconnaissent pas dans l'image de l'exclusion.

Quant aux moyens, l'interministérialité est un art difficile. Le budget du service des droits des femmes est malmené depuis de longues années. En 1998, il est même inférieur au premier budget du service en 1982. Nous aimerions que cela cesse. On dit que les mesures favorables aux droits des femmes sont comprises dans d'autres budgets. Nous savons bien que c'est faux.

Il y a eu deux promesses du gouvernement qui n'ont pas été suivies d'effet : la campagne sur la contraception, que vous avez annoncée en novembre 1997, et la circulaire sur les violences faites aux femmes, que Martine Aubry a annoncée comme imminente le 8 mars 1998. Sur ces deux points, où en est-on ?

La campagne d'information sur la contraception est désormais prévue pour 1999.

Un projet de recherches sur les violences faites aux femmes, de 2 millions de francs, n'a toujours pas trouvé de financement. J'attache énormément d'importance au sujet des violences, pas seulement conjugales. Les violences à l'encontre des femmes dans l'entreprise, le sexisme, sont de vrais problèmes. Il y a une continuité entre les violences domestiques et les violences publiques. La crise économique a intensifié cet état de violence à l'encontre des femmes. Quant à la circulaire sur ce sujet, elle est toujours en cours de rédaction. J'ai relancé Martine Aubry sur tous ces points…

LES FRANÇAISES NE SONT PAS ASSEZ INSOLENTES*

Il y a un an vous étiez nommée à ce poste[2] (le 15 novembre 1997). À quoi, concrètement, avez-vous servi ?

À montrer que certaines choses peuvent aller ensemble, alors qu'on l'ignorait auparavant. Même si mes pouvoirs et mon budget étaient quasi inexistants, j'ai vraiment cru à l'interministérialité, au « *mainstreaming* », un mot anglo-européen qui veut dire en gros « transversalité ». Mon rôle était de montrer que le droit des femmes est partout. J'ai fait le passeur. Avec certains ministères, ça a très bien marché. Par exemple, la ministre de la Jeunesse et des Sports, Marie-George Buffet, et moi avons lancé ensemble les assises Femmes et Sport sous la direction du président du Comité olympique. Cela aurait été impensable il y a encore six mois.

Votre départ vous inspire-t-il un bilan ?

En arrivant, je me suis saisi de trois dossiers : la parité, l'emploi et les droits propres. L'Assemblée débattra de la parité la première quinzaine de décembre. C'est un débat fondamental, car il ne s'agira pas seulement de parité politique. J'ai pu obtenir que l'Observatoire de la parité,

* *Elle*, 30 novembre 1998. Propos recueillis par Michèle Fitoussi.

1. Au poste de déléguée interministérielle aux Droits des femmes [*NdE*].

créé il y a trois ans, élargisse ses missions et réfléchisse aussi sur l'économique et le social. Je suis une paritaire modérée. J'ai toujours pensé que l'idée était indéfendable en théorie, mais efficace en pratique. La parité est un déclencheur de conscience : celle de l'absence des femmes dans la plupart des lieux où elles devraient se trouver. Pour moi, la parité est un nouvel habit pour reparler d'égalité. Son objectif est la mixité dans les lieux de pouvoir. Nous sommes à un moment historique. C'est une idée fondamentale en démocratie et le mérite de ce gouvernement est de l'avoir compris. « L'égali-parité » doit être dans tout.

Par exemple ?

Dans le couple. Aider les femmes, c'est faire de la politique, y compris dans la famille. Les décisions du foyer se prennent à deux. Engager quelqu'un pour garder les enfants relève de la réflexion commune ; ce n'est pas seulement du ressort de la femme. C'est ce qu'on appelait le gouvernement domestique du temps de Montesquieu.

Dans les faits, le gouvernement domestique retombe sur les femmes.

C'est vrai, mais mon rôle a été d'aider à ce que la parité s'exerce dans le foyer. Et à y réfléchir de façon positive plutôt que dans une logique de bureau des pleurs. Il faudrait abandonner une bonne fois pour toutes le verbe concilier, qui est négatif et qui charrie l'idée que c'est trop difficile. En Europe, on emploie désormais le mot réconcilier. Les femmes comme les hommes ont besoin d'articuler leurs vies professionnelle et familiale, pas de les concilier. Cette parité doit s'exercer aussi dans le domaine juridique mais dans les deux sens. Les femmes n'ont jamais obtenu aucun droit sans qu'on leur rappelle leurs devoirs. Je suis pour l'autorité paternelle, pour les droits des pères, mais à condition qu'eux aussi aient des devoirs. Par-delà les bulletins scolaires, les pères doivent vraiment s'impliquer dans la scolarité de leurs enfants.

L'égalité professionnelle a été un de vos chevaux de bataille.

Les chiffres sont clairs : les salaires des femmes sont de 12 % inférieurs à ceux des hommes dans une même profession et de 27 % en moyenne. La parité a fait ressortir ce dossier, qui va permettre de réinstaurer un rapport d'égalité entre hommes et femmes, et aussi de lutter contre les abus liés au temps partiel. On ne doit pas favoriser le temps partiel pour les femmes, sous prétexte qu'elles peuvent ainsi s'occuper de leur vie familiale. Moi, on m'a appris à gagner ma vie, et à travailler à temps plein. J'apprends la même chose à ma fille. Il est très important qu'on avance sur ce sujet. Sinon on va aller vers une société où l'emploi sera un lieu fort d'inégalités entre les sexes et entre les femmes. D'un côté, on aura un minimum de femmes qui réussissent et, de l'autre, le gros de la troupe qui « rame ». Mais il faut être lucide : personne ne veut de l'égalité professionnelle. J'ai entendu cent fois le même refrain : « Vous n'allez pas nous faire ça dans la situation économique où nous sommes… » L'Europe est un moteur au plan de l'égalité des chances. En décembre 1997, elle a adopté une mesure révolutionnaire : quand un salarié dénoncera une inégalité dans le domaine professionnel, l'employeur devra faire la preuve du contraire. Dans l'histoire du droit des femmes, c'est l'opprimé qui a toujours dû apporter la preuve de ce qu'il dénonçait et non l'inverse.

Qu'est-ce que la parité sociale ?

Les femmes sont très présentes dans les associations, malheureusement elles ne sont pas dans les instances dirigeantes. Il faut absolument qu'on commence à reconnaître tout ce que les femmes font dans ce domaine et qu'on le formalise. Dans la fonction publique, l'État va donner l'exemple, prendre des mesures volontaristes, promouvoir les femmes, leur décerner des médailles. Ça fait avancer les choses même si c'est cahin-caha. Je crois aussi qu'il faut débattre de l'égalité des sexes à l'école. À l'Éducation nationale, on a encore du mal à l'enseigner.

Et l'enseigner comment ?

Il faut d'abord et surtout former les enseignants qui sont encore imprégnés d'une idée du neutre démocratique, alors que le neutre est évidemment sexué. Et ce n'est pas en changeant les manuels scolaires qu'on y arrivera. « Maman travaille à l'extérieur, papa fait la vaisselle » : ce type de discours m'exaspère depuis vingt-cinq ans. Si je raconte à ma fille que maman fait la cuisine et qu'elle ne va pas travailler dehors, elle sait bien que c'est faux. Maman travaille, toutes les femmes autour d'elle travaillent.

Votre troisième objectif était les « droits propres ». Qu'entendez-vous par-là ?

La contraception, les violences. J'ai obtenu le financement de la campagne pour la contraception annoncée en 1997 et qui aura lieu au second semestre de 1999. J'aurais voulu faire admettre l'idée que les violences conjugales et les violences dans l'entreprise relèvent de la même logique. Et j'aurais aimé démarrer une campagne sur ce thème.

Dans un article paru dans Le Monde *en juin, vous poussiez un coup de gueule...*[1]

Ce n'était pas un cri guerrier, même s'il a été interprété comme tel. Je disais surtout qu'il fallait faire attention à ne pas désexualiser le social, sous prétexte de sortir les femmes de leur ghetto. Aujourd'hui, nous sommes dans un faux neutre. On dit « violence des jeunes », alors que cette violence est à 95 % masculine. On parle de familles monoparentales au lieu de mères célibataires. Mais nous avons fait une avancée très importante avec la langue. Grâce au débat sur la parité, nous avons pris conscience qu'il fallait féminiser les noms de fonctions ou de métiers. En 1986, quand Laurent Fabius a promulgué cette circulaire, il n'y avait aucun contexte pour qu'elle soit appliquée. Aujourd'hui si.

Est-ce qu'on vous a prise au sérieux ?

Les deux termes qu'on a beaucoup employés à mon sujet étaient « compétente » et « convaincue ». Ça m'amusait. On m'a considérée comme une universitaire et non comme une intellectuelle engagée dans la cité, même si c'est ma véritable identité. À ma place, un homme aurait été plus valorisé. Pour la chercheuse que je suis, il a été fascinant de passer de la théorie à la pratique. Quand on m'a proposé ce poste, je terminais *Les deux gouvernements*, qui sortira au printemps. Sans m'en rendre compte, j'ai

1. Cf. « Les femmes ne se reconnaissent pas dans les lois qui sont votées » (voir *supra*, p. 169-173) [*NdE*].

essayé de concrétiser un certain nombre de mes idées. Je m'en vais en étant sûre d'une chose : l'interministérialité est une façon moderne de faire avancer la cause des femmes. J'ai utilisé jusqu'au bout le pouvoir qu'on m'a donné. Le sérieux de la question des droits des femmes n'est plus à démontrer. Avec le débat sur la parité, c'est quitte ou double pour les femmes et pour la société de demain.

Que pensez-vous des femmes d'aujourd'hui ?

II faut qu'elles soient persuadées que c'est bien d'elles qu'on parle quand on fait tout cela. S'il y avait des groupes de pression de femmes comme il y en a pour les chasseurs, j'aurais eu davantage de pouvoir pour avancer. Je trouve que les Françaises ne sont pas assez insolentes. Nous l'avons été dans les grandes heures du féminisme et nous ne le sommes plus.

LA PARITÉ N'EST PAS L'ÉGALITÉ SOCIALE*

Le principe d'égalité entre les sexes s'habille aujourd'hui du mot de parité. Un terme qui convient à notre vie démocratique, qui le nierait ? Mais il nous a fallu le mot de parité, depuis quelques années, pour relancer la question, le problème de l'égalité entre les sexes. La parité est un habit de l'égalité, un instrument pour produire plus d'égalité entre les sexes. On peut s'amuser qu'il faille, en France, user d'un mot nouveau pour renouveler le féminisme, mais c'est ainsi.

Si on se souvient que ce débat est né aussi bien du côté des Verts et des militants associatifs que du côté des femmes des partis politiques, son ampleur apparaît d'emblée : le mot de parité éclaire tout lieu de pouvoir et de décision en indiquant combien les femmes en sont absentes. Ce mot est un déclencheur de conscience : le pouvoir reste, en France, fondamentalement masculin ; et les inégalités entre les sexes perdurent.

Dans les débats sur la parité, je me suis promenée, dans les associations comme dans les cabinets ministériels, avec une seule formule, inverse d'une célèbre expression kantienne : « La parité est vraie en pratique et fausse

---

* *Libération*, 29 décembre 1998.

en théorie ». Elle est vraie car elle concentre à la fois la dénonciation d'un pouvoir masculin et l'utopie d'un partage entre hommes et femmes de ce même pouvoir. Elle est fausse car la parité n'est pas un au-delà de l'égalité, n'est pas un principe supplémentaire, un supplément à la démocratie.

Cette réforme s'entend de trois façons. La première souligne une nécessité, celle de redoubler l'affirmation de l'égalité entre les sexes présente dans le préambule de la Constitution. Puisque ce préambule s'avère insuffisant à produire de l'égalité concrète, disons que l'inscription à l'article 3 prend acte des obstacles à cette production d'égalité, veut forcer le passage du formel au réel. Le second commentaire porte sur la nouveauté de cette inscription de l'égalité hors des articles habituels consacrés au « sans distinction » de race, de classe, de sexe, de religion, etc. Délier le sexe des « catégories de l'universel » comme on les trouve à l'article 1 de notre Constitution comme dans beaucoup de déclarations des droits de l'homme (universelle, onusienne, européenne), c'est mettre fin à une tradition occidentale, celle qui depuis les Grecs fait que les femmes sont vues comme un groupe particulier parmi d'autres, que les femmes ne sont jamais pensées sans être associées aux enfants, aux serviteurs, aux fous, aux juifs.

La troisième remarque vise le pari porté par cette réforme, celui de la redéfinition du souverain. L'article 3, s'il intègre la nécessité d'un « égal accès des femmes et des hommes aux mandats et fonctions », suppose la redéfinition de la souveraineté, du peuple souverain, de l'exercice du souverain. Telle serait la conséquence de cette réforme. Souvenons-nous : avant l'universel démocratique, le souverain était incarné en la personne du roi, du corps du roi. L'incarnation est ce mot fort pour dire le réel de l'exercice de la souveraineté. Deux siècles d'abstraction démocratique, d'abstraction masculine, se referment ; s'ouvre alors une ère nouvelle, celle de l'incarnation du souverain par les deux sexes. Il ne s'agit pas de fonder le politique sur le biologique. Il s'agit de redéfinir le souverain et l'exercice de la souveraineté démocratique avec cet universel concret qu'est l'humanité sexuée.

Nous pouvons ensuite décliner les adjectifs de la parité. La parité est linguistique car l'universel de la langue où « le masculin l'emporte sur le féminin » apparaît soudainement relatif à une période historique, celle de ces deux derniers siècles. La parité est linguistique car la langue est aussi un lieu de pouvoir et notre démocratie se doit de construire l'égalité entre les sexes jusque dans les bastions réservés, le gouvernement, la représentation, la langue.

Car il ne suffit pas d'avoir le pouvoir pour être démocrates ; il faut partager le pouvoir. Telle est l'idée-force qui soutient la lutte pour la parité. Alors, je peux dire que la parité doit être aussi domestique. Oublions l'archaïque débat sur l'appartenance de la famille à la laïcité ou à la religion, qui a affadi la récente Conférence sur la famille. La famille est un lieu de gouvernement, disaient les théoriciens de l'Ancien Régime. Cassons l'analogie entre la famille et la cité, a dit Rousseau. Là encore, deux siècles de Contrat social sans réflexion sur le lien entre les deux lieux de gouvernement, domestique et politique, ont laissé place au fantasme d'une famille absorbée par l'atomisation de l'individu démocratique. Le PACS contribue alors à renouveler la représentation de l'espace privé, non parce qu'il différerait ou ressemblerait au mariage, mais parce qu'il réclame que soit repensé le lien entre privé et public, et parce qu'il renoue avec la pensée du gouvernement domestique. Le privé n'est pas seulement un lieu de solidarité (complément social de l'isolat démocratique), c'est un lieu de décision, de partage de décision, de pouvoir, de responsabilité. D'où la nécessaire parité domestique.

Alors, tout est sexué ? Pas moyen d'oublier le sexe, dans la langue, la politique, le privé ? Je vois déjà l'ironique lassitude dans le regard de ceux qui règnent sans partage. Ils peuvent se rassurer, grâce à une histoire pas très drôle. Aujourd'hui où l'idée de parité vient bousculer la certitude du neutre universel, ailleurs, dans le social, le neutre, la neutralisation des problèmes est devenue la règle. En effet, la fin d'un droit de protection pour les femmes s'est traduite par l'univocité des représentations : il n'y a plus de filles mères ni de mères célibataires, il y a des familles monoparentales et des parents isolés. La violence des jeunes, la pédophilie, le temps partiel et bien d'autres réalités sociales se déclinent au neutre alors qu'elles concernent majoritairement un sexe ou l'autre. Ce fut un progrès, un moyen de ne pas stigmatiser une catégorie, sexuelle notamment. C'est désormais une perversion. À ne pas identifier les sujets souffrants, discriminés, nous reportons sur le social la difficulté qui fut celle du politique : parler au neutre et masquer de fait les problèmes. À l'heure de la parité, c'est le social qui use du neutre universel pour cacher l'inégalité. Vrai paradoxe moderne, pour ce gouvernement comme pour les temps à venir.

Nous vivons un moment historique d'importance et la réforme sur la parité ne doit pas s'y tromper : oui, l'égalité entre les sexes peut aider la démocratie à passer du formel au réel ; oui, la parité peut se décliner par ses adjectifs, politique, linguistique, domestique. Non, il n'y a pas de parité économique car l'activité économique est aussi bien une affaire d'égalité que de liberté. Il faut se battre pour l'égalité professionnelle qui peut gagner avec la réforme en cours une nouvelle dynamique. Mais il faut aussi se battre pour la liberté des femmes à ne pas subir le « temps partiel choisi ». Dans l'espace économique, les femmes sont en train de perdre. Les bas salaires, le sous-emploi, la pauvreté sont des réalités féminisées. En termes économiques, l'inégalité entre les sexes s'accroît et sera sans doute une des fractures sociales de demain.

Alors, vive la parité, à bas les droits des femmes ? La leçon serait rude, mais l'enjeu actuel est là. La réforme de la parité n'a de sens que si elle a cet effet entraînant dans tous les espaces, et à tous les échelons de la vie sociale. La parité, c'est l'égalité par le haut, ce qui peut très bien déclencher de l'égalité partout. Mais c'est quitte ou double.

OÙ EN SONT LES FEMMES EN FRANCE ?*

Il y a deux mois, votre poste de déléguée interministérielle a été supprimé et votre mission rattachée au secrétariat d'État à la formation professionnelle dirigé par Nicole Pery. Depuis votre nomination, de nombreuses voix s'étaient élevées pour réclamer un ministère. Il semble qu'elles aient été en partie entendues. Qu'en pensez-vous ?

Il est vrai que, depuis que le président Giscard d'Estaing a créé cette fonction en 1974, diverses structures ont existé, que ce soit le ministère, le secrétariat d'État ou la délégation. Il faut dire clairement que l'action d'Yvette Roudy à la tête d'un ministère a permis de nombreuses avancées dont nous voyons encore les résultats aujourd'hui. Je ne critiquerai pas les femmes qui se battent pour un ministère des droits des femmes, mais je suis pour ma part convaincue que la mission d'interministérialité était tout à fait adaptée à la défense des droits des femmes. Cette approche était nouvelle, d'autant plus que la fonction était rattachée directement au Premier ministre. J'exerçais une fonction d'influence, aussi bien à l'intérieur qu'à l'extérieur du gouvernement : l'interministérialité, que l'on peut traduire également par

* *Lunes (Réalités, Parcours, Représentations de Femmes)*, n° 6, janvier 1999. Entretien réalisé par Anne-Françoise Khanine.

transversalité, consiste en effet à faire passer la question du droit des femmes au sein de tous les ministères. Bien sûr, je n'avais pas de pouvoir en tant que tel : pas de pouvoir hiérarchique sur les services administratifs, pas le pouvoir de faire des lois, et je n'étais pas présente en conseil des ministres. En revanche, je pouvais intervenir en collaborant avec tous les ministères. J'ajouterai que cette dimension interministérielle correspondait tout à fait à mes convictions intellectuelles, car, en tant que chercheuse, j'ai toujours revendiqué cette nécessité d'aborder la question des femmes à travers tous les domaines. C'est pour cette raison que je suis réticente à ce que l'on nomme les *women studies.* En tous les cas, j'assume complètement le choix que j'avais fait d'accepter cette fonction et les difficultés qui lui étaient inhérentes.

Mais le fait de ne pas détenir un budget n'était-il pas au quotidien un réel handicap ?

En fait je défendais un budget qui ne m'était pas rattaché directement puisqu'il dépendait, ce qui est toujours le cas, du ministère de l'Emploi et de la Solidarité. Cela ne m'a pas empêchée de me battre pour faire remonter le budget consacré en 1998 aux droits des femmes : nous sommes passés des 62 millions de francs prévus à 75 millions. Le plus délicat pour moi était l'absence d'autorité sur les services administratifs, ce qui provoquait des dysfonctionnements chroniques et structurels empêchant la bonne marche de certains dossiers. Cependant, je tiens à souligner que mes interventions aussi bien sur le terrain, dans les régions, que vis-à-vis des ministères, ont été suivies d'effets. La parole de la déléguée interministérielle avait un poids réel.

Qu'est-ce qui a alors, selon vous, motivé ce changement d'attribution ?

Ce réaménagement gouvernemental, selon la formule officielle, a mis fin à ce déphasage entre le service des droits des femmes dépendant du ministère des Affaires sociales et donc de Martine Aubry, et cette structure interministérielle rattachée au Premier ministre que j'incarnais. Mais cela aurait pu être fait tout aussi bien en mettant à ma disposition cette administration et avec une lettre de mission du Premier ministre, que je n'ai jamais obtenue, donnant toutes ses chances à l'interministérialité. Le choix de créer un secrétariat d'État aux Droits des femmes relevait donc d'une autre volonté : celle d'un passage à un affichage politique avec la création d'une structure ministérielle dirigée par une femme du Parti socialiste jugée politiquement plus opportune à l'heure de la réforme constitutionnelle sur la parité et des élections européennes. Je ne suis pas sûre que l'égalité entre les hommes et les femmes y gagne. Rendez-vous dans un an.

Défendre les droits des femmes semble encore une mission difficile car nombreux sont ceux qui pensent que les femmes ont acquis tout ce qu'elles revendiquaient auparavant. Comment expliquez-vous cette « particularité » ?

Il est vrai que lorsque j'ai été nommée, un certain nombre de personnes m'ont interrogée sur la nécessité de ma mission, car à leurs yeux l'égalité des sexes est aujourd'hui réalisée. À cela j'ai toujours répondu, et je continue de le faire, par des faits objectifs : le chômage des jeunes est plus fort chez les filles que chez les garçons, le temps partiel est à 80 % féminin, l'écart des salaires entre hommes et femmes est encore de 27 %, ou bien encore 60 % des appels de nuit auprès de police-secours proviennent de femmes violentées, etc. Les chiffres parlent d'eux-mêmes et sont la preuve malheureusement de l'inégalité persistante entre les hommes et les femmes. Quant à l'autre type d'argument que je rencontre fréquemment, y compris au sein des partis politiques, et qui consiste à affirmer que les femmes ont désormais conquis les sphères du pouvoir, il suffit d'avancer le pourcentage de femmes députées à l'Assemblée nationale : 10 %. En fait il s'agit bien d'un phénomène que j'appelle « le fantasme de la réversibilité » : il suffit que quelques femmes accèdent au pouvoir pour que l'on pense que les hommes ont perdu ce pouvoir. Le même phénomène se produit dans le cas des violences où, pour certains, la violence que subissent des hommes devrait faire oublier que la très grande majorité des victimes sont des femmes. La moindre chose qui bouge en faveur des femmes entraîne nécessairement un discours de « réajustement » du rapport hommes/femmes…

Et lorsque ces arguments émanent de femmes, comment réagissez-vous ?

Je ne fais pas de différence. Il y a des hommes qui sont ouverts à la question de l'inégalité entre les sexes, et des femmes qui au contraire ne le sont pas. Lorsque sur un sujet l'on m'oppose le fait que certaines femmes sont d'un avis contraire à ce que je considère comme une avancée pour les femmes, cela n'est pas pour moi un argument digne d'intérêt parce qu'il renvoie systématiquement à l'idée que les femmes – et donc les hommes également – se ressembleraient par essence ou par nature, ce qui pour moi est une problématique à laquelle je suis totalement indifférente.

C'est une position singulière pour une féministe.

Que ce soit à travers mon militantisme féministe des années 1970 ou par ma position d'intellectuelle engagée dans la cité, travaillant sur ces questions depuis 25 ans, ce qui m'intéresse avant tout, c'est la façon nouvelle de formuler les choses afin d'en finir avec un certain nombre d'obstacles. Je n'ai fait que transférer dans mon action de déléguée ce que je formule depuis des années par la pensée. Il est vrai que par exemple l'expression « droits des femmes » n'était pas celle qui me convenait le mieux, mais elle est difficile à remplacer. Pour ma part, je n'aime pas utiliser le mot « genre », je l'ai dit et écrit à maintes reprises, car je pense que c'est un terme asexué et donc inapproprié. De plus, je trouve que le terme « différence des sexes » se comprend très bien dans la langue française, non pas bien sûr dans un sens biologique, mais bien en tant que réalité de cette différence de situation entre les femmes et les hommes.

Depuis cinq ans, le débat sur la parité politique n'a fait que s'élargir en France sans être d'ailleurs toujours bien compris ou accepté par les femmes. Quelle est votre analyse de ce dossier capital ?

La réforme constitutionnelle proposée de l'article 3 engage l'idée d'« universel concret », le fait que l'universel est fait de deux sexes et que les femmes ne sont pas une catégorie parmi d'autres. Les femmes représentent la moitié de la société et donc nous nous trouvons bien dans une logique paritaire : oui, il faut qu'il y ait autant de femmes que d'hommes à l'Assemblée nationale, oui, on peut nommer les femmes par des fonctions au féminin et non au masculin.

Concernant la parité politique et le débat qui s'est développé au cours de ces cinq dernières années, je considère que la parité est un instrument de l'égalité. Ce n'est pas un principe au-delà de l'égalité, comme le soutiennent certaines de mes amies philosophes. Il n'existe pas d'autres principes en démocratie que celui de l'égalité et je ne pense pas que l'on puisse fonder philosophiquement la parité comme un principe démocratique. En revanche, il s'agit bien d'un aboutissement de la logique du principe de l'égalité, c'est-à-dire que nous prenons conscience qu'entre 1945 et aujourd'hui il ne suffisait pas d'inscrire le principe de l'égalité des sexes dans le préambule de la Constitution française ou dans celui de la Déclaration universelle des droits de l'homme de 1948 pour voir se réaliser l'égalité des sexes, mais qu'il faut prendre en compte le fait qu'il y a des obstacles, des discriminations qui subsistent et donc prendre des mesures appropriées. C'est d'ailleurs cette approche qui a également conduit le Premier ministre à créer une mission d'analyse des obstacles à la promotion des femmes dans la fonction publique. Que la France ait eu besoin du mot « parité » pour reposer la question de l'égalité, du féminisme, de la revendication, est une situation incroyable. Nous avons tellement peur de parler de l'égalité des sexes qu'il nous a fallu mettre en avant un autre terme pour le faire.

Récemment, c'est le débat sur la féminisation des noms de métiers qui a suscité de vives polémiques. Comment analysez-vous cette situation semble-t-il très « française » ?

La parité linguistique n'a de sens à mes yeux que par rapport à la parité politique, sinon la circulaire parue en 1986 sur la féminisation de la langue serait entrée dans les mœurs, ce qui ne s'est pas produit. La question de la langue me paraît susciter plus d'adhésion dans l'opinion publique, car tout le monde peut se sentir impliqué, ce qui n'est pas le cas de la parité politique. D'autre part, il est intéressant de remarquer que les résistances sur la question linguistique proviennent majoritairement des milieux intellectuels. Les gens qui ont un titre y sont fermement attachés, alors que ceux qui n'en ont pas trouvent tout à fait normal que l'on puisse parler au féminin. D'ailleurs j'ai pu me rendre compte que le milieu politique était beaucoup moins réticent que le milieu intellectuel sur cette question.

Que va-t-il se passer dans les mois qui viennent ?

Je rappellerai tout d'abord que l'Observatoire de la parité créé en 1995 pour trois ans a vu, à ma demande, sa mission renouvelée et élargie en octobre dernier, je cite : « L'Observatoire de la parité a pour objet de contribuer de manière concrète à la parité entre les femmes et les hommes. Le décret vise à renforcer l'efficacité de ses travaux en élargissant son approche des problèmes de parité et en lui donnant un rôle plus dynamique de conception et de proposition de réformes ». Également rattaché au Premier ministre, l'Observatoire est un point d'appui supplémentaire pour faire avancer l'égalité en général. J'insiste sur le fait que le débat actuel est fondamental car il peut avoir un effet d'entraînement aussi bien au sein des lieux de pouvoir que dans l'ensemble de la société française. Mais l'inscription de la parité dans la Constitution peut aussi très bien n'avoir aucun effet déclencheur socialement parlant.

Mais on peut également se demander si ces thèmes n'en ont pas occulté d'autres...

La parité n'a d'intérêt – et les femmes ne s'y trompent pas – que si cela produit des effets dans le réel, en termes aussi bien d'égalité professionnelle que d'égalité sociale. Elles ne sont en effet pas du tout sûres que la parité aura des retombées positives concrètes, et je ne peux qu'accompagner cette inquiétude. D'ailleurs, lorsque j'étais déléguée interministérielle, je me suis toujours efforcée de rappeler au gouvernement que le droit des femmes n'est pas la parité, ou dit autrement, que l'on ne peut pas faire la parité sans droits des femmes. Pour ce qui concerne les dossiers de l'égalité professionnelle et sociale, je dirai que – pour ma part – j'attends que le débat sur la parité déclenche des réflexes paritaires dans le monde du travail : nommer des femmes à la tête des entreprises, dans les conseils d'administration, mais aussi que les femmes puissent avoir accès à tous les postes de responsabilité au sein des entreprises. J'espère que l'État donnera l'exemple en prenant des mesures dans la fonction publique. J'aimerais également citer le monde associatif : lorsque l'on sait que les associations sont animées pour les trois-quarts d'entre elles par des femmes mais qu'elles sont présidées pour la très large majorité par des hommes, il y a là aussi une évolution paritaire à enclencher. Nous verrons dans deux ans si la parité aura eu des effets d'entraînement dans d'autres domaines. En tous les cas, aucune évolution ne se produira si les femmes elles-mêmes ne se mobilisent pas ; lorsque deux millions de chasseurs se rassemblent pour manifester, ils sont entendus.

J'attends que les 25 millions de Françaises fassent entendre leur point de vue et leurs revendications. Je crois qu'il ne faut pas avoir peur de dire que les inégalités entre femmes et hommes existent. Je trouve sur ce point les Françaises assez frileuses et beaucoup moins insolentes que jadis, ou que nos voisines européennes actuellement, comme les Italiennes par exemple.

Les relations entre les femmes et les hommes se situent aussi dans la sphère privée. Comment faire évoluer les mentalités sur ce plan-là ?

Nous sommes précisément là au cœur de ce que j'appelle la parité domestique et qui s'articule totalement avec la parité politique et la parité linguistique. La parité domestique signifie que la famille est un lieu de débat, de pouvoir et de décision démocratique. Je pense que dans ce domaine, le gouvernement aurait pu aller plus loin au moment de la Conférence de la Famille. Quant à moi, je souhaiterais que l'on sorte de la logique sociologique type « années 1960 », qui mettait l'accent sur les questions de partage des rôles et des tâches entre femmes et hommes. La logique habituelle considère la famille comme la somme démocratique de différents individus. Pour ma part, je comprends la famille comme un lieu démocratique de débat et de pouvoir. Il existe un « gouvernement domestique » comme un « gouvernement politique ». D'où l'idée d'un gouvernement domestique « paritaire », d'où une meilleure articulation entre la vie familiale et la vie professionnelle. Lorsqu'un couple décide de faire garder ses enfants, il s'agit bien d'une décision en commun : quelle solution choisissent-ils ? Je vous citerai comme exemple le débat de 1997 autour de l'Aged[1]. Que n'ai-je pas entendu ! Lionel Jospin – disait-on – voulait renvoyer les femmes à la maison en supprimant l'Aged ! Ce à quoi je répondais que cette décision n'était nullement orientée contre les femmes puisque, au quotidien, les déclarations à l'Urssaf sont souvent faites par les hommes : il s'agit donc bien dans ce cas précis de prendre une décision à deux. Nous serions dans une situation comme en Suède où l'homme serait obligé de prendre un mois de congé parental, je crois que nous vivrions une petite révolution culturelle !

Et dans le monde du travail ?

On rejoint là, notamment à travers la question du temps partiel, le problème de ce que j'appelle « le neutre social ». On ne voulait plus parler de filles-mères, on ne voulait plus parler de mères célibataires : nous en sommes arrivés à parler uniquement de familles monoparentales dont le chef de famille est en réalité dans 80 % des cas une femme… C'est un exemple pour montrer que vouloir asexuer la réalité sociale – ce qui en son temps a été une

1. Allocation de garde d'enfant à domicile [*NdE*].

conquête – peut avoir des effets pervers et aboutir à des situations encore plus discriminantes pour les femmes.

Toujours concernant ce vaste chantier professionnel, je souhaiterais mettre l'accent sur une évolution majeure qui va se produire dans les prochaines années mais dont malheureusement personne ne parle : il s'agit de l'entrée en vigueur en 2001 de la directive sur l'inversion de la charge de la preuve qui a été votée par le Parlement européen en 1997. Je considère cette directive comme une rupture historique aussi importante que la redéfinition du « souverain » proposée par la réforme constitutionnelle. De quoi s'agit-il ? À partir de cette date, ce sera à l'employeur de faire la preuve qu'il n'a pas créé d'inégalité dans son entreprise et non plus à la femme de démontrer qu'elle est l'objet d'inégalité dans son travail. C'est fondamental et c'est l'Europe qui nous apporte cela.

Précisément, la construction de la fameuse « Europe sociale » va-t-elle apporter des changements dans la vie des Françaises ?

Le Plan national d'action pour l'emploi, redéfini chaque année, et qui est entré en vigueur après le Sommet européen de Luxembourg de 1998, en est un bon exemple : ce Plan est constitué de quatre piliers, le 4e étant consacré à l'égalité des chances entre femmes et hommes. Mon action interministérielle consistait sur cette question à faire en sorte que ce 4e pilier soit suivi d'effets, mais également que la question des femmes ne soit pas occultée dans la mise en œuvre des trois premiers piliers, un message qu'il n'est pas aisé de faire passer… Les femmes doivent prendre conscience que l'Europe est une chance pour elles. En effet, six directives communautaires traitent de l'égalité professionnelle et, de plus, les nouvelles dispositions du traité d'Amsterdam, qui inscrit l'égalité entre les sexes comme mission fondamentale de l'Union européenne, représentent un levier d'action formidable. Ainsi le traité reconnaît notamment la possibilité de mener ce que l'on appelle des « actions positives » en faveur des femmes pour faciliter l'exercice d'une activité professionnelle. Il faut bien comprendre que l'approche européenne s'inscrit dans une double logique : d'un côté continuer des actions spécifiques car on ne peut pas faire autrement, afin de ne pas tomber dans une situation de « neutre social » qui gomme les inégalités, mais parallèlement poser la question des droits et de la place des femmes dans tous les domaines, c'est ce que l'on nomme en anglais le « *mainstreaming* ». Cette évolution est passionnante et nous place aujourd'hui dans un contexte nouveau pouvant amener de réelles avancées.

Quelles sont les actions que vous aviez engagées pour 1999 ?

La campagne d'information attendue sur la contraception se déroulera, comme prévu je l'espère, au second semestre de cette année. Je tiens à préciser que mon approche de cette question n'est pas la prévention, qui est l'approche de certains, mais bien la défense du fameux slogan « notre corps nous appartient », ce que j'appelle l'« *habeas corpus* ». Il ne faut pas oublier que la contraception est pour les femmes la vraie révolution de cette seconde moitié du XXe siècle. Cette campagne est difficile à concevoir car il ne faut pas pour autant occulter la question de la prévention contre le sida. Je me suis beaucoup battue pour que cette campagne se concrétise et je suis très heureuse de savoir qu'elle verra le jour dans quelques mois.

En ce qui concerne le dossier « violences », j'aurais dû être cosignataire d'une circulaire consacrée aux violences conjugales. Pour ma part je suis favorable à la réalisation d'une campagne d'information portant sur la violence envisagée au sens large, qui abolirait la frontière entre la sphère privée et la sphère publique, et concernerait également le monde du travail. Je dois reconnaître que ce dossier de la violence est véritablement, par son ampleur, le seul que j'ai vraiment découvert en prenant mes fonctions de déléguée interministérielle.

Pour conclure, pouvez-vous nous dire si vous arriviez mieux à faire passer votre message auprès des ministres femmes ou hommes ? Sentiez-vous une approche réellement différente de la part des unes ou des autres ?

Je pense vraiment que c'est une question de personnalité. Il n'y a pas pour les femmes, de même que pour les hommes, de norme de comportement. Les femmes choisissent une posture particulière que l'on peut schématiser en parlant soit d'assimilation totale soit « d'hybridation » entre ce qu'elles sont et le monde politique dans lequel elles entrent. Beaucoup de femmes se comportent en « affranchies ». Nous sommes bien des anciennes esclaves. Pour ce qui est des hommes, certains sont sensibles aux questions qui concernent les femmes, d'autres y restent totalement indifférents. Il faut reconnaître que ce second comportement est beaucoup plus répandu... Sur cette question des femmes au pouvoir, je soulignerai que nous avons franchi un cap : il est désormais entré dans les mœurs en France que les femmes peuvent participer en nombre à un gouvernement et en occuper simultanément les postes les plus prestigieux, comme ceux de numéro deux du gouvernement et de garde des Sceaux.

LA PARITÉ, UNE CHANCE POUR LA DÉMOCRATIE*

Le 8 mars dernier, le Premier ministre réaffirmait son intention de mettre la question de la parité à l'ordre du jour politique. Pouvez-vous nous en dire plus sur ce sujet ?

Un projet de loi constitutionnelle sera présenté prochainement par Élisabeth Guigou. J'ai travaillé à cette question et je l'ai accompagnée. Elle est portée par l'ensemble du gouvernement.

Quels sont actuellement les scénarios envisagés et envisageables en vue de la mise en place de la parité ? Quelle est, de votre point de vue, la meilleure solution politique et institutionnelle, et pour quelles raisons ?

Le texte qui va être proposé ne prévoit pas le terme de « parité », je vais y revenir. Il vise en fait à réviser l'article 3 de la Constitution relatif à la définition de la souveraineté nationale. La réforme envisagée consiste à faire inscrire dans la Constitution la formule suivante : « La loi favorise l'égal accès des femmes et des hommes aux mandats et fonctions ». Nous avons choisi cette forme d'intervention dans nos textes constitutionnels parce que nous sommes

* *Mouvements*, n° 2, janvier-février 1999. Entretien réalisé par Delphine Gardey en novembre 1998, alors que Geneviève Fraisse est encore déléguée interministérielle aux Droits des femmes.

contraints par le verrou du Conseil constitutionnel qui a rejeté en 1982 une proposition visant à l'instauration de quotas sur les listes en vue des élections municipales. Le préambule actuel de la Constitution affirme bien le principe d'égalité des sexes, mais cette affirmation s'est avérée insuffisante pour créer des conditions réellement égalitaires. L'énoncé de ce principe n'a pas suffi, comme dans bien d'autres cas, à changer concrètement les choses. L'article 3 de la Constitution provoque une vraie rupture, qui est de redéfinir la question de l'exercice de la souveraineté. Désormais, la souveraineté doit s'exercer avec des hommes et des femmes.

Pouvez-vous développer ce dernier point et nous dire en quoi cette rupture est un élément de réponse à celles et à ceux qui considèrent que la différence des sexes ne peut et ne doit pas constituer une catégorie ?

Précisément, il ne s'agira plus d'énoncer cette différence en termes de catégorie.

Je ne peux pas cacher le fait que la philosophe que je suis se réjouit de cette rupture : depuis Aristote, les femmes sont définies comme une catégorie parmi d'autres : les enfants, les esclaves, les fous, les juifs… La demande paritaire (la revendication du 50/50 au nom du 50/50) est déjà en soi le refus d'une définition catégorielle. La formulation choisie (modification de l'article 3 de la Constitution) est véritablement en rupture par rapport à cette spécification catégorielle des femmes. Il ne s'agit plus d'énumérer, comme c'est le cas dans l'article 1 de la Constitution, les catégories victimes de discrimination, mais de redéfinir la souveraineté. Il est bien entendu qu'on ne fonde pas le politique sur le biologique. La notion de « souveraineté » permet de se passer d'une référence biologique pour définir le politique. Notre Constitution ainsi modifiée énoncera en effet que l'exercice de la souveraineté est le fruit d'un universel concret, c'est-à-dire d'un universel composé d'hommes et de femmes. Jusqu'ici, la souveraineté n'arrivait pas à s'exercer en accord avec le principe d'égalité des sexes. La redéfinition en ces termes de la souveraineté permet la réalisation de cette adéquation.

Avant de retenir sur la portée symbolique de cette rupture, pouvez-vous nous indiquer comment vous analysez le contexte européen à propos de la parité, et comment il est possible d'envisager l'évolution de cette question en France à moyen terme.

Le contexte européen est très favorable aux principes d'égalité des sexes. Une recommandation européenne, datée de décembre 1996, concerne la nécessaire participation équilibrée des femmes et des hommes aux processus de décision. En avril prochain, une conférence européenne se tiendra à Paris sur le thème du rôle des hommes et des femmes dans la prise de décision. Cette conférence s'intéressera à la question de la prise de décision dans l'espace politique mais aussi économique et social. Elle devrait avoir un effet d'entraînement et étendre les domaines d'application de la revendication égalitaire stimulés par le thème de la parité.

De façon générale, nombre de pays européens sont engagés dans toute une série d'initiatives (législatives, gouvernementales, mais aussi au sein des partis) visant à promouvoir l'égalité des sexes dans les instances politiques. Je vous donne ici quelques exemples absolument non exhaustifs : la Belgique a voté en 1994 une loi électorale visant à limiter aux deux tiers la part d'un même sexe sur l'ensemble d'une liste. Le Parti travailliste irlandais mène actuellement une politique de stricte égalité entre les hommes et les femmes dans la constitution de ses listes électorales ; en Norvège et en Suède la féminisation des listes électorales par les partis est très avancée : elle est devenue une sorte de réflexe de la vie politique ; en Italie, la situation politique est la même qu'en France. Ce pays se heurte à un rejet pour irrecevabilité de la part du Conseil constitutionnel.

Concrètement, le texte sera débattu à l'Assemblée dès le mois de décembre. Une fois la réforme constitutionnelle faite, il faut changer les lois électorales pour les élections proportionnelles de liste. Les solutions sont à inventer et à mettre en œuvre : on peut envisager la reprise de mécanismes tels que les listes « un homme, une femme ». Mais les élections au scrutin uninominal et la question centrale et si sensible en France de la place des femmes dans la représentation parlementaire posent un problème autrement plus complexe. Aucune proposition n'est techniquement facile à mettre en œuvre pour l'instant. Qu'il s'agisse de doubler les candidatures (deux élus, un homme et une femme pour chaque circonscription) ou de dédoubler les circonscriptions, la question du rapport entre les candidats de sexe opposé sur chacun de ces territoires politiques reste problématique : qui de l'une ou de l'autre se verra attribuer la partie de la circonscription la moins favorable… La solution est à trouver. Il est sûr cependant qu'une politique de contrainte de l'État à l'égard des partis politiques les plus réticents à la parité est envisagée et envisageable. La loi relative au financement des partis pourrait être modifiée en vue d'inclure des dispositions pénalisantes pour les partis ne respectant pas un certain seuil (qui serait à définir) de candidates femmes lors des élections législatives.

En tant qu'intellectuelle mais aussi en tant que femme engagée, comment parvenez-vous à tenir ensemble votre réflexion de spécialiste de l'histoire politique et votre contribution à une réforme essentielle et utopique dans ses principes mais aussi très pragmatique ?

Je pense que cette réforme constitutionnelle est une étape importante, une étape symbolique, une vraie rupture historique. Je continue à utiliser la formulation qui était la mienne avant de devenir déléguée. J'ai toujours estimé et dit que la parité était une idée « vraie en pratique et fausse en théorie ». C'est de cette façon que je souhaite défendre la parité. Je pense que le véritable principe est celui d'égalité. La parité n'est pas un principe mais un « habit de l'égalité entre les sexes », un outil, et un moyen de cheminer vers cette égalité. En ce sens, cette revendication est un formidable « déclencheur », mais elle n'est pas suffisante en soi, elle doit s'accompagner d'une politique d'égalité entre les sexes, volontaire dans tous les autres domaines où la question des rapports de pouvoir se pose, et notamment dans le monde de l'emploi et de la formation. La question politique ne saurait être séparée des enjeux économiques et sociaux. Reste à réfléchir à la question de la puissance ou de l'efficacité du symbolique. Est-ce que le symbolique peut avoir un effet sur le réel ? En l'occurrence, je le pense. Qu'on songe un instant, dans un autre domaine, à la façon dont on conçoit l'administration de la preuve dans le cas d'un conflit du travail. Dans la pratique actuelle du droit, c'est au salarié, quand il s'estime victime d'une discrimination économique fondée sur le sexe, de faire la preuve de ce qu'il perçoit et expérimente. Il existe une directive du Conseil de l'Union, depuis décembre 1997, qui vise à renverser la charge de l'administration de la preuve. Ce sera à l'employeur de prouver qu'il n'adopte pas un comportement inégalitaire à l'égard des salariées de son entreprise. Cette inversion des charges de la preuve va profondément modifier les représentations. L'effet du symbolique, qu'il s'agisse de l'inscription de la parité dans la Constitution ou de l'inversion de la charge de la preuve, se joue alors aussi bien au niveau de la transformation symbolique que de l'action dans le réel. En ce sens, la réforme de la Constitution n'est pas qu'une rupture symbolique, elle est aussi porteuse de transformations dans le réel.

SI J'ÉTAIS UNE FEMME...*

Si j'étais une femme, je ferais partie de ces 80 % de l'opinion qui pressentent que ce mot de parité ne peut pas leur faire du mal.

Si j'étais une salariée, je me réjouirais à l'idée de voir plus de femmes dans les conseils d'administration et autres réunions au sommet.

Si j'étais une écolière, je comprendrais que la mixité est une évidence relative et ne dure qu'un temps, le temps de l'école justement.

Si j'étais une féministe, j'applaudirais au débat renouvelé sur l'égalité des sexes, car je n'hésiterais pas à voir dans la parité un instrument pour faire de l'égalité, un habit de l'égalité.

Si j'étais une militante politique, je me dirais que ce mot de parité, vague et ambigu, est une belle arme de guerre, l'égalité par le haut pouvant être l'égalité pour toutes.

Si j'étais une intellectuelle, je décortiquerais ce mot grâce à ses adjectifs, et la parité serait politique, linguistique, domestique, en tout lieu de débat où le pouvoir se partage, cité, langue, famille.

Si j'étais une savante politique, je dirais que la sexuation du politique correspond à une neutralisation du social,

---

* *Marianne*, février 1999. Article republié dans *À côté du genre*, *op. cit.*

plus simplement que dire Madame la ministre surgit au moment où la mère seule s'appelle une famille monoparentale.

Si j'étais une déléguée interministérielle, je dirais à mon gouvernement que c'est quitte ou double, que la parité politique ne prendra sens qu'accompagnée d'une volonté politique de droit des femmes, politique et social.

Si j'étais une historienne, j'expliquerais que la lutte pour la parité est issue d'une double tradition, celle de l'universalisme des droits de l'homme qui exige les mêmes droits pour tous, et celle des utopistes et révolutionnaires qui parle toujours d'une société faite d'hommes et de femmes, d'une humanité sexuée.

Si j'étais une philosophe, je récuserais la fondation d'un nouveau principe de la démocratie, sûre que le principe égalité est unique, et je m'interrogerais en revanche sur la nouvelle définition proposée de la souveraineté nationale. Après un roi, jadis, incarnant le souverain, après une république désincarnée et masculine, le temps ne serait-il pas venu d'une souveraineté incarnée par les hommes et les femmes ?

Si j'étais une députée européenne, je m'amuserais de ce que la France réforme la Constitution quand tous ses voisins font mieux avec moins d'emphase, mais je sais déjà en même temps combien les femmes européennes sont attentives à notre débat.

Si j'étais une femme parmi d'autres, si j'étais Geneviève Fraisse, j'aurais le sentiment de voir un éclat de lumière printanière dans la grisaille de la domination masculine.

L'ÉGALITÉ PROFESSIONNELLE EST LIÉE À L'ÉGALITÉ ÉCONOMIQUE*

Vous avez lu le rapport de Béatrice Majnoni d'Intignano sur les aspects économiques de l'égalité entre femmes et hommes. Vous en êtes partiellement à l'origine : dans vos anciennes fonctions de déléguée interministérielle aux Droits des femmes, vous aviez suggéré ce sujet d'étude. Qu'en pensez-vous ?

Je suis très contente que ce rapport soit sorti, parce que les problèmes d'inégalités professionnelles entre hommes et femmes sont mon principal cheval de bataille et, surtout, parce qu'il met en relation plusieurs éléments pour comprendre l'inégalité. De sa lecture, il ressort que la question de l'égalité professionnelle est aussi la question de l'égalité économique. Il y a plusieurs paramètres à étudier pour analyser le problème de l'égalité professionnelle : la fécondité, la garde d'enfants, les études…

En outre, ce rapport montre que les inégalités entre hommes et femmes ne se résorbent pas naturellement, par un progrès continu. Certaines d'entre elles diminuent – les femmes sont mieux formées, elles travaillent plus –, mais d'autres se creusent : le temps partiel subi, la précarité, le chômage sont essentiellement féminins.

* *Le Monde*, 6 mars 1999. Propos recueillis par Virginie Malingre.

Enfin, il apparaît que la situation française n'est pas la plus dramatique, en Europe, en matière d'articulation famille-emploi. Nous ne sommes pas l'Allemagne. Une femme peut avoir des enfants et travailler, même si c'est compliqué.

Comment faire mieux ?

Il faudrait, à mon avis, commencer par « sexuer » les sujets sociaux. Au nom de l'universalité, on les a complètement asexués. Cela se retrouve dans le vocabulaire : la « fille-mère » est devenue le « foyer monoparental ». C'est un progrès, certes, mais on en oublie les réalités. Il faut appeler un chat un chat. Les foyers monoparentaux, c'est 80 % de femmes ; le temps partiel subi, aussi. La violence des jeunes, en revanche, c'est essentiellement des garçons.

Cet effacement des sexes dans les politiques sociales n'est pas anodin : une partie des problèmes leur échappe, justement, parce qu'ils sont sexués. Tant qu'on ne changera pas d'approche, on ne traitera pas les problèmes dans leur ensemble.

Quelles solutions préconisez-vous ?

On peut déjà prendre des mesures qui ne coûtent pas un sou mais peuvent faire évoluer les choses. Par exemple, impliquer les deux parents dans le congé parental, comme en Suède. L'État peut aussi donner l'exemple dans la fonction publique, par diverses mesures d'égalité.

Il serait temps de renforcer la loi Roudy du 13 juillet 1983, relative à l'égalité professionnelle entre les hommes et les femmes. Les entreprises sont censées élaborer un rapport annuel sur la situation comparée des conditions générales d'emploi et de formation des femmes et des hommes, le présenter au comité d'entreprise et en débattre. Ce n'est jamais fait. Quant à l'inspection du travail, dont la loi a renforcé les possibilités de contrôle en matière d'égalité professionnelle, elle est peu active.

On parle beaucoup de la réduction du temps de travail comme d'une meilleure possibilité, pour les femmes, de concilier travail et famille. Qu'en pensez-vous ?

Faisons de l'utopie ! La réalité me paraît moins prometteuse. Je crains que la réduction du temps de travail ne change strictement rien au partage domestique.

Il faudrait déjà que les syndicats s'en soucient. Jusqu'à présent, cela n'a pas été le cas. Le 23 novembre 1989, les partenaires sociaux ont signé un accord national interprofessionnel sur l'égalité professionnelle. Selon cet accord, les branches professionnelles s'engageaient, notamment, à établir un constat de la situation de leur branche et à définir ensuite des objectifs d'amélioration de la situation.

L'objectif d'égalité entre hommes et femmes devait également être pris en compte lors des négociations portant sur les mutations technologiques, l'aménagement du temps de travail et l'amélioration des conditions de travail. Tout cela est resté lettre morte : un seul accord de branche a été recensé sur le thème de l'égalité professionnelle… dans le secteur de la cimenterie.

Que pensez-vous de la parité ?

C'est un moyen pour les femmes de prendre les ultimes bastions de l'inégalité, les lieux du pouvoir. En cela, c'est bien. Mais, surtout, les discussions sur la parité relancent le débat sur les inégalités entre les hommes et les femmes en général. Ce qui est une excellente chose.

DEPUIS QUAND L'ÉGALITÉ SE FABRIQUE-T-ELLE SANS CONTRAINTES ?*

Vous êtes candidate sur la liste communiste aux élections européennes, en deuxième position. Que signifie pour vous cet engagement ?

J'ai accepté, non sans hésitations, de figurer sur la liste, pour le même motif qui m'a poussée à répondre favorablement en 1997 à la proposition gouvernementale d'occuper le poste de déléguée interministérielle aux Droits des femmes. À ces demandes de changement de registre, de passage à l'action, je ne peux logiquement dire non, car je me suis engagée depuis près de trente ans dans la réflexion sur l'égalité des sexes, réflexion autour de laquelle j'ai construit ma vie adulte.

L'expérience de déléguée ne m'a pas rendue passionnément amoureuse de la vie politique. Je ne l'étais déjà pas. Ce n'est pas par goût que je participerai à la campagne des élections européennes. Mais je ne peux avoir travaillé sur la question des femmes, si importante et toujours maltraitée, pendant tant d'années, pour me « défiler » quand on m'offre une tribune, une possibilité d'action non négligeable.

* *Regards*, mars 1999. Propos recueillis par Jackie Viruega.

Je suis assez sensible à la problématique du rapport entre le savant et le politique, donc au fait qu'un gouvernement ou qu'un parti fasse appel à une intellectuelle. Pas une intellectuelle coupée de la pratique, au contraire. Je sais que sans le mouvement politique des années 1970, je ne serais pas devenue directrice de recherches au CNRS sur ces sujets. Je suis passée de la théorie à la pratique et de la pratique à la théorie dans un va-et-vient permanent avec des modalités différentes suivant les périodes politiques, suivant l'état de l'opinion sur les femmes, suivant ma vie personnelle, avec des moments de retrait ou de vie publique. Certains de mes écrits sont extrêmement radicaux, et mon engagement public s'est situé alors là, non dans une vie politique classique.

Avec cette candidature, je ne tiens pas le rôle des compagnons de route traditionnels du Parti communiste ; je tiens celui de l'intellectuel spécifique qui s'engage en fonction de ce qu'il sait.

Me mêlant « de ce qui me regarde », j'acquiers un savoir précis, à partir duquel j'interviens de façon générale. Il ne s'agit pas de la position de l'intellectuel qui acquiert une notoriété grâce à un savoir étranger à la politique et l'utilise pour accompagner un parti politique. J'ai saisi, comme intellectuelle spécifique, l'occasion de la liste communiste. Je connais le PCF et il me connaît. J'ai eu régulièrement des échanges depuis quelques années ! Les autres représentants de la « société civile », selon la formule consacrée, sur la liste, ne sont pas plus que moi des compagnons de route. Ils viennent avec leur savoir, leurs pratiques, leur engagement…

L'Europe est-elle vraiment, comme le dit cette jolie formule, « une chance pour les femmes » ?

C'est l'autre raison de ma candidature. J'ai voté oui au référendum par conviction européenne, certainement pas pour approuver le contenu du traité de Maastricht. L'Europe du capital est déjà faite, l'Europe industrielle, l'Europe des échanges et du commerce existe depuis des années. Il ne me paraissait donc pas nécessaire de critiquer une future Europe économique qui était déjà là. Et puis l'Europe culturelle m'est chère depuis longtemps. Reste la question politique et sociale.

Avec le traité de Rome, l'Europe institue le principe de l'égalité économique et professionnelle entre les hommes et les femmes. Le débat paritaire est, lui aussi, européen. Les défis sont importants. Certains pays, comme la France, ne sont pas totalement mauvais en matière d'emploi des femmes mais pèchent par leur représentation politique. Dans d'autres pays, c'est l'inverse. Ne parlons pas de l'un sans l'autre. « L'Europe est une chance pour les femmes » n'est pas une phrase en l'air, dans la mesure où nous pouvons contribuer à harmoniser, à un haut niveau, les conditions de vie des femmes. Mon travail de déléguée m'a apporté un savoir sensible sur l'Europe. Le Plan d'action pour l'emploi engagé l'an dernier, par exemple, comporte un quatrième volet qui concerne l'égalité entre les hommes et les femmes. Ce plan va durer des années : chaque pays devra donner des gages…

Enfin, savoir si l'Europe politique peut jouer un rôle dans les équilibres mondiaux passionne aussi la citoyenne que je suis, indignée par les guerres civiles, par la profonde misère des pays de l'ex-bloc soviétique, les événements dans les pays du pourtour de la Méditerranée.

Votre poste de déléguée interministérielle aux Droits des femmes a été supprimé quelques jours avant l'examen de la loi sur la parité devant l'Assemblée nationale. Qu'en pensez-vous ?

Cela ne vous a pas échappé (*éclats de rires*) ! Ce montage politique – créer un secrétariat d'État aux femmes la veille du vote de la loi de la parité – se voulait percutant ! Il a mis tout le monde dans une fausse situation. J'étais remerciée après avoir enclenché une dynamique ; une secrétaire d'État, déjà en charge du dossier lourd de la formation professionnelle, était investie mais sans bruit, sans moyens et toujours sous l'autorité d'un ministère peu concerné par les femmes... Le fort affichage politique souhaité n'était pas au rendez-vous ! Cette opération un peu loupée illustre assez l'absence de vraie stratégie gouvernementale en faveur du droit des femmes, dont j'ai souffert pendant ma mission. Il existe une volonté de parité oui, mais la parité n'est ni le droit des femmes ni l'égalité sociale.

Quel bilan tirez-vous de l'année que vous avez passée à ce poste ?

J'étais dans une situation quasi invivable, étant rattachée au Premier ministre mais sans pouvoir hiérarchique sur les services administratifs qui rendaient des comptes au ministère de l'Emploi et de la Solidarité. Ce problème de structure qui a créé des dysfonctionnements a aussi motivé le remaniement. J'ai accepté cette situation difficile parce que je crois foncièrement à la transversalité de la question du droit des femmes, donc à l'interministérialité. L'égalité des chances doit être partout ; le droit des femmes est une expression vieillotte ; parlons plutôt d'égalité des sexes, qui ne se traite pas dans un seul ministère. Pour diffuser l'idée que l'égalité se joue ainsi, j'ai animé les relations avec les correspondants dans les ministères. Mais c'est une idée trop neuve peut-être, en France…

C'est aussi pour cette raison que les élections européennes m'intéressent, car l'Europe apporte l'idée de la transversalité. La passerelle entre le poste de déléguée et le mandat de députée suit une logique.

Que dites-vous à ceux qui souhaitent un ministère des Droits de la femme ? Qu'ils se trompent d'époque ?

Un ministère permet d'avoir un budget propre, des services administratifs, des moyens. Cela dit, en étant un électron libre sans beaucoup de pouvoir, j'ai réussi à faire remonter le budget consacré en 1998 aux droits des femmes de 62 millions à 75 millions. Je me suis battue pour que le budget de ce service ne soit pas inférieur à ce qu'il était sous la droite. J'ai obtenu un financement pour la campagne sur la contraception. J'ai tenté d'obtenir que la circulaire sur la violence annoncée par le ministère Aubry existe, que la campagne sur la parité soit lancée. J'ai cherché des missions, des rôles… J'ai rencontré des partenaires de l'État dans de nombreuses régions, les déléguées régionales et les chargées de mission départementales qui font un travail formidable. Mes interventions sur le terrain ont eu des effets et celles auprès des ministères aussi.

Et, personnellement, comment avez-vous vécu vos rapports avec les gens investis du pouvoir politique ?

Je n'avais aucune illusion. Le milieu politique ne m'intéresse pas et le fait de ne pas être inscrite dans un parti politique manifeste aussi ma contestation d'une manière de vivre. J'ai trouvé cependant l'expérience assez dure. On m'avait mise en garde : je n'ai pas été déçue. La violence y est plus grande et plus directe que dans le monde intellectuel. Les rapports de forces sont très visibles, ce n'est pas un milieu hypocrite mais le mensonge est omniprésent, immense. Les gens mentent avec un aplomb invraisemblable et leur mépris à l'égard des intellectuels est profond. Quand on a une petite notoriété nationale, voire internationale, se trouver considérée comme une mouche qui dérange est… instructif !

Qu'en sera-t-il des actions engagées pour 1999 ?

La campagne sur la contraception traîne malgré le financement que j'ai obtenu ; l'enquête sur les violences dont j'ai reçu un rapport d'étape ne bénéficie toujours pas de budget. Le récent rapport de l'OIT fait ressortir l'importance en France des violences contre les femmes, dans la famille et dans l'entreprise. Mais aucune campagne n'est prévue…

La parité est un déclencheur d'égalité sociale et économique. Mais elle peut aussi n'être qu'un gadget si aucune volonté politique n'est affichée…

Venons-en à la parité, justement. Vous y êtes favorable. Certains la rejettent pour des motifs différents. Il y a les oppositions politiques, laissons-les de côté. Il y a aussi le refus, dans la société, de ceux qui pensent que les femmes ont obtenu l'égalité et que des mesures spécifiques sont plutôt humiliantes. Enfin se dessine une opposition philosophique, fondée sur les arguments d'universalité et accusant la parité de réintroduire la nature dans le politique. Qu'en pensez-vous ?

La parité n'a jamais été mon combat principal. Je suis modérée : je la juge fausse en théorie mais vraie en pratique. On ne peut la justifier philosophiquement. La parité n'est pas un principe mais un habit de l'égalité, et le seul principe est celui de l'égalité. La parité constitue néanmoins un très bon cheval de bataille : elle déclenche les prises de conscience. Beaucoup de femmes veulent l'utiliser pour faire avancer l'égalité. Le féminisme connaît un regain en France depuis quelques années grâce à la parité. C'est passé par ce biais-là, pas autrement, il faut en prendre acte.

L'avis des gens qui pensent que l'égalité entre hommes et femmes est réalisée ne relève que de l'opinion. Celle des femmes n'est pas plus recevable que celle des hommes, même si elles sont concernées. Ce n'est pas un argument politique. C'est de l'idéologie. Les chiffres prouvent que l'égalité n'est pas réalisée : le temps partiel est féminin à 80 %, l'écart des salaires entre hommes et femmes est de 27 % en moyenne, etc.

Le gouvernement veut faire de la parité un objectif réalisable en l'inscrivant dans la loi constitutionnelle. Je pense qu'on peut tout à fait accompagner cette idée même si la parité n'a pas de fondements philosophiques. La polémique porte sur deux arguments : l'universel et la nature. J'en rajoute un troisième : le souverain.

1. L'argument selon lequel l'universel garantit l'égalité. On sait bien que l'universel est menteur. Le suffrage universel n'a longtemps concerné que les hommes. Quand un droit est sexué au nom de l'universel, il ne gêne pas ceux qui dominent ; le problème se pose quand ce droit est revendiqué par ceux qui ne dominent pas. Le préambule de la Constitution affirme l'égalité des sexes. Il est visiblement insuffisant à garantir la présence des femmes. Il faut donc inscrire la parité ailleurs.

2. L'article 1 de la Constitution stipule l'égalité « sans distinction de races », etc. Il ne convient pas parce que les femmes ne sont pas une catégorie particulière. Depuis Aristote, on les a toujours classées en catégories, avec les fous, les enfants, que sais-je encore… Aujourd'hui précisément, et ce n'est pas négligeable, on commence à cesser de le dire et à reconnaître qu'elles sont la moitié de l'universel. Le sexe n'est pas une catégorie. Pour cette raison-là, la parité n'est pas le communautarisme, ni le repli identitaire… Qui peut sérieusement prétendre que les femmes sont dans le repli identitaire ? Elles sont dans le déploiement identitaire, dans la société avec les mêmes droits que les hommes.

3. L'article 3 de la Constitution sur la souveraineté est très intéressant. Ce qui est en jeu est la redéfinition du souverain. Jusqu'à l'universel démocratique, le pouvoir est incarné par le roi. Aujourd'hui, la représentation est toujours une incarnation. Ce sont des individus qui vont à l'Assemblée nationale. L'humanité est sexuée. L'incarnation du souverain à travers les deux sexes ne me

paraît pas une mauvaise question. C'est une question politique, pas du tout une question biologique.

Ici intervient la polémique autour de l'argument de nature, avec ceux (celles) qui disent « Si un droit est donné en fonction du sexe, cela n'a pas de sens, sauf à fonder le politique sur la nature ». Je remarque que ce sont toujours les mêmes qui disent : « On n'a pas besoin de loi contraignante car l'égalité se fera toute seule ». Ah oui ? Comment ? Par un phénomène naturel ? Reconnaître les deux sexes dans le souverain n'est pas faire intervenir le biologique, ni fonder le politique sur le biologique. L'argument de nature que je critique est triple : ni la maternité, ni « l'essence féminine », ni le laisser-faire. Le laisser-faire, quelle vaste blague ! Existe-t-il un seul droit obtenu sans rapport de forces ? Depuis quand l'égalité se fabrique-t-elle sans contraintes ?

LA PEUR DES DÉMOCRATES ?*

Lorsque la peur habite le démocrate, il faut le rassurer. Le démocrate a peur, dès la Révolution française, lorsqu'il imagine que l'identité des hommes, leur similitude, ne peut, sans dommages, s'appliquer aux femmes. Et si l'égalité politique détruisait l'amour ? Et si la confusion s'introduisait dans la différence et le partage des sexes ? Abolir la dualité des sexes est une crainte de l'imaginaire démocratique, hier avec la citoyenneté des femmes, aujourd'hui avec le pacte de solidarité. La similitude, fondement de l'égalité possible, serait la porte ouverte à l'indétermination, par essence dangereuse, mortifère. À deux siècles de distance, la peur de la confusion est la même.

Le démocrate a peur, aujourd'hui plus qu'hier, du désaccord. Il croit qu'il faut penser pareil pour être des semblables vivant ensemble. Cette fois-ci, ce n'est pas le mélange, mais la différence qui lui fait peur. Avec la confusion des êtres, il avait peur du même ; à l'inverse, avec le consensus des pensées, il réclame le même. Le désaccord fait scandale. Ligne juste et pensée unique sont le réservoir du démocrate nostalgique. Le consensus est plus agréable, croit-il, que le dissensus. Comment

* *Libération*, 31 décembre 1999 (pour le hors-série « À quoi pensez-vous ? »). Article partiellement republié dans *À côté du genre*, *op. cit.*

supporter les désaccords d'une gauche plurielle (« plurielle » ?), comment oser avoir des avis différents (et comment faire autrement ?) sur le Kosovo ?

Le démocrate a peur, pour demain, chaque fois qu'un droit apparaît ou se modifie. Il n'aime pas la nouveauté. Donner à l'un, c'est toujours donner à l'autre, à toutes sortes d'autres potentiels. Il a peur de ne pas contrôler, de ne pas suivre. Il n'aime pas la contagion, la pente savonneuse, la tache d'huile des revendications. Il argue de l'universel abstrait comme d'un garde-fou. Donner aux femmes une place dans la souveraineté nationale, cela pourrait réveiller d'autres demandes. Seraient-elles pour autant injustifiées ? Et en quoi serait-ce un danger ? Est-ce grave si, grâce au combat et au débat sur la parité (certes spécifique), d'autres exclus de la souveraineté se mobilisent, les Noirs par exemple ; et des diversités s'expriment, comme les langues régionales ? Halte au catégoriel, dit celui qui a peur. Mais l'universel ne sera réel que s'il est concret, ai-je envie de lui répondre.

Hier, la confusion des sexes faisait peur ; aujourd'hui, le désaccord des opinions inquiète ; maintenant, la contagion des revendications alimente les mises en garde. Pourquoi le démocrate a peur ?

Parce que le démocrate projette sur l'écran de la logique égalitaire l'imaginaire fantasmatique d'identités irréelles. Ce mélange fabrique de la peur, une peur propre au langage démocratique. Ce risque, adossé à des réalités autrement vivantes, est notre richesse renouvelée.

AUTOUR DE *MURMURES* (FILM RÉALISÉ PAR BYUN YOUNG-JOO)*

La première chose que je voudrais dire, c'est la chose qui m'a le plus étonnée, et c'est ce que j'aime dans ce film, c'est que tous les visages de ces femmes sont d'une très grande beauté. Je pense que ça, c'est le travail cinématographique aussi qui est là, présent, et je résumerai la force de ce film à cela : tous leurs visages sont beaux, pas un seul n'est laid, et je dois dire que c'est assez bouleversant. Ça c'est la première chose.

Ensuite vient une question : « Qu'est-ce que l'écriture de l'histoire ? » Parce que c'est quand même la question qui est posée par nos amis qui sont là ce soir, accompagnant la présentation de ce film : « Qu'est-ce que l'écriture de l'histoire ? » Cette question m'inspire plusieurs choses. C'est que « les femmes font l'histoire » puisque ces bordels sont organisés, ces enlèvements sont organisés, cet esclavage sexuel est organisé pour faire mieux la guerre. C'est donc que ça aide à faire l'histoire, du point de vue de ceux qui la font. Donc les femmes font l'histoire. Alors

*Transcription. *Murmures* est présenté au festival international de films de femmes de Créteil en 2000. Ce film donne la parole aux « femmes de réconfort » asiatiques (prostitution forcée), notamment coréennes, que les soldats japonais maintenaient à leur disposition pendant la seconde guerre mondiale.

comment écrire l'histoire de ces femmes qui ont fait l'histoire ? C'est là que, évidemment, les choses sont très difficiles et on sait bien, pour s'être les unes et les autres, certaines ici, escrimées à écrire l'histoire des femmes, qu'il y a un certain nombre de raisons pour que l'histoire des femmes ne s'écrive pas. Et la première est justement celle qui fait qu'on ne reconnaît pas que les femmes participent à l'écriture de l'histoire, qu'on croit que le rapport entre les hommes et les femmes ne fait pas partie de l'histoire. C'est très bien montré dans ce qui a été dit tout à l'heure, sur le fait qu'on peut même se servir des femmes pour réviser l'histoire, donc, les femmes, on les utilise bien pour faire l'histoire. Donc le tout est de savoir comment elles se réapproprient l'histoire dans laquelle en tant que sujets on a pu les mettre en place d'objets. Toute la difficulté de l'écriture de l'histoire que nous tentons, nous les femmes, c'est comment elles redeviennent sujets. Alors, bien sûr, dans ce film, les femmes sont montrées comme des sujets de l'histoire. Simplement, elles, elles demandent que l'histoire s'écrive avec le fait qu'elles en ont été des sujets, et c'est là que ça se complique. Parce qu'on ne les laisse pas écrire leur histoire.

Et vous vous souvenez des termes qui sont dans le film, et qui me frappent : c'est que, d'une certaine façon, on peut dire qu'à tout problème d'oppression des femmes, à tout niveau de l'histoire, nous demandons, nous les féministes, « réparation ». Alors, dans ce film, elles demandent « réparation ». Quand on écrit l'histoire des femmes, l'histoire de l'oppression des femmes, l'exploitation économique, domestique, politique, etc., je crois que le mot que je préfère, pour finir, c'est le mot qui est employé dans le film, avec une force évidemment incroyable, qui est celui de « réparation ». À côté, il y a celui de « dédommagement ». Les femmes peuvent demander à être dédommagées, bien entendu, je ne vois pas pourquoi elles ne le demanderaient pas. Le mot qui sous-tend l'ensemble de ce que les femmes peuvent demander en tant que sujets, face à l'écriture de l'histoire, c'est la réparation. Et c'est ce qui est demandé là, et c'est ce qui est demandé à travers ce tribunal alternatif, qui aura lieu à Tokyo en décembre. Donc, au fond, le dédommagement, c'est ce qu'on appelle « l'indemnisation », et la réparation, c'est ce qu'on appelle « la reconnaissance ». Il faut qu'on puisse dire : « Nous reconnaissons, l'État reconnaît », c'est pour ça qu'elles ne veulent pas d'argent. L'État reconnaît qu'il y a eu là une violence sexuelle inouïe, inaudible et insupportable. Donc, ça c'est l'écriture... L'histoire s'écrira seulement si l'État japonais reconnaît, avec l'aide de l'État coréen, on s'en doute, si les États se mettent en situation de reconnaître. Alors il y aura « écriture de l'histoire ». Mais bien que ce film fasse partie déjà de l'écriture de l'histoire, pour aller au bout de cette écriture, il nous faut la réparation et la reconnaissance.

Alors permettez-moi d'ajouter deux ou trois choses sur la question de la violence sexuelle : il y a une femme qui dit à un moment : « Entre le dire et la souffrance, je ne sais pas ce qui est le mieux. Plus je dis, plus je souffre ». Alors, ça, ça fait partie aussi du problème de l'écriture de l'histoire. C'est qu'il arrive que, et c'est vrai aussi d'une violence individuelle arrivée à une femme, d'un viol individuel, il arrive aussi qu'elle en ait marre de dire. Et « dire », c'est ça qui est difficile, pour plusieurs raisons, parce que, elle-même, à ce moment-là, celle qui « dit », elle est obligée de reconnaître, d'être dans un processus de reconnaissance extrêmement douloureux, qui est de reconnaître qu'elle a survécu. Peut-on survivre au viol ? Peut-on survivre à la violence sexuelle ? Je crois que toute l'histoire du viol est là : survivre, ça veut dire qu'on a préféré la vie à la mort ; qu'entre la bourse ou la vie, à un moment, on a choisi la vie, et on a donné sa bourse. Et c'est ça la honte dont elles parlent tout le temps. La honte, ce n'est pas que leur pudeur aurait été violée, c'est qu'elles ont honte d'avoir survécu. Et je crois que c'est vrai du viol individuel comme du viol collectif, du viol que l'histoire doit écrire, comme des viols que chaque individu cherche à écrire quand il va dénoncer ce viol-là.

Survivre à une violence, ce n'est pas acceptable. Donc les femmes risquent d'avoir du mal à écrire leur propre histoire. Je crois que c'est l'image emblématique de l'oppression que les femmes subissent ; du fait qu'elles-mêmes ont du mal à écrire l'histoire, leur propre histoire, si on veut écrire l'histoire des femmes, il faut savoir que les femmes vont avoir ce mal-là. Et la réalisatrice vient de dire combien cela avait été difficile que les femmes acceptent, qu'elles veuillent écrire leur histoire, et je crois que c'est très, très important.

Il y a un mot que j'ai trouvé, pour parler vraiment des violences faites aux femmes, c'est le mot « meurtri ». Parce que si ces visages sont beaux, alors que ces femmes sont si meurtries, c'est parce que dans le mot « meurtri », il y a un paradoxe insensé, qui est qu'un meurtre a été commis. Avec Liliane, je partage une chose, c'est que, dans les années 1970, nous nous sommes battues pour que le viol ne soit plus seulement un délit, mais un crime et reconnu comme un crime. Et moi, je reviens toujours là-dessus, parce que notre vie a été bouleversée, nous nous sommes battues pour qu'on dise que « le viol est un crime ». C'était un délit passible de correctionnelle ; aujourd'hui, le viol c'est quelque chose qui est passible d'assises, c'est reconnu comme un crime. Et maintenant, au niveau politique, nous en sommes à faire reconnaître le viol comme un crime contre l'humanité. Là aussi, c'est un passage très important que nous sommes en train de franchir. Alors dans ce mot « meurtri », il y a le « meurtre », mais si quelqu'un est meurtri, c'est qu'il est encore là. Je crois que ce mot « meurtri » dit ces deux choses totalement incompatibles et qui sont l'histoire des violences subies par les femmes.

Alors, je vais vous parler un petit peu de l'Europe quand même : la semaine dernière, nous, en commission des Droits de la femme, au Parlement européen, nous discutions de plusieurs choses : du tourisme sexuel à l'égard des enfants, de la traite des femmes, pas de l'écriture de l'histoire, mais ça pourrait venir. Il y a un rapport sur le tourisme sexuel. Les Français sont plutôt assez « vigilants » sur le fait que si on parle de tous ces sujets-là, nous, on veut dire le mot « prostitution ». Mais c'est très difficile, vous savez, au niveau de l'Europe. Parce que c'est assez kafkaïen, ou assez schizophrénique.

C'est-à-dire qu'on nous demande de parler du tourisme sexuel à l'encontre des enfants. Mais on peut se battre pendant une heure pour dire : « sur fond de prostitution en général ». Quelqu'un va dire : « Ah, non ! Ne confondez pas ce qui se passe pour les enfants et ce qui se passe pour les femmes ! » Alors un certain nombre de députés, notamment des Français, tous partis confondus, disent : « Nous, si on nous parle de tourisme sexuel avec des enfants, mais, pour nous, les enfants, c'est jusqu'à 18 ans ». Et il y en a qui ont envie de dire : « Non, non, les enfants, c'est jusqu'à 14 ans. Après, ils sont libres ». Alors on se bat pour qu'il y ait le mot « enfant » associé à « 18 ans ». C'est le quotidien, en ce moment, des débats qu'il peut y avoir au Parlement européen sur des rapports, sur des avis, notamment sur ces questions de tourisme sexuel.

Sur la traite des femmes, c'est pareil. La semaine dernière, j'ai pris acte de ce que, dans son rapport, une députée, qui par ailleurs se bat énormément sur ces questions de prostitution, a changé de termes. Il y a six mois, elle écrivait encore « prostitution forcée », ce qui sous-entend, alors, qu'il y a une « prostitution libre ». « Pas possible, dit la Française. Toute prostitution est prostitution forcée… » Alors au bout de quelques mois, parce qu'il y a plusieurs femmes qui se battent, ce mot-là disparaît, mais on a à ce moment-là « exploitation de la prostitution », d'accord. Alors on dit : « Attendez, "exploitation de la prostitution", d'accord. Mais nous c'est "exploitation sexuelle" tout court, parce que la prostitution, c'est de toute façon une exploitation ». « Bon d'accord, on va voir si on peut mettre à la place d'"exploitation de la prostitution" "exploitation sexuelle" ». Alors là, enfin, je veux bien, enfin, je vais avoir un mot qui me convient à peu près, qui est « exploitation sexuelle ». Voilà. Aujourd'hui, ça se passe comme ça, au Parlement européen.

En même temps, l'Europe, comme vous le savez, raconte aux jeunes filles de l'Est, aujourd'hui, qu'elles vont trouver du travail en Europe, et pourquoi pas au Kosovo, d'ailleurs. Et puis voilà. Nous sommes face à la traite des femmes qui augmente réellement. Les chiffres le disent en Europe, aujourd'hui, car on promet aux jeunes filles des pays de l'Est qu'elles vont sortir de la misère si elles viennent en Europe. Donc, on sort de ce film, on sait qu'il faut écrire l'histoire, et une seule histoire, c'est-à-dire l'histoire de ces 100 000 Coréennes ou 200 000 femmes d'Asie qui ont été esclavagisées il y a cinquante, soixante, soixante-dix ans. Et en même temps, cette histoire est en train, en ce moment, pour d'autres raisons, mais avec les mêmes moyens, de se reproduire.

J'ai commencé en disant : la différence des sexes a fait l'histoire, ce n'est pas seulement un phénomène naturel. Et en même temps, cette façon dont nous devons recommencer… Alors oui, il y a des victoires, oui, nous avons fait reconnaître que le viol est un crime et non pas un délit. Oui, nous pourrons peut-être écrire dans l'histoire qu'il y a eu, dans cette guerre, en Asie, à partir des années 1930, quelque chose qui concernait les femmes et pas seulement les hommes. Oui, le viol est un crime contre l'humanité. Oui, bien sûr, les prochains viols collectifs feront l'objet de procès devant les tribunaux internationaux : ça, c'est l'histoire qui bouge. Et puis, il y a l'histoire qui bouge mal, qui ne bouge pas et avec laquelle on a beaucoup de mal, et c'est pour ça que je suis venue ce soir accompagner ce film ici en France.

DES GARANTIES POUR LE TRAVAIL DE NUIT*

(Coécrit avec Michel Miné)

On nous avait dit que l'autorisation du travail de nuit des femmes dans l'industrie serait l'occasion de renforcer les droits de tout travailleur de nuit, homme ou femme. Cette occasion nous semble une condition : le travail de nuit n'est bon pour personne. C'est pourquoi il faut lier l'autorisation du travail de nuit des femmes à la transformation de ces emplois autant qu'à la construction de droits jusqu'ici trop partiels (quelques conventions collectives pour quelques secteurs anciens). Or le gouvernement s'apprête à faire voter une loi, le 30 novembre prochain, vide de contreparties et de droits nouveaux. Est-ce politiquement raisonnable ?

Reprenons l'histoire. Il existe, au XIXe siècle, deux façons de construire le droit des femmes : l'accès à l'égalité entre hommes et femmes d'une part ; l'exigence de protection des femmes d'autre part. Le droit du travail choisit alors d'établir des lois de protection, ambivalentes. À la fin du XXe siècle en revanche, l'égalité des droits l'emporte sur le droit de protection, désormais restreint à la maternité et aux violences sexuelles. À juste titre : il n'y a pas

* *Libération*, 25 octobre 2000. Michel Miné est professeur de droit du travail au Conservatoire national des arts et métiers.

d'entorse possible au principe d'égalité. Et c'est pourquoi aucun argument ne tient pour justifier une différence de traitement entre hommes et femmes face au travail de nuit. Ainsi en a décidé le juge communautaire, tandis que le niveau de protection des hommes, comme des femmes, dépend désormais de chaque gouvernement.

Maintenant, quelques commentaires et analyses concrètes. L'histoire encore : protéger les femmes contre le travail de nuit, par la loi de 1892, n'était pas seulement le souci de l'« homme fort » à l'égard de la « faible femme ». La nuit semblait propice à la débauche et, surtout, a souvent donné lieu à des avantages de salaire. Deux bons arguments masculins pour éloigner les femmes ; tandis que ces dernières désirent parfois y aller pour une raison plus prosaïque, celui de mieux organiser cette fameuse double journée des femmes : la nuit, l'usine et le jour, la maison... Mais pour le profit de qui ?

Cessons donc d'être hypocrites et parlons de la réalité du travail de nuit. D'un côté, les services, publics et privés, hôpital, transports, restauration ; de l'autre, l'industrie, l'usine. La nécessité sociale des premiers n'est pas la contrainte de productivité des secondes. Et la question est, bien entendu, la pertinence, ou la non-pertinence, de ces emplois de nuit. Le travail des femmes est autorisé depuis longtemps dans le tertiaire, avec l'ouvrière de nettoyage, la serveuse de restaurant, l'infirmière, par exemple. Désormais, il faut défendre l'égalité des sexes, mais cela s'entend de deux façons : la présence des deux sexes dans les emplois indispensables, aucun des deux sexes pour les travaux sans nécessité nocturne.

Entre l'hypocrisie des uns et le rêve des autres, le gouvernement a choisi... de ne pas choisir, en renvoyant toute responsabilité aux partenaires sociaux. Et, pourtant, la solution minimale est toute prête : il suffit d'appliquer la directive européenne de 1993, en l'améliorant grâce aux exigences du droit français (et de la convention de l'OIT, Organisation internationale de travail). Celle-ci affirme avant tout que le travail de nuit est nuisible à la santé, que par conséquent il faut en limiter la durée, fournir des contreparties, donner des garanties. Trois règles donc pour la future loi, quels que soient le sexe et l'emploi :

– limiter la durée ; ce temps de travail doit demeurer exceptionnel et limité, par dérogation, aux secteurs d'activité où il est indispensable ;

– fournir des contreparties ; pour la réduction du temps de travail comme pour la majoration de traitement, les salarié-e-s ne peuvent être renvoyé-e-s à la négociation, le travail de nuit s'effectuant dans des secteurs peu organisés pour la défense des droits ;

– donner des garanties ; transports, formation professionnelle, articulation de la vie familiale ne doivent pas être laissés à l'appréciation du seul rapport de forces individuel ou collectif.

Une loi sera votée en France le 30 novembre. Après le passage au Sénat, il ne reste pas grand-chose des garanties quant à l'extension du travail de nuit et aux contreparties minimales. Et, pourtant, dans un gouvernement où on affiche l'objectif de l'égalité des sexes en général, et de l'égalité professionnelle en particulier, dans un projet d'égalité sociale, le chemin pris devrait être autre. La solution est là, ou plutôt deux solutions se présentent : soit recopier simplement la directive de 1993 dans le code du travail ; soit la réécrire, en mieux, dans ce même code du travail, au regard des impératifs de santé, de vie familiale, de vie tout court.

UNE OMC DU CORPS DES FEMMES ?*

Vous êtes à Bruxelles. La télévision passe rapidement sur les nouvelles du matin. La lutte contre le trafic des femmes est évoquée. Ce n'est pas un sujet annexe et tout le monde sait désormais que ce trafic est en croissance rapide, entre Europe de l'Est et Europe de l'Ouest, mais aussi dans le monde, globalement. Ce trafic est rentable, en bonne place à côté du trafic des armes et de la drogue, devançant même ces trafics « traditionnels ». En effet, vendre des femmes n'implique pas d'investissement préalable. On peut même vendre plusieurs fois la même femme.

Vous êtes à Bruxelles, et dans le texte de la présentatrice de télévision, passe l'expression « prostitution forcée », comme une évidence. Le téléspectateur belge sait de quoi il s'agit, sans ambiguïté il faut croire. Mais moi, la députée européenne, dans ma chambre d'hôtel ce matin-là, je sais l'équivoque de la définition, doublement : comment identifier les « bonnes victimes » ? N'est-ce pas le meilleur moyen de renforcer l'impunité des proxénètes ? Je croyais cette expression encore limitée au langage des institutions européennes, et je comprends qu'elle est déjà dans le langage courant.

---

* *L'Humanité,* 13 juin 2000.

Que s'est-il passé ? Que se passe-t-il ? Sur le continent Europe, dans le monde tout entier ? L'expression « prostitution forcée » doit se lire à l'envers : qui dit qu'elle peut être forcée suppose qu'elle peut être libre. Question : que ceux qui connaissent la frontière entre liberté et contrainte, entre liberté intime et liberté sociale, me l'expliquent. De fait, en Europe, les Quinze ne sont pas d'accord. Certains pays, par exemple les Pays-Bas et l'Allemagne, tiennent à réglementer la prostitution, c'est-à-dire, disent-ils, donner des droits aux prostituées. La distinction entre « libre » et « forcée » permettrait de donner des droits sociaux aux unes et de lutter contre l'esclavage des autres. La France et la Suède sont opposées à cette distinction qui confond et mélange les droits fondamentaux de la personne et l'organisation du commerce. Mais ces positions sont minoritaires, y compris dans la commission Droits de la femme du Parlement européen. Mon amendement pour remplacer « prostitution forcée » par « exploitation sexuelle » a été rejeté.

Cette situation européenne entre en synergie avec la position de l'ONU, qui elle-même suit un rapport de l'OIT, l'Organisation internationale du travail. Cette dernière espère, grâce à la distinction entre consentement ou non-consentement à la traite et à la prostitution, intégrer l'activité économique de la prostitution dans le PNB. Car si la prostitution est un emploi comme un autre, alors l'évaluation économique de la situation des femmes dans le monde est, statistiquement, meilleure ; face à une pauvreté féminine, dans le monde entier, tellement immense. D'où l'idée d'intégrer la prostitution dans l'activité économique.

Qu'on parle droits sociaux des prostituées ou évaluation économique de la prostitution, on ne parle pas en l'air. Le Parlement européen vient de voter un rapport offensif pour lutter contre la traite des femmes (inversion de la charge de la preuve, droit d'asile en raison du sexe, etc.), mais ce rapport est tout simplement contradictoire avec lui-même, donc vide de sens, puisqu'il continue d'accréditer la « prostitution forcée ». Qui, de la victime ou de l'oppresseur, va déterminer la servitude ou l'esclavage ? De même, l'ONU s'apprête à élaborer une nouvelle convention, pour signature en octobre 2000, dans laquelle le critère du consentement sera déterminant. L'Europe et l'ONU convergent donc vers une normalisation juridique et économique de l'exploitation sexuelle des femmes.

Reste à opposer à ces travaux en cours une troisième institution, celle du Conseil de l'Europe, qui vient de voter, le 19 mai dernier, un texte autrement plus exigeant : l'exploitation sexuelle est l'expression de référence, le consentement n'est pas un critère jugé pertinent. Alors que conclure ? Que la liberté sexuelle existe, certes oui ; mais que le corps des femmes n'est pas une marchandise, également. Je ne peux pas imaginer une OMC du corps des femmes. Et je ne sais pas ce qu'est un commerce sans victimes. On nous demande aujourd'hui d'accepter une alternative infernale : d'un côté la traite, déliée de la prostitution, serait abjecte ; de l'autre la prostitution serait l'expression de la liberté humaine. Cette alternative relève d'une schizophrénie propre au langage politique. Mais pour quelle politique ?

L'HISTOIRE CONTINUE*

L'attaque personnelle contre Daniel Cohn-Bendit me semble totalement hors de propos[1]. La position dont il est question et qu'il critique lui-même aujourd'hui ne fut pas individuelle. C'est une posture. Son « je » est un « nous », un « eux », il parle collectivement. N'attaquons pas l'individu. D'autant moins que, derrière la personne de Cohn-Bendit, c'est une certaine authenticité, une certaine fidélité au gauchisme de 1968 qui est visée – donc aussi les valeurs du combat pour la libération sexuelle, que j'ai fait miennes à l'époque et que je revendique aujourd'hui dans une totale continuité. Nous avons, nous les féministes, vécu dès le début ce débat de manière contradictoire – c'est ce qui me rend peut-être les choses plus faciles aujourd'hui. D'un côté, nous étions totalement actrices du mouvement d'émancipation et de libération sexuelle ; de l'autre, on se posait, naturellement, la question des limites : quelle libération laisser aux enfants vis-à-vis de leur propre sexualité, que dire et que leur montrer de la nôtre ? Nous nous sommes tous posé ces questions. Et nous vivions très mal le fait que des camarades – le courant de recherche autour de *Co-Ire*, de

* *L'Humanité*, 24 février 2001. Propos recueillis par Lucien Degoy.

1. Allusion à la polémique de 2001 autour du livre que Daniel Cohn-Bendit avait publié en 1975, *Le grand bazar*, qui racontait ses activités d'aide-éducateur de jeunes enfants [*NdE*].

Guy Hocquenghem[1] – répondent : « Enfants et adultes peuvent avoir une sexualité en commun ».

Ils ne disaient pas « Emparons-nous de la sexualité des enfants », mais ils défendaient la représentation d'une sexualité commune adulte-enfant. Or c'était impossible à admettre pour nous autres, femmes, qui savions ce qu'une telle vision signifiait pour les petites filles… Il n'y avait donc pas, dès l'origine, une conception unique de la libération sexuelle, mais des points de vue différents, des tensions, à l'intérieur d'un même combat. C'est ce que j'appelle les contradictions de l'intérieur : c'est parce qu'on était toutes et tous d'accord pour dénoncer les contraintes pesant sur la sexualité que ces tensions se manifestaient. Nos copains nous traitaient de moralistes, ce qui n'était pas facile à vivre. Enfin, je ne crois pas, contrairement à ce qui se dit depuis quelques jours, que nous ayons changé de « contexte » par rapport à cette période. Ce n'est pas le contexte qui change, c'est l'histoire, et c'est l'histoire qui avance.

Aujourd'hui, on ne peut plus évoquer la pédophilie de la même façon qu'il y a trente ans : le problème n'est pas de se montrer « tolérant » ou « compréhensif » à l'égard du contexte de l'époque, mais de voir que l'histoire a avancé, a été source de progrès, de droits nouveaux pour les enfants. Le même phénomène s'est produit à propos du viol. Quand, en 1975-1976, les féministes se battaient pour dénoncer le viol, pour le faire reconnaître comme

2. René Schérer et Guy Hocquenghem, *Co-Ire. Album systématique de l'enfance*, *Recherches*, n° 22, mai 1976. Guy Hocquenghem fut un des fondateurs, en 1971, du Fhar (Front homosexuel d'action révolutionnaire) [*NdE*].

un crime, elles se faisaient traiter de « moralistes ». On les regardait avec circonspection. Elles craignaient tellement cette critique qu'elles ne réclamaient pour toute sanction du crime que le franc symbolique de dommages et intérêts ! Dans le combat pour la libération sexuelle, les féministes se retrouvent toujours sur la crête, entre deux craintes : celle du moralisme d'un côté, celle que la libération se retourne contre leur sexe de l'autre. C'est une vieille histoire : ainsi, dans les années 1900, quand les gens de gauche prônaient l'amour libre, les féministes ont fait assez vite grise mine parce qu'elles se sont rendu compte que la revendication allait se retourner contre elles et qu'elles allaient se retrouver avec des multitudes d'enfants sur les bras qu'elles devraient élever toutes seules ! C'est une constante : les féministes savent peut-être mieux que d'autres qu'il y a des contradictions dans la libération sexuelle.

SEXES, ÉROS ET LIBIDO : POUR QUEL EXERCICE DE LA PENSÉE ?*

La libido comme le nom moderne d'éros renvoie au sexe comme à une cause, cause de la pulsion autant que cause de la pensée. Par ailleurs, le sexe et les sexes sont un objet de la pensée au point qu'il est désormais possible de constituer un champ de recherche spécifique. Le sexe comme cause et le sexe comme objet sont les deux regards portés sur Freud. L'exercice de la pensée se réfléchit comme libido et la libido est réfléchie dans la pensée. Reprenons ces deux mouvements.

Les sexes comme catégorie de pensée

La psychanalyse a fait rupture, nous le savons, en instaurant les sexes comme objet de sciences par-delà les savoirs partiels constitués jusqu'alors, médecine et biologie notamment. Plus précisément, elle a été contrainte, en centrant la démonstration de cette nouvelle science sur la sexualité, de préciser les niveaux de lecture que la notion de sexe introduit. Il existe des êtres sexués, hommes et femmes, et ces êtres sont pourvus de qualités, masculine ou féminine. Entre ces quatre points de repères, homme,

* *Passages*, n° 113, 2001.

femme, féminin, masculin, se joue la construction des identités, intimes et publiques. Tout cela nous paraît aujourd'hui évident. Rappelons cependant que cette thèse des années 1900 est en rupture avec les affirmations du siècle qui précède, siècle qui énonçait clairement, dès les années 1800, que les qualités se superposent mécaniquement et normativement aux êtres, en bref qu'une femme est et doit être féminine, qu'un homme est et doit être masculin. Cette dissociation dans la représentation des êtres et des qualités est la conséquence radicale de la théorie analytique autant que de thèses philosophiques et sociologiques contemporaines. À titre d'exemple pour la rupture de 1900, Otto Weininger, qui sut déployer la perspective de la bisexualité et Georg Simmel, qui analysa les traits masculins et féminins de la société tout en soulignant la domination des hommes sur les femmes.

Le chemin parcouru depuis lors au XXe siècle est important et donne tous son sens à cette rupture. Rappelons en effet que les médecins philosophes des années 1800, pour ne citer qu'eux dans la littérature de l'époque, affirmaient sans hésitation que les êtres et les qualités de chaque sexe étaient superposés, que les femmes étaient féminines et les hommes masculins. Mais était-ce l'expression d'une norme ou d'un fait, d'une idée ou du réel, tel fut alors, et aujourd'hui encore, le débat classique. À quoi s'ajoutent les questions actuelles : comment échapper à son destin biologique, avec ou sans l'aide de la société, est-ce biologiquement possible, est-ce politiquement émancipateur ? Mon propos choisit de se diriger ailleurs, au point de voir les conséquences épistémologiques d'une séparation des êtres et des qualités telle qu'elle a été rendue possible après (comme avec) la psychanalyse.

Indépendamment de savoir où est la norme, où est la marge, hors même de la question du rêve de la disparition des normes, au plus loin de la décision d'abolir la différence des sexes comme représentation du deux et de l'altérité, sans le souci d'annuler le fait du sexe et de la sexualité, bref sans s'arrêter aux polémiques idéologiques des années 2000, il est important de tirer les conséquences théoriques de cette dissociation entre les êtres et les qualités.

La première conséquence est évidemment celle de la dissociation elle-même. Le jeu introduit entre les quatre termes, homme, femme, féminin, masculin, est en soi un événement théorique radical, événement porteur, maintenant encore, de nouveauté.

La seconde et la troisième suivent les deux axes ainsi dessinés. Certains penseurs vont prendre le chemin d'une réflexion sur les êtres, d'autres d'une réflexion sur les qualités. Les êtres sont les êtres sociaux et politiques, et l'interrogation porte sur l'émancipation, l'égalité, la condition, le droit individuel, etc. Les qualités ont provoqué l'utilisation du concept « féminin » chez les philosophes de la seconde moitié du XXe siècle et permis la critique de l'androcentrisme métaphysique et ontologique. Curieusement, ces deux courants de pensée, émancipation politique et critique philosophique, ne se sont pas vraiment rencontrés, encore moins croisés (côtoyés parfois). Seule la pensée des féministes a su à la fin du siècle dernier s'étonner de ces deux voies parallèles. Les travaux de Françoise Collin sont à cet égard exemplaires[1].

Pour ma part, si le croisement entre l'interrogation ontologique et la question politique est possible, il se fait autour des quatre termes mis ensemble en présence : l'aporie définitive entre identité et différence des sexes et le double politique de l'égalité et de la liberté. Quatre concepts structurent, en effet, le débat, et ce sur deux niveaux : au niveau ontologique, le semblable et le dissemblable, au niveau politique, l'égalité et la liberté. Comment fabriquer de l'égalité avec le semblable (les êtres de raison) ou avec le dissemblable (la différence des corps), pourquoi la liberté se conjugue avec l'identité (autonomie de soi et à soi) et avec la différence (l'*habeas corpus* des femmes) ? Comment penser avec l'ontologique et le politique, entre l'ontologique et le politique, telle serait ma proposition. Entre les deux niveaux, les quatre concepts, identité, différence, égalité, liberté, se croisent jusqu'au point où il nous est possible de tenter l'affirmation suivante : la différence des sexes comme concept, comme idée est une catégorie vide, c'est-à-dire sans contenu *a priori*. Contrairement à « différence sexuelle » qui induit une représentation de contenu, « différence des sexes » est une catégorie de pensée[2] avant de produire une affirmation sur le fond, et cette catégorie de pensée est désormais délestée de certains poids historiques, la confusion entre les êtres et les qualités, la conviction de la nécessité de normes, le refus d'une histoire politique.

1. Notamment Françoise Collin, *Le différend des sexes*, Nantes, Pleins Feux, 1999.
2. *À côté du genre*, *op. cit.*

En bref, avec la dissociation des êtres et des qualités, et les quatre concepts de la structure croisée entre ontologie et politique, nous possédons les repères d'une pensée possible, nous possédons aussi la liberté de penser.

Le sexe comme cause de la pensée

Nous n'oublions pas que les sexes sont rarement l'objet de la pensée dans la tradition philosophique ; nous n'oublions pas que la rupture opérée par la psychanalyse à ce propos n'a pas induit, hors d'elle-même, un large champ de pensée sur les sexes au XIXe siècle. Certes, la psychanalyse a pris toute sa place, mais sans pour autant être accompagnée de l'essor d'autres savoirs, philosophiques et politiques, évoqués par la réflexion ci-dessus. Notre deuxième point interroge donc les sexes non plus comme objet de pensée, mais comme cause de la pensée ; ici comme cause de la production de pensée.

Contrairement à ce qu'on pourrait croire, Freud n'a guère écrit sur le lien entre la libido et la production intellectuelle, ou sublimation. La libido est définie comme énergie psychique, comme « toute l'énergie disponible de l'Éros, que nous appellerons désormais libido »[1]. La libido, tout comme éros, est à la fois énergie et désir ; la libido a affaire à la sexualité. La libido « est un terme emprunté à la théorie de l'affectivité »[2], écrit-il dans les *Essais de psychanalyse*, mieux que le terme d'éros, qui est un mot trop propre, trop convenable, ajoute-t-il. Nous savons que Freud tranche avec ses contemporains

1. Sigmund Freud, *Abrégé de psychanalyse*, Paris, Puf, 1950, p. 9.
2. Sigmund Freud, *Essais de psychanalyse*, Paris, Payot, 1967, p. 109.

tels Bergson ou Jung qui écartent la sexualité de l'énergie première.

La libido est le nouveau nom d'éros mais éros change alors de statut, voire de fonction. Telle est la proposition freudienne. Platon avait inauguré une double tradition, celle du philosophe amant de la vérité, mû par un désir, et celle de l'esprit sans corps, détaché de son corps pour se consacrer à l'ascèse philosophique. *Le Banquet* d'un côté, *Phèdre* de l'autre soutiennent ces deux principes de l'exercice de la pensée, avec ou contre le corps. Ne croyons pas que Freud s'inscrit simplement dans la première tradition, celle de l'érotique philosophique. Il semble plutôt joindre les deux principes opposés, éros comme cause de la pensée, et éros comme obstacle à la pensée. La sublimation serait cette double opération, d'expression du désir et de son détournement d'une finalité sexuelle. Ainsi écrit-il dans les *Cinq leçons* : « Nous connaissons encore une issue, meilleure peut-être, par où les désirs infantiles peuvent manifester toutes leurs énergies et substituer au penchant irréalisable de l'individu un but supérieur situé parfois complètement en dehors de la sexualité : c'est la *sublimation*. Les tendances qui composent l'instinct sexuel se caractérisent précisément par cette aptitude à la sublimation : à leur fin sexuelle se substitue un objectif plus élevé et de plus grande valeur sociale »[1].

Éros s'appelle désormais libido car la production par le désir correspond à un processus souterrain qui à la fois exprime et refoule la sexualité. Gilles Deleuze insiste à

1. Sigmund Freud, *Cinq leçons sur la psychanalyse*, Paris, Payot, 1977, p. 65.

plusieurs reprises, dans *Logique du sens*, sur la désexualisation comme condition du mécanisme de la pensée. Par la castration, la libido se transforme en « énergie neutre ou désexualisée »[1] et ainsi se fait le passage de la différence sexuelle à la « différence d'intensité constitutive de la pensée ». Ainsi la pensée est la métamorphose du sexe, autant qu'un penseur la métamorphose du couple. Si Deleuze parle de métamorphose, c'est parce qu'il ne travaille pas dans une logique de causalité, mais de « transmutation » (« répercussion », disait Nietzsche). La perspective anthropologique de Françoise Héritier propose, comme en parallèle, que les sexes et leur différence soient compris comme un « butoir »[2] de la pensée, à savoir ce à partir de quoi l'humanité se pense (et non par conséquent ce que l'humanité se donne à penser), ce avec quoi l'humanité pense.

Resterait alors à poser la question du sexe de la libido. Mâle ou femelle ? Plutôt mâle chez Freud ? Le passage qu'il consacre à cette question n'est pas clair. D'un côté, il ne serait pas surprenant, dit-il, que la libido soit particulière à chaque sexe, de l'autre il affirme qu'« il n'y a qu'une seule libido »[3] pour les deux sexes, que la libido n'a pas de sexe. Puis les lignes suivantes réintroduisent la confusion : la libido comme affirmation théorique est mieux illustrée par les images du masculin. Laissons Freud empêtré dans les conventions des images de la différence sexuelle. Gilles

1. Gilles Deleuze, *Logique du sens*, Paris, Minuit, 1969, p. 254.
2. Françoise Héritier, *Les deux sœurs et leur mère*, Paris, Odile Jacob, 1994, p. 11.
3. Sigmund Freud, *Nouvelles conférences d'introduction à la psychanalyse*, Paris, Folio Gallimard, 1971, p. 176.

Deleuze s'en tient à « l'énergie neutre » où neutre signifie « pré-individuel et impersonnel »[1]. Cependant, nous savons que l'histoire pose désormais cette question, que le neutre de la pensée et dans la pensée n'est pas une histoire simple, que les femmes philosophes en sont comme un témoignage contemporain[2]. Par ailleurs, de Platon à Derrida, on pense l'éros du philosophe jusqu'à l'image de leur grossesse. Quel serait donc le phantasme d'une femme philosophe ? Jusqu'à présent les femmes, hors le mysticisme, ont peu investi l'érotique philosophique. Mais cela pourrait changer.

Deux mouvements de réflexion, les sexes comme objet de savoir et le sexe comme principe de la pensée. Gardons-nous de laisser dissociés ces deux mouvements. Profondément transformés par la psychanalyse, ils s'offrent à nous dans un champ beaucoup plus large où philosophie et féminisme du XXe siècle ont donné leur part. Ces deux mouvements ne sont pas indifférents l'un à l'autre. Ils ont même affaire l'un avec l'autre, la difficulté du premier, construire un champ de savoirs, s'expliquant par l'énigme du second, user des pulsions. Que le sexe serve toujours à lui-même et à autre chose que lui-même est désormais un horizon individuel autant que collectif. Que les femmes soient venues bouleverser l'ordre de la référence masculine offre la promesse d'un savoir nouveau pour tous, d'un savoir proche et distant, précis et lucide de ce qui concerne l'intime de chacun et la marche du monde.

1. *Logiques du sens, op. cit.*, p. 249.
2. *À côté du genre, op. cit.*

QUE LES FEMMES AIENT LA PLACE DE L'EMBLÈME QU'ELLES REPRÉSENTENT !*

On parle beaucoup ces jours-ci de la place des femmes en Afghanistan pour le présent comme pour l'avenir de ce pays. Comment vous situez-vous dans les débats en cours ?

Avec d'autres parlementaires européennes, nous exigeons que les femmes afghanes participent au processus de construction de la paix et à la vie politique. Deux initiatives ont été prises en ce sens ces derniers jours : l'une, lancée par Emma Bonino, préconise l'organisation d'une journée mondiale, samedi, pour l'inclusion des femmes dans le gouvernement provisoire afghan ; l'autre, due à Sylviane Ainardi, est un appel pour la participation des femmes afghanes au processus de démocratisation. Ces deux textes, au fond, demandent que les femmes soient considérées comme des actrices politiques – et pas seulement comme des victimes. Depuis 1999, nous nous sommes efforcées, précisément, d'agir pour que les femmes afghanes soient reçues – ce qui a été le cas il y a six mois au Parlement européen à l'initiative de Nicole Fontaine – comme des résistantes, comme des femmes politiques, en

---

**L'Humanité*, 30 novembre 2001. Propos recueillis par Jean-Paul Monferran.

exprimant, d'ailleurs, notre refus d'une édulcoration de l'analyse de leur situation, à savoir le fait que l'on parle à leur propos de « discrimination ». Ce mot est aujourd'hui massivement utilisé par les instances internationales – onusiennes ou européennes ; or, appliqué aux femmes afghanes, il constitue une aberration : elles sont niées dans leurs droits fondamentaux, exclues, soumises à une sorte d'apartheid. Si l'on peut parler de « discrimination » à propos des femmes occidentales – la discrimination, c'est ce qui se produit une fois que l'exclusion a cessé – qualifier la lapidation de « discrimination « n'est pas acceptable : voilà ce qu'a été mon combat, au printemps dernier…

Et qui se poursuit aujourd'hui…

En effet. Un rapport d'initiative a été rédigé par la commission des droits de la femme en novembre 2000, qui traite de « la participation des femmes au règlement pacifique des conflits ». Il évoque explicitement, d'une part, la « protection des populations victimes de la guerre » (grossesses forcées, viols systématiques, violences à caractère sexiste…) et, d'autre part, la participation des femmes à la prévention et au règlement des conflits armés. En d'autres termes, il est dit clairement dans ce texte – qui a été voté par le Parlement européen, même s'il n'a pas force de loi ou de décret… – que les femmes ne sont pas seulement des victimes, mais qu'elles doivent être associées à la construction qui suit la guerre. Ce qui nous ramène à cette idée : les femmes doivent participer aux négociations et au futur gouvernement. L'important était alors de souligner que nous ne sommes pas là seulement pour déplorer que, parmi les populations civiles, les femmes soient plus abîmées – ou abîmées d'une certaine façon – par la guerre, mais pour dire qu'elles sont politiquement concernées, alors que chacun peut voir qu'elles sont, *de facto*, absentes à la télévision, que ce soit du côté américain quand on prépare la guerre, ou du côté afghan quand on prépare la paix... Au fond, le combat pour la parité politique amène à considérer comme impossible que les femmes ne soient pas actrices dans la résolution des conflits... En Afghanistan, il y avait des militantes politiques – avant, puis dans la résistance à l'oppression... La présence des femmes compte comme telle : quelles seraient ces questions stupides sur la « bonne » ou la « mauvaise » représentante ? Pour ma part, je me réjouis qu'il y ait trois femmes à la rencontre de Bonn.

Dans la lettre que vous aviez rédigée au printemps dernier pour L'Humanité[1], *vous disiez en substance aux femmes afghanes : « Nous appartenons au même temps historique », « Nous sommes du même monde »... Qu'entendez-vous exactement par là ?*

D'abord, ceci : « J'appartiens au même monde que vous »... Je sais qu'elles ont envie d'être libres, de circuler dans la rue, de disposer de l'« *habeas corpus* », c'est-à-dire de leur propre corps. Dire : « Nous sommes du même monde », c'est une autre façon de refuser de s'affronter à la question du « choc des cultures » ou des « civilisations ». Toutes les histoires d'oppression des femmes renvoient à la question de la liberté, en ce sens que la liberté est la

1. Voir *l'Humanité* du 20 mars 2001.

condition requise pour parler de l'égalité. Cela permet de ne pas tomber dans le discours du « ça y est, on leur a rendu leurs droits », mais d'affirmer au contraire en substance : « C'est maintenant, et pas demain »… « Nous sommes du même monde », c'est aussi une manière de refuser le relativisme culturel, dont on peut remarquer, d'ailleurs, qu'il est le fait de ceux qui exportent l'image de la « discrimination ». Ce sont les mêmes qui transforment ce qui se passe là-bas en langage « eurocentré » et qui vont expliquer ensuite que « ce n'est pas la même chose ! » Je n'ai peut-être rien à dire sur la façon dont s'est fabriquée la négation des femmes d'Afghanistan, mais j'ai à dire sur la façon dont, ici, on maltraite cette question…

L'idée de renvoyer la question de la participation des femmes à « demain », à plus tard, ne correspond-elle pas à une sorte de dissémination d'une forme de « vulgate » prétendument marxiste ?

Je suis politiquement plutôt fouriériste ! Le degré de liberté des femmes est le baromètre d'un état de civilisation et d'un état de société. Déjà, il y a trente ans, je me souviens de discussions vives avec des « marxistes » – gauchistes, en l'occurrence – au cours desquelles nous disions déjà : « Ce sera maintenant, tout de suite, et pas demain ! » Parce que les lendemains qui chantent, on connaît ! Dans l'argument de « l'après », j'ai toujours perçu un immense mépris, masculin, basique, et pas très « politique » : et si cet « argument » ne « marche » pas, c'est d'abord empiriquement et sensitivement. La moindre petite assemblée montre que vouloir reléguer la question de la liberté des femmes, c'est vouloir reléguer autre chose. Comme le disait déjà Nelly Roussel[1] dans les années 1920, « ils sont révolutionnaires dans les réunions et encore monarques à la maison »… Évidemment, c'est le marxisme qui a formulé l'idée de la « contradiction secondaire ». Mais elle a été, si j'ose dire, « exportée » : n'importe quel bon démocrate use aujourd'hui de ce mécanisme de pensée, même s'il n'emploie pas l'expression de « contradiction secondaire ». Il faut simplement dire que tout cela relève de la blague !

En quoi, pour reprendre une expression que vous avez aussi utilisée, les femmes afghanes sont-elles un « emblème » ?

Au moment de la destruction des bouddhas, il s'est opéré comme une collision entre l'image de ces statues brisées et l'image des femmes, Sans doute parce que l'image de la « statue » féminine est quelque chose d'important – la République, etc. J'ai donc en tête l'image de la destruction des bouddhas et l'image de statues de femmes recouvertes de tchadors, quand Médecins du monde avait décidé d'en appeler ainsi à la lutte contre la famine… Pour moi, qui ai travaillé sur la symbolisation de la femme de la République – qu'on exclut, mais qu'on représente en même temps par « Marianne » –, la femme sous son tchador devenait emblématique de toutes les oppressions, y compris de la sienne. Elle ne « représentait » pas toutes les autres oppressions, mais elle « parlait » de la destruction de la culture et de la famine. Et du coup, elle « parlait » aussi d'elle-même, et on en a parlé… La femme afghane est vraiment devenue l'emblème de ce

1. Nelly Roussel (1878-1922) : féministe, néo-malthusienne, conférencière et journaliste [*NdE*].

pays et de son malheur. Et l'on nous dirait aujourd'hui : « Tout est réglé » ; ou : « Vous n'avez même pas le droit de manifester » ; ou : « De toute façon, beaucoup de femmes ne veulent pas enlever la burqa » ?... Cela n'est pas supportable !

Et comment réagissez-vous à ce qui se dit ou s'écrit, un peu partout, à propos de l'Alliance du Nord[1] *?*

Il existe un double discours sur l'Alliance du Nord : d'un côté, on nous dit : « Puisqu'ils donnent aux femmes le droit de travailler et d'aller à l'école, tout va bien » ; d'un autre côté, on nous explique qu'ils sont exactement comme les taliban. Et l'on soutient, comme par hasard à ce moment-là, que, de toute façon, il s'agirait d'une tradition très ancienne... En oubliant que, du temps des Soviétiques, les femmes avaient la possibilité de faire beaucoup de choses, et qu'il y a eu, comme en Iran, une « modernisation » dans les années 1960, qui a disparu par la suite... On ne pourra donc pas se satisfaire de deux ou trois femmes à la télévision – qui seraient l'exception. En démocratie, ce n'est pas seulement l'exception, mais la règle qui compte, à savoir ce que toute femme peut potentiellement faire... Et j'ai envie d'ajouter : puisque les femmes afghanes ont été aussi emblématiques de tant de choses, donnons-leur maintenant la place de leur emblème. J'en reviens par là à la question du « nous sommes du même monde » : cela veut dire que je réponds que, avant même de savoir comment je m'y prendrais

1. L'Alliance du Nord, Front uni islamique et national pour le salut de l'Afghanistan, groupe armé musulman commandé par Massoud jusqu'à sa mort en 2001, principal opposant aux taliban [*NdE*].

« là-bas », c'est à partir d'ici que je sais ce dont je ne veux pas. Et là où je suis, je dis « non » à la destruction d'un être, etc. Nous savons la fragilité des droits des femmes, nous savons qu'ils sont réversibles, comme en témoigne l'histoire afghane, mais, dans le même temps, l'histoire avance…

LA PARITÉ, UN MOT BON À TOUT FAIRE*

D'abord les souvenirs, les souvenirs heureux, drôles : Matignon, mars-avril 1998, une réunion ou deux dans le bureau du directeur de cabinet du Premier ministre avec quelques conseillers.

Objet : la parité, promesse électorale et objectif politique. Il n'y a aucune hésitation ; restent les modalités. Face au jardin, reviennent les luttes passées, scènes de manifs, réunions féministes, utopies radicales. En haut de l'État, le droit des femmes est irréel, au milieu des conseillers, appliqués. Juin 1998, devant les conseillers d'État, première discussion sur le projet du gouvernement : les fenêtres sont ouvertes sur le soleil du Palais royal, ouvertes sur la musique d'un orchestre dans les jardins tandis que des sans-papiers tentent d'investir le Conseil d'État. Ironie de me voir là, je pense à la manif, et vois, cohabitation oblige, ces hommes du Conseil d'État assumer cette nouveauté qui les dérange. Je lis leur réticence et regarde les quelques femmes présentes. Prononcer le mot de parité dans les ors de la République est malgré tout un délice.

Toujours les souvenirs, moins drôles cette fois : un an plus tard, la campagne des Européennes où je suis engagée à

* *Travail, Genre et Sociétés*, n° 7, février 2002.

porter la parité comme numéro deux de la liste de Robert Hue. Même cohérence que lorsque j'ai accepté, en novembre 1997, d'être déléguée interministérielle à l'invite de Lionel Jospin. Une intellectuelle féministe peut-elle refuser de telles propositions ? Mais là, plus d'État protecteur, ni de loi à venir qui symbolise une politique. Les journaux pointent les « arnaques », les « faux-nez » de la parité ; le féminisme en acte n'a jamais fait recette. Libération se demande où se trouve la « féministe outragée » sur des listes paritaires évidemment bidon. Il n'est donc jamais de féministe sereine ? Mieux vaut dénigrer que valoriser. L'Observatoire de la parité, dont j'ai réussi, comme déléguée interministérielle, à faire élargir les missions quelques mois plus tôt, fera de même, en direct : pas de féminisme visible dans cette campagne électorale, dira le communiqué de presse que la rapporteuse m'envoie obligeamment. La critique est sommaire, injuste, et me blesse.

Et pourtant l'histoire continue. 40 % de Françaises arrivent au Parlement européen en juin 1999, classant notre pays troisième sur quinze, juste derrière les pays scandinaves. La loi n'est pas encore passée. Cette victoire reste inaperçue.

La parité est un mot de comptable. Moitié, moitié, ou terme à terme, on ne transige pas avec les mathématiques. La parité signifie 50 %, ou un sur deux. Si la mathématique est la définition de la parité, c'est pour dire le partage des sexes, la mixité nécessaire dans les lieux de pouvoir. Le partage du pouvoir est l'ultime combat des femmes dans l'espace démocratique et c'est là que s'inscrit le mot de parité[1].

1. Il n'est pas question de revenir ici sur l'argumentaire du débat des dix

La parité, c'est donc l'égal mélange, et la mixité en est évidemment l'image approximative. La mathématique peut être souple et c'est pourquoi, sans doute, la parité est devenue l'équivalent général du mot politique d'égalité. Ce n'est pas sûr que ce soit une bonne chose car l'égalité est un concept clair et radical, et la parité est devenue ce mot valise où se fourre tout ce qui a trait à l'égalité des sexes. Ce transfert est-il possible ? Souhaitable ? La dernière brochure de l'Insee, intitulée *Regards sur la parité*, superpose sans hésiter la production de statistiques, le concret des chiffres, et la perspective de réflexion sur l'égalité des sexes.

Confondre égalité et parité a d'abord eu un effet positif. Toutes les revendications féministes se sont engouffrées dans ce mot valise. Il est remarquable qu'un mot mathématique, la parité, ait eu autant de succès, et renouvelle le mouvement féministe de ces dix dernières années en profondeur. L'effet négatif est la confusion que la superposition des termes implique et provoque. L'exemple le plus fort est l'usage répété de l'expression « parité économique » qui désigne pour beaucoup l'égalité économique dans sa totalité (emploi, rémunération, profession) tandis que la question du partage des sexes dans les lieux du pouvoir économique (le haut de l'échelle) se trouve alors diluée. On peut le regretter car l'inadéquation du mot et de la chose est cause de malentendus.

---

dernières années ; cf. Geneviève Fraisse : « Une démocratie exclusive », *Les femmes et leur histoire*, *op. cit.*, et « Le cas de la parité », *À côté du genre*, *op. cit.*

Mais pourquoi la confusion serait gênante ? Parce que ce mot de comptable ne peut pas donner plus que ce qu'il possède. En effet, si l'expression d'égalité économique pourrait ne pas être adéquate aux yeux de certains, c'est parce que le monde du travail et de l'emploi conjugue au moins deux principes, et non un seul, le principe d'égalité et le principe de liberté. Autant le monde politique de la citoyenneté et de la représentation peut se quantifier en nombre et en chances égales, autant le monde professionnel use des catégories de choix, réels ou supposés, de répartition des emplois et de transgression individuelle qui placent chaque individu dans une constellation de droits et de désirs. Le mot de parité, comme équivalent d'égalité, est donc inadéquat ; il ne peut pas rendre compte de tout ce qui, pour l'emploi, relève de la liberté. D'ailleurs, à comparer la loi sur la parité et la nouvelle loi sur l'égalité professionnelle, deux lois contemporaines du gouvernement Jospin, on remarque une différence significative, la première propose de sanctionner les partis politiques, la seconde conserve des mesures incitatives vis-à-vis des entreprises[1]. La sanction et l'incitation sont des moyens distincts car s'il est facile de pénaliser un manquement à la parité, il est seulement possible d'accompagner une dynamique économique.

---

1. La loi Roudy de 1983 était surtout incitative, autant par prudence historique que par nécessité structurelle. Incitation et contrainte coexistent inéluctablement dans une loi économique. Pour une loi politique, l'enjeu est tout autre : une mesure incitative aurait pour effet de « mettre les femmes sur le marché », la sanction reste par conséquent ce qu'il y a de plus neutre.

La parité, habit, outil de l'égalité, ne marque l'égalité que de l'extérieur, du côté du chiffre justement. C'est là sa force réelle car le chiffre est plus démonstratif que bien des discours, à commencer par le chiffre de l'inégalité. Rien de tel, en effet, que les chiffres pour essayer de convaincre ceux qui ne veulent pas savoir la réalité de l'inégalité sociale et politique entre les sexes. Et c'est là sa faiblesse car le mot de parité ne donne aucun contenu à l'égalité et permet ainsi les interprétations les plus surprenantes. Si l'égalité supposée par la parité peut désigner l'égalité en général, elle concerne avant tout l'égalité de pouvoir, le partage du pouvoir.

Mais alors, quel serait le contenu possible d'un pouvoir partagé ? Avec une certaine maladresse, quelques hommes politiques, le gouvernement lui-même, a expliqué la parité comme un plus d'égalité, comme un supplément d'égalité. Or comme il est peu probable qu'on puisse concevoir l'égalité comme pouvant aller au-delà d'elle-même, comme il serait simpliste de voir la parité comme la seule réalisation pratique de l'égalité, force est de constater que l'explication se trouve du côté d'un supposé contenu de la parité. La réflexion à ce sujet manque. Mais pas l'imagination. Alors, on quitte les chiffres pour les fantasmes. En effet, ceux qui oublient de lier égalité et parité s'embarquent dans une querelle sans fin sur les prétendues qualités des femmes en politique. Déjà l'âge classique pratiquait la joute entre partisans de l'excellence d'un sexe ou de l'autre. Aujourd'hui, partisans comme adversaires de la parité semblent prendre plaisir à croire qu'il s'agirait de détailler les qualités de chaque sexe, et d'en faire la comparaison ordonnée. Il est évident que cette querelle n'existe que face à un enjeu de pouvoir, et de pouvoir politique. Ni la famille ni l'école ne suscitent l'affrontement imaginaire des essences d'un sexe ou de l'autre. Cette querelle sur les qualités a un objectif : faire croire que la parité c'est aussi la guerre des sexes, les camps retranchés des catégories sexuelles… et la fin de l'universel.

Or la parité ne renvoie qu'au chiffre et au nombre. Le transfert vers l'imaginaire déplace le débat. En même temps, ce transfert est le symptôme du vide du concept même de parité. On veut produire du chiffre égal, et le féminisme y trouve une aide logistique. Mais, de quelle égalité s'agit-il ? Quel en est le projet ? La force du mot, de ce mot nouveau de parité n'est-elle pas dans la dynamique qu'il déclenche, hors de tout contenu politique ? Témoin, cette exigence, venue d'un peu partout du monde occidental, que les négociations de paix et la construction du gouvernement afghan se fassent avec les femmes afghanes.

La parité est ce mot nouveau qui a beaucoup donné mais à qui on prête trop. Il a donné ce qu'il n'a pas, l'utopie féministe, mais il a reçu ce qu'il ne voulait pas, la glose sur les prétendus avantages de l'un et l'autre sexe. La parité n'est pas l'ennemie du neutre de l'universel. Ceux qui ont opposé la parité à l'universel ont cédé à la peur. Ils ont pensé que l'universel et le neutre, qui en est son image, sont un garant, une garantie, de la volonté d'égalité en démocratie. Or la vertu du neutre est peut-être ailleurs que là où on croit. Le neutre peut mentir ; les femmes, mais pas seulement les femmes, le savent bien, elles qui ont appris à l'école, jusqu'à récemment, que le suffrage masculin se disait universel. Le neutre peut mentir aussi parce que le neutre n'est pas du réel. Il est parfois une réalité partielle, un formulaire administratif par exemple. Mais si le neutre n'est pas du réel, il n'est pas pour autant sans substance. Le neutre est une fiction, une fiction comme telle, utopie et histoire en même temps, construction imaginaire à partir de laquelle on peut vivre.

L'INSÉCURITÉ DES FEMMES*

(coécrit avec Francine Bavay)

La violence à l'encontre des femmes est une question politique. Vous avez mal lu, c'est sûr. La violence est une question politique, avez-vous déjà rectifié. Cette affirmation court la campagne présidentielle. Sans doute, pensent-ils, les candidats, qu'il est inutile de préciser. Et pourtant : l'année dernière, une femme sur dix a été victime de violences conjugales, une femme sur cinq a été insultée, importunée sexuellement dans l'espace public.

La violence contre les femmes ? Une question que d'aucuns trouvent envahissante, déplacée. Ces procès pour violences sexuelles qui occupent les journaux, cette mise en justice du viol, ces pétitions contre le harcèlement des jeunes femmes, n'est-ce pas trop ? Invisible ou trop visible, la violence ? Privée surtout ? Donc pas publique !

Certains aiment parler d'une violence asexuée, neutre, générale, d'autres n'aiment pas parler de la violence sexuelle qui ternirait notre sexualité bien portante. Comment lutter sérieusement contre l'insécurité et les agressions si on les pense en ignorant que les femmes en sont grandement victimes et que la violence des jeunes et des moins jeunes est d'abord et avant tout masculine ?

---

* *Le Monde*, 8 mars 2002. Francine Bavay est élue écologiste et membre de la coopérative politique Écologie sociale

La violence est sexuée parce que les vols comme les viols appartiennent d'abord aux hommes. Pures serions-nous, les femmes ? Non, ce n'est pas cela. Nous voulons souligner que la violence est sexuée, expression d'une société qui est, dans le monde entier, structurée par la domination masculine. Là est la question politique : il faut lutter contre la domination masculine.

Le paradoxe est que ce sont principalement des hommes qui, pour le moment, ont la charge politique de cette lutte, ici en France, comme là-bas en Afghanistan. Ce paradoxe historique ne nous a pas échappé. Pas plus qu'un autre paradoxe qui devrait sauter aux yeux de nos candidats : la parité a introduit une dose de sexuation dans l'espace du politique alors que les politiques sociales sont devenues totalement asexuées : qui veut bien se souvenir que la famille monoparentale d'aujourd'hui remplace la mère célibataire d'hier ? Qui veut bien souligner que le temps partiel et les travailleurs pauvres sont pour 80 % des femmes ?

L'insécurité et la peur aussi se partagent inégalement entre les sexes ; dans l'espace privé comme dans l'espace public. Quarante-quatre pour cent des Franciliennes reconnaissent éviter les transports en commun.

À l'heure de l'élection présidentielle française, l'Europe, malgré le désintérêt des candidats pour cette réalité aussi essentielle que passionnante, continue d'exister. La présidence espagnole du Conseil des ministres européen fait de la violence contre les femmes une priorité de l'agenda politique. Qui sait qu'en Grande-Bretagne une femme meurt tous les trois jours à la suite de violences domestiques ?

L'initiative politique est récente. Elle est une conséquence de la conférence onusienne de Pékin, d'un rapport d'initiative du Parlement européen en 1996, d'une décision de la Commission ensuite. L'Union européenne a mis en œuvre depuis 1997 le programme Daphné, qui vise à lutter contre la violence envers les enfants, les jeunes gens et les femmes.

Ces initiatives sont aussi le résultat d'une maturité féministe politique qui démontre enfin que les violences faites aux femmes ne relèvent pas d'un privé intouchable, de passions ambivalentes, mais tout simplement de faits bruts qui, du viol à la lapidation, du harcèlement sexuel à la prostitution, de l'insulte au mépris, sont les signes répétés d'un pouvoir de domination.

L'enquête nationale sur les violences envers les femmes, menée collectivement par Maryse Jaspard depuis 1997, en a désormais chiffré l'ampleur en France. Le gouvernement a su souligner cette réalité… Mais est-ce pour autant une politique, est-ce pour autant intégré au débat politique sur l'insécurité ? De l'autre côté des Pyrénées, en Espagne, là où on sait et reconnaît que la violence machiste tue plus que le terrorisme, on adhère à la politique de la Commission et du Parlement européens. C'est une priorité, disent-ils. De ce côté des Pyrénées, en France, la course au pouvoir ignore cette question. On se bouscule pour proposer la création de centres de placement pour lutter contre la délinquance juvénile.

Mais qui dira le besoin de multiplier les places en centres d'accueil pour femmes violentées ?

FEMMES, SPORT ET DÉMOCRATIE* —

Permettez-moi un souvenir personnel. C'est la deuxième fois que je me trouve dans cette salle, la première fois ce fut avec Marie-George Buffet, à l'occasion du 8 mars 1998, lorsqu'elle déclara la question « femmes et sport » priorité de son ministère. Nous avions eu l'impression, très vive, de toucher à de nombreux problèmes, notamment vis-à-vis des médias. Depuis, l'histoire s'est accélérée.

Le dossier « femmes et sports » est un dossier encore neuf pour les institutions européennes, et pourtant historiquement ancien. On peut remonter aux premiers jeux de l'Antiquité grecque qui surent faire une place limitée aux femmes, non aux Jeux olympiques, mais lors des jeux d'Héra. En termes politiques, il faut attendre ces quinze dernières années pour que de nombreuses rencontres institutionnelles et associatives débattent du sport féminin, entraînant ainsi déclarations communes et création de réseaux. Le réseau européen « Femmes et sports » et le « Groupe de travail international sur les femmes et le sport », lancé lors de la conférence de

*Texte de 2002 repris lors de la 6e conférence du réseau européen Femmes et Sport, en partenariat avec le Comité national olympique du sport français, Paris, 23 avril 2004. En 2003, Geneviève Fraisse a rédigé pour le Parlement européen un rapport d'initiative parlementaire intitulé *Femmes et sport*, adopté le 5 juin 2003.

Brighton en 1994, ont joué un rôle prépondérant dans la mise en place du débat.

L'objectif de l'égalité des sexes pour la pratique sportive, scolaire, amateur et professionnelle, se conçoit d'abord comme une meilleure intégration des femmes à chacun de ces niveaux ; mais, inversement, le sport doit reconnaître l'importance du rôle des femmes. La participation des femmes au sport n'est pas un supplément d'âme ou un instrument éventuel pour telle ou telle cause (meilleure intégration, accès à la citoyenneté), c'est un droit et un objectif en soi. Le développement du sport féminin a pour raison d'être le droit à l'égalité et à la liberté de toutes les filles et de toutes les femmes à disposer de leur corps et à s'inscrire dans l'espace public. Il faut rappeler que le sport se développe avec la démocratie, avec l'école obligatoire et avec la citoyenneté. Plutôt que de voir dans la pratique du sport un simple choix individuel, il faut souligner la concordance fondamentale entre citoyenneté et exercice sportif. La démocratie athénienne puis la démocratie contemporaine ont seules été capables de penser le sport pour tous. Y inclure les femmes est donc un processus logique.

Je voudrais vous suggérer trois pistes de réflexion.

La première est relative à l'accès des femmes au sport, aux sports de compétition et au sport de haut niveau ; elle consiste à écrire une histoire en parallèle. L'accès au sport s'inscrit, en effet, dans une histoire parallèle à celle de l'accès à la vie publique en général, à la chose publique en particulier, c'est-à-dire à la citoyenneté des femmes, telle qu'elle s'est conquise depuis deux siècles.

Comme vous le savez sans doute, l'accès des femmes à la citoyenneté ne s'est pas faite spontanément. Vous pouvez faire la Révolution française et écarter les femmes. Vous pouvez appeler le suffrage universel de 1848 précisément « suffrage universel » quand il n'est que masculin. Vous pouvez, quand vous êtes Pierre de Coubertin en 1896, décider que les femmes ne participeront pas aux Jeux olympiques. Le baron de Coubertin a eu au moins la rigueur de le dire et de l'écrire. Pour ce qui est de la citoyenneté en général, cela s'est fait sans se dire. Vous étiez citoyen seulement si vous jouissiez de l'ensemble de vos droits civils au XIXe siècle ; les femmes, quant à elles, ne jouissaient pas de l'ensemble de leurs droits civils. En conséquence, elles n'étaient pas citoyennes. Ainsi, la démocratie dans laquelle nous vivons depuis deux siècles s'est construite sur une égalité peu soucieuse de mixité, jamais spontanément pensée pour les femmes… L'histoire des femmes dans le sport est une histoire parallèle à l'histoire politique. Je crois que c'est important de le dire : d'une part pour souligner à quel point le sport est impliqué dans l'émancipation des femmes, d'autre part pour percevoir le processus historique qui est en jeu. Ne pas croire alors certains arguments, entendus par exemple lors du débat sur la parité, et appliqués au sport féminin : il suffit de laisser faire le progrès, car le progrès est spontané, et l'évolution va dans le bon sens. Non. L'évolution n'est bonne que quand il y a des pionnières, que quand des femmes transgressent les règles. Il n'y a pas de progrès sans transgression. De même, il n'y a pas de production d'égalité sans contrainte. C'est pourquoi toutes les mesures envisagées par le ministère des Sports français, notamment celle de conditionner les financements des clubs à leur féminisation des équipes dirigeantes, sont nécessaires.

La deuxième piste de réflexion concerne le corps, qui est le propre du sport. « Le sport des femmes entre raison et corps sexué » est une formule que j'utilise souvent pour aborder cette question. Permettez-moi, à cause de ma formation de philosophe, de faire des distinctions cartésiennes bien simples entre la raison et le corps… Le corps n'est pas sans raison… Le corps est l'autre lieu de la raison. Ce n'est pas la non-raison, c'est l'autre lieu de la raison. Mais si je veux insister sur le fait que c'est par le corps que cela passe, c'est pour dire une chose importante que beaucoup soulignent dans leurs témoignages. Le corps est nécessairement un lieu de la sexuation. On ne saurait faire aussi facilement le pari de l'indifférence du genre masculin ou féminin, tel qu'il peut être fait pour l'accès à la citoyenneté, à l'égalité de raison. La différence des corps sexués pose d'entrée de jeu la disparité et la dualité entre garçons et filles. On peut dire en effet qu'il faut, en matière d'exercice physique, produire de l'égalité à partir de la différence des corps ; ce qui est plus difficile que de produire de l'égalité à partir de la ressemblance des esprits. Et l'on mesure toute la difficulté d'obtenir de l'égalité, de fabriquer de l'égalité, d'accéder aux mêmes droits, c'est-à-dire aux mêmes plaisirs, aux mêmes jouissances. Revendiquer les mêmes droits, ce n'est pas de la revendication sèche. C'est la demande d'accéder aux mêmes plaisirs. Donc, la différence des corps pose la question d'une hiérarchie de ces corps-là et des comparaisons qui ne peuvent pas se faire et qui doivent pouvoir se faire quand même. Je me souviens toujours de ce conseiller au ministère de la Défense qui, au moment où les armées deviennent mixtes voilà quelques années, se disait : « On fait comment pour faire des concours d'entrée. On fait des parallèles, des équivalences ? » La mixité est une question très compliquée. D'autant qu'il faut toujours considérer que cette mixité doit se faire sans discrimination, et sans hiérarchie symbolique dans les représentations. Comment produire de l'égalité avec de la différence ? Cela ne relève pas de l'évidence.

Je pense à l'école et à l'importance primordiale du sport scolaire pour la pratique sportive des filles. On doit rendre hommage au travail de Catherine Louveau et Annick Davisse, pionnières, s'il en est, sur « femmes et sport ». Elles ont beaucoup réfléchi à la façon dont on peut penser sport et mixité. Nous savons que ce n'est pas si simple d'apprendre le sport aux enfants dans un espace de mixité. Bien sûr, la mixité est l'objectif, bien sûr le passage de l'enseignement séparé filles/garçons à l'enseignement mixte fut un progrès et un moment d'émancipation. Mais nous savons tous qu'avoir 12 ans et 13 ans à l'école, devoir se déshabiller et se toucher est une expérience peu simple pour les filles comme pour les garçons. Le corps est en transformation, et la nudité sans évidence. Comment aller à la piscine quand le corps, à 12 ans, se transforme ? Comment se montrer aux garçons ? Comment se battre ? Comment se rouler par terre avec les garçons ? C'est tout sauf simple au moment où le désir de l'autre mûrit et prend place dans un être.

Ma troisième et dernière piste de travail souligne que le sport amateur, mais aussi le sport de compétition, est un espace de liberté et un moyen d'émancipation pour les filles et les femmes. L'accès au sport est non seulement un moyen de conquête de l'égalité entre hommes et femmes, y compris à travers les corps différents, mais il est aussi un espace de liberté. En effet, au plus loin des problèmes d'accès à l'éducation, à la profession, à la chose publique, c'est-à-dire à la vie politique, le sport propose un ailleurs du pouvoir. La liberté du corps impliquée par le sport prend une valeur particulière pour les petites filles et les femmes. Là se joue la représentation des identités sexuelles, se reproduisent mais aussi se transgressent les modèles de virilité et de féminité. Alors, le sport incarne à la fois l'égalité et la liberté. Le sport est donc bien un lieu d'émancipation individuelle, comme d'émancipation politique. Plus encore, il peut être un lieu de résistance et d'alternative. J'ai remarqué que, dans certains pays, comme l'Iran ou l'Algérie, les filles choisissent le sport pour être présentes dans la vie publique. De même, en France, le sport peut être un moyen de réussir autre chose que les études. Bien entendu, vous voyez des femmes porter la flamme olympique, les médias commencer à s'intéresser aux compétitions féminines, les discriminations dans les petits clubs être sanctionnées.

L'enjeu est historique et politique. Je crois que le sport est un lieu où nous pouvons inventer aussi un imaginaire, pas seulement comme alternative et expression de soi mais comme témoignage d'une grande liberté quant aux représentations sexuées.

Pour conclure, mon rapport adoptée par le Parlement européen n'a pas de valeur juridique mais constitue un outil politique. Il faut l'utiliser pour interpeller vos gouvernements et responsables sportifs respectifs. Il servira ainsi notre objectif commun, à savoir l'ouverture effective des disciplines sportives aux deux sexes avec un traitement d'égalité et la possibilité pour chaque fille et chaque garçon d'exercer l'activité physique de son choix, à l'école comme dans les loisirs. Un dernier mot pour rappeler ce que tout le monde, tous les professionnels m'ont dit : s'il vous plaît, défendez la mixité dans le sport. Tel est notre avenir. La résolution du Parlement européen s'appelle « Femmes et sport », mais son objectif, c'est avant tout la mixité, des hommes et des femmes, des filles et des garçons dans cet exercice qui est un bonheur et qui doit rester un bonheur pour les deux sexes.

CLÉMENCE ROYER, OU L'HISTOIRE D'UN « OUBLI »...*

Dans la préface à la réédition de Clémence Royer[1], *vous évoquez brièvement la manière dont vous vous êtes attachée, au cours des années 1970, « à l'itinéraire singulier d'êtres solitaires et atypiques ». Vous ajoutez : « J'ai découvert les féministes de 1848 pendant les temps forts du MLF et j'ai voulu restituer l'œuvre de Clémence Royer lors de mon entrée au CNRS dix ans plus tard ». Pour quelles raisons ?*

Mon intérêt pour Clémence Royer est né de la découverte de son *Introduction à la philosophie des femmes.* Voilà un texte, ancien, qui parlait en direct, si j'ose dire, et à travers le temps, du sujet « philosophie des femmes ». Plus tard, j'ai été frappée par l'aplomb qui avait été le sien en traduisant – et en contestant – Darwin. On sait que beaucoup de femmes ont été des traductrices – de Mme du Châtelet avec Newton, à Mme de Condorcet avec Smith –, mais Clémence Royer y a joint une ambition philosophique tout à fait remarquable. À cela s'ajoute le fait que, si l'accès au savoir pour les femmes a marqué la définition même de la démocratie, elle n'avait demandé, elle, aucune « autorisation », étant autodidacte

* *L'Humanité,* 16 octobre 2002. Propos recueillis par Jean-Paul Monferran.

1. *Clémence Royer, philosophe et femme de science, op. cit.*

et s'inscrivant en cela dans la lignée de Rousseau ou de Proudhon – à savoir l'accès au savoir par la conviction de sa propre liberté. De plus, qu'elle ait été à la fois réactionnaire et libre penseuse, conservatrice et anarchiste, était stimulant pour qui cherchait à reconstruire la production et la fabrication de la théorie, à partir de l'idée que la pensée féministe en général a un sol philosophique – ce qui ne lui est pas toujours reconnu –, et donc du souci de donner de l'intelligibilité à une « geste » féministe à qui est pratiquement toujours dénuée toute validité philosophique. De ce point de vue, Clémence Royer a été une sorte de « laboratoire » pour l'un des objectifs que je n'ai pas cessé de poursuivre tout au long de ma vie de chercheuse, même si son « exemple », au départ, était contradictoire avec mon enthousiasme pour les « vraies » révolutionnaires, les « vraies » utopistes, celles qui travaillaient dans « le collectif », etc. Avec elle, j'avais affaire à quelqu'un d'atypique, de contraire aux « standards » classiques de l'émancipation – d'où une sorte de tension dialectique qui n'a pas cessé de me passionner.

Vous consacrez de forts développements à la « lecture » que fait Clémence Royer de L'Origine des espèces. *Comment expliquez-vous qu'il n'en reste, apparemment, que si peu de traces ?*

J'ai rencontré à la fois une femme, une théoricienne et un auteur… Rien de tout cela ne permettait qu'elle soit reconnue, soit par son temps, soit par la postérité. D'abord, parce que le fait de se situer en interlocutrice de Darwin lui a valu bien des ennuis – à juste titre d'ailleurs pour une part, même si elle fut l'une des premières en France à avoir relevé qu'il mettait en cause la « Révélation ». Ensuite, on voit bien, dans son parcours, l'extrême difficulté pour une chercheuse à évoluer dans le monde scientifique, les transgressions que cela suppose à la fin du XIXe siècle. Même si Clémence Royer a été reconnue à la fin de sa vie par les féministes, mais aussi par des savants ou par des hommes politiques, j'ai toujours été frappée par l'amertume de sa vieillesse, à travers ses textes, mais aussi par le biais des images que nous avons d'elle... Pour en revenir à Darwin, on peut dire qu'elle n'a eu de cesse de diminuer l'apport originel de *L'Origine des espèces*, en réduisant en quelque sorte sa théorie à celle de Lamarck : dans sa préface, elle disait y voir une critique de la révélation chrétienne, de la providence et de l'originalité absolue de l'homme sur l'animal. C'est là que Clémence Royer passe d'une déduction logique du texte de Darwin à une induction théorique : l'application à l'humanité des lois de l'évolution des espèces. Mais elle ne produit cette induction que parce qu'elle voulait bien l'y trouver... Nous sommes là dans « l'idéologie scientifique », au sens de Canguilhem, une démarche philosophique qu'elle revendique elle-même en déclarant, à propos de ses « écrits anthropologiques », n'avoir « fait que transformer en idées les faits qu'ils m'ont fournis »[1].

Le « sol philosophique de la pensée féministe », pour reprendre l'une de vos expressions, se serait-il dérobé, en quelque sorte, dans une certaine « réécriture » de l'histoire ?

1. *Ibid.*, p. 34.

Il existe, en anglais, un *Dictionnaire des femmes philosophes*, en quatre volumes : qui peut citer ne serait-ce qu'un nombre infime de leurs noms ? Il y a bien une discrimination historiographique, de même qu'existe une discrimination à l'égard des femmes artistes, etc. Nous n'en sommes pas sortis : au bout de vingt-cinq ans de production personnelle, je peux témoigner de ce qu'un livre de femme – qui plus est, « sur » les femmes – n'a toujours pas le même type de réception : il est donc clair que mon objectif, avec ce portrait intellectuel, était aussi de donner place à cette problématique – et pas seulement en rétablissant une histoire politique, mais aussi une histoire scientifique... Clémence Royer avait inscrit sur son papier à lettres : « Je prends mon droit » : je ne laisse pas d'être hantée par les limites du « droit » qu'elle a pu prendre ; une rue porte son nom à Paris, elle figure dans le Larousse, mais qui connaît vraiment son existence ? On peut d'ailleurs noter, de façon plus générale, que les femmes que l'on rencontre en premier dans l'histoire de la philosophie sont des « interlocutrices » : Héloïse, les correspondantes de Descartes, les amies de Diderot... Elles occupent une place impossible : inspiratrices ou interlocutrices, l'histoire ne le dit pas toujours. Mais on a plus de chances de les rencontrer que de rencontrer des Clémence Royer, qui, elles, ne sont pas liées à un être masculin... Ensuite, dans la philosophie, la question des femmes varie comme une digression, à la façon de notes en bas de page, dont Rousseau est le champion dans *La Lettre à d'Alembert*. Les femmes sont comme un à-côté de la philosophie. Même Clémence Royer n'écrit jamais un seul livre sur les femmes : il y a de très belles pages sur la question de l'économie féminine domestique dans *La Théorie de l'impôt*, mais on est dans la « théorie de l'impôt »... Quant aux penseurs de l'émancipation comme Condorcet, ils sont presque toujours eux aussi dans la digression, c'est-à-dire dans un objet qui est disqualifié par rapport à l'objet dit « principal »...

Comment s'opère, selon vous, cette « disqualification » ?

Lorsque des philosophes versent dans la grossièreté à l'égard des femmes – Schopenhauer en est un exemple, parmi d'autres – on ne reconnaît jamais la validité intellectuelle de leurs écrits : l'historien ou le biographe va expliquer que, là, le philosophe est victime des préjugés de son temps. Tout à coup, « il » n'est plus philosophe ! Je me suis heurtée à ce problème en écrivant *Muse de la raison*[1], que j'ai fondé à partir d'un texte de Sylvain Maréchal, corédacteur du *Manifeste des Égaux*, de Babeuf, dont le projet d'interdire d'apprendre à lire aux femmes s'accompagne nettement de la volonté qu'elles ne puissent pas être des acteurs à part entière dans l'espace public. Or, ce libelle n'est pas vraiment pris au sérieux par la plupart des historiens : Maréchal aurait « fait ça pour s'amuser » ! En réalité, ce qu'il écrit là est tout à fait cohérent avec son projet politique, au point que je l'ai pris comme « scène primitive » de la question de la démocratie au lendemain de la Révolution française... Il a fallu attendre le XXe siècle, avec deux grandes figures féminines, Hannah Arendt et Simone Weil, pour qu'il y ait une vraie rupture historique, et que les femmes soient reconnues comme des sujets pensants... Quant aux conditions mêmes de

1. *Muse de la raison*, *op. cit.*

la réédition de *Clémence Royer*, j'y vois aussi le symptôme d'une certaine évolution : en 1985, ce texte était hors jeu, hors contexte, hors scène ; là, j'ai été sollicitée de différents côtés, à commencer par des personnes qui m'ont rappelé que 2002 était l'année du centième anniversaire de sa mort ! Le jour – qui n'est pas encore arrivé – où des recherches sur la question politique, sur la question de la démocratie, comprendront que la question des sexes est centrale, et non pas périphérique, un grand pas sera accompli, de même que lorsque l'on jugera enfin que cette recherche sur la question des sexes permet un regard global sur l'ensemble des problèmes qui se posent à une société…

Précisément, que signifient les signes d'intérêt que vous venez de relever à propos de cette réédition ?

Ceux-ci portent sur la place des femmes dans la recherche, et non pas tant du côté de ce que la recherche sur les femmes devrait susciter comme intérêt pour tout un chacun ! La communauté scientifique, comme la communauté politique, restent foncièrement masculines. Dès qu'il y a du « symbolique », dès qu'il y a des enjeux symboliques forts, la place des femmes reste limitée. C'est vrai à l'université, comme ailleurs. Lorsque j'ai collaboré à l'*Histoire des femmes*[1], qui a pourtant eu un grand impact et qui a connu un vrai succès médiatique, il nous est très vite apparu que cet ouvrage n'aurait pas de retombées institutionnelles, malgré les fortes demandes exprimées par beaucoup de jeunes étudiantes. Force est de constater aujourd'hui, par exemple, que les recherches sur les

1. *Histoire des femmes en Occident*, volume IV, *op. cit.*

rapports entre femmes et démocratie restent marginales, ou traitées dans le champ du « particulier » quand, à mon sens – j'y insiste –, elles sont centrales. Dans le même temps, certaine façon de penser le « particulier » fait problème : si je m'attache, par exemple, à l'étude de « la misogynie de Strindberg », je vais avoir affaire, comme pour les philosophes, à des commentateurs qui vont m'expliquer que cela tient à sa « biographie », à son « histoire singulière », etc. Or, il y a, dans ce cas aussi, une pensée fortement structurée, passionnante, liée notamment à « la fin de Dieu » – ou comment « l'Autre » féminin prend la place de ce Dieu qui s'absente… Dans ce cas, on voudrait que le « général » – c'est-à-dire la question de « la mort de Dieu » – fasse disparaître le « particulier ». Mon ambition de transformation ou de dépassement « symbolique » serait à la fois qu'une question générale prenne sens dans le « particulier féminin », et que le « particulier féminin » soit compris comme quelque chose qui relèverait du « général ». Nous en sommes encore loin : d'abord, parce que la question sexuelle ne peut pas être mise sur la place publique ; ensuite, parce que la domination masculine – on le voit bien avec les débats sur la prostitution – passe par la non-reconnaissance de l'asymétrie des libertés entre les hommes et les femmes…

LE PROPRE ET SON EXCÈS : TROP OU PAS ASSEZ DE CORPS*

Le corps en trop, ou le corps en moins, le corps caché ou le corps montré, le corps possédé par l'autre ou le corps approprié par soi, l'excès commence par le déséquilibre. Avec le corps, ici le corps féminin, il n'y a pas de juste mesure, nous basculons vite dans l'imaginaire radical ; le presque tout ou le presque rien. Certes, il est des instants d'équilibre, précieux, et fugitifs comme le temps, où le corps semble adéquat à lui-même et au monde qui l'entoure, jeu d'enfant, exercice sportif, rapport sexuel, moment de sieste, jaillissement de fou rire, la liste serait longue. Il en est bien autrement dans la circulation des images, et dans la multiplicité des discours : les excès se figent en représentations, le corps d'une femme maghrébine ou orientale sera escamoté par l'ampleur des vêtements, le corps d'une baigneuse ou d'une actrice sera dénudé sans souci ; le corps d'une femme sera occulté au point de cacher la femme elle-même, le corps publicitaire superposera, en une même animalité, voiture et sexe féminin… Ces représentations opposées sont familières à l'heure où une même société, la nôtre, peut débattre du voile et du foulard islamique à l'école, où l'objectif

* *Lunes*, n° 24, juillet-septembre 2003. Introduction au dossier de la revue.

religieux est de limiter la visibilité du corps féminin, en même temps qu'elle peut tolérer l'expression diversifiée d'une sexualité pornographique. Le corps des femmes est un enjeu, un objet du discours, de la rhétorique politique comme de l'imaginaire social. Il occupe, à l'évidence, une place centrale, et non périphérique, dans la question démocratique.

Face au corps, la démocratie est plus que jamais confrontée à l'individu, à l'individuation des droits, à l'autonomie d'une identité sexuée. La lente conquête féministe des droits qui touchent au corps, son respect, son usage, connu en langage politique pour « les droits propres » est la construction de cette autonomie, du « propre » justement : le consentement pour l'union du mariage comme pour la désunion du divorce, le refus des violences sexuelles avec la qualification du viol en crime et non plus en délit, et ce « notre corps nous appartient » légitimant la contraception et l'avortement. Les droits propres se nomment « *habeas corpus* », si cette acception n'est plus défensive comme dans l'histoire du droit pénal britannique, mais offensive, support symbolique (juridique et politique) à la propriété de soi. Ne plus dépendre d'autrui, père ou mari, fut constitutif de l'histoire des femmes contemporaines ; il en allait de l'indépendance économique comme de l'existence politique. La propriété et l'usage de son corps furent au fondement du féminisme, contemporain de la démocratie. En retour, la propriété de soi permet la production de son identité sexuée ou sexuelle ; la liberté se joue des genres et le jeu des identités bat son plein.

Les droits individuels démocratiques supposent donc l'appropriation de son corps, l'affirmation de sa liberté, la propriété de sa volonté. Le droit à la contraception est tout cela, et c'est pourquoi nous pouvons le décrire comme une conquête, mais aussi comme une révolution, une révolution positive du XXe siècle. Qui dit révolution dit rupture. En matière de propriété de son corps, cette révolution est comme la révolution copernicienne : il faut changer de perspective, reconnaître que le centre de la vie des femmes, sa naturalité reproductive, est déplacé au profit de sa volonté individuelle, sa liberté, sa propriété de soi. À l'assujettissement à la loi de la nature qui s'est doublée de la soumission à la loi des hommes, succède l'appropriation de soi, signe d'indépendance et d'autonomie.

Arrêtons-nous un instant sur cette liberté pour suivre quelques commentaires d'actualité. La liberté est un droit certes, mais aussi un pouvoir, pouvoir qu'il ne serait pas bon de mettre entre toutes les mains. Certaines analyses ne se privent pas de déceler un possible abus de pouvoir des femmes. Avoir la maîtrise de sa reproduction peut signifier prendre le pouvoir sur l'autre, en général l'homme, le dominer, lui « faire un enfant dans le dos », décider à sa place de sa paternité. Là encore, pas d'équilibre possible entre dominer et être dominé ; un droit acquis serait d'emblée un danger. La femme, notamment, ne saurait donc maîtriser sa liberté individuelle, ici celle du corps.

La liberté n'est pas toujours bonne à dire, soulignent d'autres commentaires. Si le corps d'une femme lui appartient, peut-elle en faire un usage traditionnel, c'est-à-dire le vendre ? Le discours favorable à l'abolition de la prostitution peut alors refuser l'*habeas corpus* par l'ambiguïté qu'il permet : a-t-on le droit de se vendre soi-même sans abîmer le principe de liberté humaine comme dignité ? La notion de « consentement » est ici cruciale car le consentement est l'expression même de la volonté individuelle, d'une conscience autonome telle que l'a souhaitée la démocratie. Peu importe donc de discuter la prostitution comme marchandisation du corps des femmes, ou location de ce même corps dans le cadre d'un service. Vendre ou louer sont des actes contractuels qui engagent la volonté de la personne. On peut donc parler de contradiction entre le principe d'*habeas corpus* et la critique de la prostitution dite libre.

Alors on en conclut que le principe de liberté démocratique, incarné par le corps ou dans le corps des femmes sous le vocable d'*habeas corpus*, propriété de soi, est problématique : la liberté ne serait pas entre de bonnes mains avec le droit à la contraception et l'avortement ; inversement l'*habeas corpus* serait un principe inadapté, dévoyé, face à celles qui consentent à marchander leur corps.

À ces commentaires, il faut répondre que l'*habeas corpus*, la propriété de son corps, ne saurait souffrir les restrictions ou les nuances. Posséder son corps est une jouissance, une jouissance inaliénable.

Le débat politique est ailleurs ; il concerne l'individu démocratique et non la liberté des femmes. La question serait : un corps est-il un atome sans lien, un individu autonome fait-il la démocratie ? Indépendance, autonomie, individuation : ces concepts ont scandé les conquêtes démocratiques, et spécifiquement les droits des femmes. Le processus s'achève à peine au regard des droits sociaux puisque de nombreux droits sont encore pour les femmes en dépendance du statut du conjoint. En revanche, les représentations de l'individu ont utilisé l'indépendance conquise pour décoller du réel, et de ses obligations. La recherche d'une identité singulière a pris un sens politique. La définition de soi est devenu un objectif et un enjeu. L'identité abstraite peut se traduire dans la chair ; le corps peut choisir et se choisir.

L'histoire de cette quête a trouvé un espace à sa mesure grâce à la démocratie qui fait la part belle à l'individu autonome. La critique des stéréotypes et des assignations, et la construction des subversions et des transgressions ont occupé le temps du siècle dernier. Est venu le temps, maintenant, de la fabrique de soi, avec sa propre matière et hors de la norme. Est-ce là le moment nouveau de la rébellion et de la construction politique ? Qu'en pense la démocratie ? A-t-elle rêvé, cette démocratie, d'être un assemblage d'atomes le plus libres possible ?

Je doute que cela lui suffise.

Sans pensée de l'autre, sans réflexion sur l'altérité, le corps reste pris dans son miroir. Le corps qui veut ou ne veut pas d'enfant, le corps qui consent ou refuse de se donner ou de se vendre, le corps qui transfigure son réel donné ; ces corps ne peuvent examiner les procédures qui les gouvernent sans rencontrer l'altérité. À quoi sert l'identité sans l'altérité ? Quelle politique est possible si l'on s'en tient au vouloir individuel ?

Le politique est une affaire commune. Mais le bien commun ne se construit que dans le rapport. Une réflexion sur le corps est une réflexion sur les corps, dans leurs rencontres et leurs tensions. Fasciné par la liberté des identités possibles, le monde contemporain semble avoir oublié de penser le pluriel, où se fonde le politique.

FEMMES DOUBLEMENT VICTIMES* –

Dans un texte intitulé « Désertez la guerre »[1], retraçant les trois positions historiques tenues par les femmes à propos de la guerre, vous écrivez : « Dans la spécificité de la femme, nature de la paix »…

C'est, en effet, un des arguments pacifistes que les femmes ont développé au début du xxe siècle pour protester contre les guerres à venir. Cet argument a vieilli, j'en conviens. Comme celui qui se fonde sur la fonction de la maternité potentielle de toute femme : « Je suis contre la guerre, parce que je ne veux pas que l'on tue mes enfants ». Il faut bien comprendre cependant que la condition de production principale de ce type d'argumentaires, c'est la non-citoyenneté des femmes. Les femmes sont interdites de vote en France à l'époque. Elles se battent donc avec les seules armes que les hommes leur laissent : leur « nature », celle de leur féminité, et leur « fonction », celle de leur maternité. Enfin, on retrouve cette argumentation dans tous les pays aujourd'hui où les femmes sont encore réduites à une existence privée, intime, exclues du débat public et politique. J'aimerais

---

* *L'Humanité*, 12 mars 2003. Propos recueillis par Jérôme-Alexandre Nielsberg.

1. Geneviève Fraisse, « Déserter la guerre. Une idée de Madeleine Vernet », in *Les femmes et leur histoire, op. cit.* Précédemment publié dans *Les cahiers du GRIF*, n° 14-15, Bruxelles, 1976.

profiter de cette première remarque pour insister sur le fait qu'une vraie réflexion sur les femmes et les guerres doit être menée sur deux fronts parallèles : les femmes victimes et armes de guerre, mais aussi l'action politique des femmes dans la résolution des conflits et l'avenir de leur pays. Il est impossible de ne considérer, aujourd'hui, qu'un seul de ces deux aspects.

Mais les possibilités d'intervention politique des femmes ne sont pas partout les nôtres. Au Moyen et Proche-Orient...

D'abord, il faut rappeler que le Moyen et le Proche-Orient sont divers. Ce n'est pas une région uniforme. Les sociétés afghane, irakienne et turque ont connu, par exemple, un tournant historique de modernisation, voire de laïcisation tout à fait singulier, il y a quelques décennies. Les femmes y ont été, à des moments, selon des temps différents, plus « émancipées » qu'ailleurs. Elles ont eu accès au travail, à l'espace public, elles ont pu échapper aux vêtements traditionnels, notamment au voile... Sauf en Turquie, ce souci d'égalité démocratique est cependant bien vite retombé. On sait ce qu'il est devenu en Afghanistan, mais il ne faut pas oublier que la dictature de Saddam Hussein, aussi, a été fatale à l'évolution des mœurs irakiennes. Ceci relève d'une formule générale : les droits des femmes sont toujours réversibles. Les femmes sont toujours victimes des régressions sociales. Qu'en est-il des femmes en Irak aujourd'hui, après vingt ans de dictature et dix années d'embargo ? *Blackout* d'informations. C'est une vraie question. D'autant plus préoccupante que, par ailleurs, on sait qu'à coup sûr les victimes premières des violences de guerre sont une fois encore les femmes. Une guerre en Irak risque d'atteindre les femmes irakiennes de manière double : une fois parce qu'elles sont femmes et, conséquemment, plus exposées aux violences de guerre, notamment sexuelles, une seconde fois parce qu'elles sont des personnes civiles démunies de leurs droits élémentaires de citoyennes, reléguées à la sphère domestique.

Comment envisagez-vous le sort des femmes en Irak si les armes parlent ?

Toutes les inquiétudes sont permises. Je crois qu'à l'heure actuelle personne n'exprime la volonté d'imposer la présence politique active de femmes dans un régime d'après Saddam. En Afghanistan, alors que la situation des femmes était un enjeu et un emblème de l'oppression comme de la libération, quelques femmes au gouvernement et un véritable débat politique ne suffisent pas à assurer un quelconque avenir à l'égalité. Sans établir de comparaison entre les deux situations, je crains cette fois que la place et le rôle des femmes dans l'avenir de l'Irak ne soient une préoccupation pour personne. Malheureusement, je constate qu'aucune pression ne va dans ce sens. Or, il n'y a pas de démocratie sans égalité des droits entre les sexes. Comment cette dimension peut-elle trouver son inscription dans le futur de l'Irak ?

L'EUROPE, UN MOTEUR POUR L'ÉGALITÉ DES SEXES*

Vous êtes de ceux et celles qui affirment que, dans ses textes fondamentaux, l'Union européenne ne régresse pas dans le domaine des droits des femmes. Pouvez-vous étayer cette argumentation ?

Le projet de constitution européenne aurait pu, pour le droit des femmes, être plus ambitieux. Il ne constitue pas, cependant, le scandale dénoncé par certaines associations. L'absence de l'égalité homme-femme dans la liste des valeurs n'est pas une régression puisqu'elle n'a jamais été ainsi mentionnée dans les traités antérieurs (c'est une « mission » dans le traité d'Amsterdam). La promotion de l'égalité homme-femme est confirmée comme « objectif » de l'Union. C'est ce qui peut permettre à des individu(e) s de porter plainte auprès des cours européennes. Il faut savoir reconnaître les progrès et pas toujours après coup. Je rappelle que beaucoup n'ont pas voulu voir l'avancée de l'article 23 de la charte européenne des droits fondamentaux, qui affirme la nécessité d'assurer l'égalité des sexes « dans tous les domaines » par-delà l'économique. Il faut aussi souligner que ce projet de constitution élargit la portée du *mainstreaming* à la

* *L'Humanité*, 12 novembre 2003. Entretien réalisé par Mina Kaci à l'occasion du Forum social européen 2003.

politique étrangère et de sécurité, ainsi qu'à la justice et aux affaires intérieures.

La valeur d'une politique en faveur des droits des femmes ne s'obtient pas uniquement par le déclaratif. Mon approche consiste à demander toujours plus mais aussi à prendre au mot les textes existants. Aujourd'hui, la bataille est d'obtenir que l'article 13 du traité d'Amsterdam (consacré aux luttes contre toutes les discriminations) se traduise non pas par une directive étriquée (réduite aux seules assurances) mais traite également, comme ce fut un temps l'objectif, de l'éducation, de la fiscalité et des médias. Obtenir cette directive signifierait l'obligation, pour les États, de se doter d'une loi anti-sexisme.

Pourquoi estimez-vous que l'Union européenne est un moteur pour l'égalité des sexes ?

L'Europe est plus féministe que chacun de ses États membres. Oui, l'Europe est un moteur pour l'égalité des sexes, égalité professionnelle, parité dans la prise de décision, ou lutte contre les violences (voir le succès du programme Daphne). La directive de 1976 sur l'égalité de traitement dans la vie professionnelle a été révisée en 2002. Elle définit, notamment, pour la première fois, le harcèlement sexuel et le harcèlement lié au sexe, et intègre le recours possible à des actions positives. Faut-il rappeler que le débat sur la parité vient de l'Europe ? Que les dossiers « Femmes et sciences », « Femmes et conflits armés » ont été ouverts par les institutions européennes ? L'Europe apporte, dès le traité de Rome, de 1957, une idée neuve, celle de l'égalité économique entre hommes et femmes. Elle a été également pionnière en développant la notion de « *gender mainstreaming* », c'est-à-dire la prise en compte de l'égalité des sexes dans l'ensemble des politiques. L'Europe permet aussi la confrontation. Ce frottement entre les positions des différents États membres est intéressant et souvent source d'avancées. En plus du cadre légal, pour l'égalité des sexes et pour la lutte contre les discriminations fondées sur le sexe, fixé par l'Union européenne, les femmes des pays entrant peuvent aussi compter sur l'effet de comparaison favorable à une évolution de leurs législations.

Quels combats, selon vous, faudrait-il mener au niveau de l'Europe ?

À l'assemblée européenne des femmes, il serait dommage que l'on assiste seulement à des critiques sur l'absence de la « valeur » égalité des sexes, donc sur le déclaratif, quand on peut agir de manière opérationnelle grâce à « l'objectif » égalité. Avant de critiquer l'Europe, regardons plutôt comment chaque gouvernement esquive les directives européennes en la matière. Les associations féministes peuvent se saisir des textes européens émancipateurs, comme le fait le lobby européen des femmes. Les droits des femmes avancent mais ils sont fragiles et toujours réversibles. À côté de la prostitution, la question de l'avortement reste grave : les lobbies européens anti-avortement sont extrêmement présents, et l'élargissement de l'Europe en témoigne, notamment avec l'entrée de la Pologne et de Malte. Ces deux États ont rédigé des clauses à leur traité de ratification pour refuser toute éventuelle compétence communautaire sur les questions de « droits propres ». Rien n'empêchera l'État « de réguler les questions de signification morale, relative à la question de la protection de la vie humaine », écrit la Pologne. Si on ajoute l'Irlande et le Portugal, les risques d'un retour en arrière sur la contraception et l'avortement sont réels. L'Opus Dei est extrêmement puissant en Europe.

Qu'attendez-vous de l'Assemblée européenne des femmes, à laquelle vous participez ?

Que les femmes s'emparent du politique en l'utilisant, qu'elles aillent au charbon, mettent les mains dans la matière, utilisent les leviers possibles. Ce qui me frappe, par exemple, dans le mouvement Ni putes ni soumises, c'est sa volonté et sa capacité à mixer l'associatif et le politique. En plus de trente ans d'engagement féministe, c'est la première fois que je vois ce travail mouvementiste associé à une stratégie politique précise. Il faut s'emparer du politique, ce qui ne signifie pas seulement avoir des élues. C'est s'affronter, se confronter au politique, s'engager dans un rapport de forces pour ne pas rester en dehors de l'histoire. Je sais que cela est extrêmement difficile dans la mesure où, nous les féministes, nous dépensons toute notre énergie à faire comprendre que la question « femme » est une question globale, et non pas particulière. Les féministes doivent sans cesse rappeler à leurs camarades qu'il n'y a pas « les luttes premières et les contradictions secondaires ». On s'y épuise souvent.

IMAGE ET DISCRIMINATION EN EUROPE*

L'article 13 du traité d'Amsterdam (1997) porte sur la lutte contre les discriminations de sexe, de race, d'origine ethnique, de religion, d'orientation sexuelle, de langue, etc. Cet article est une nouveauté majeure et il a permis qu'en 2000 soient votées deux directives portant sur l'égalité de traitement sans distinction de race et d'origine ethnique, d'une part, sur l'égalité de traitement en matière d'emploi et de travail, d'autre part. Une directive portant sur l'égalité entre hommes et femmes était très attendue. L'enjeu est de taille puisque l'Europe, jusqu'à récemment, ne traitait que les questions économiques et sociales relatives à l'emploi. L'article 13 porte sur les discriminations en général, « hors du lieu de travail ».

Avant l'été 2003, la commissaire aux affaires sociales, Anna Diamantopoulou, a proposé enfin une directive invitant à lutter contre les discriminations en matière de biens et services, assurances notamment, d'éducation, et de médias et publicité. Cette proposition a été refusée par le collège des commissaires. La question des médias était la plus controversée. La proposition finale, six mois plus

* *Res publica*, n° 37, « Sexisme et liberté d'expression, faut-il une loi ? », mai 2004.

tard, ne porte que sur les assurances. Première étape, dit-on ; ou plutôt recul ?

Une réflexion immédiate est de se dire qu'il est trop tôt. Il n'est que de suivre les tentatives multiples et sans lendemain de propositions nationales pour une loi antisexiste. Et pourtant ! La directive « télévisions sans frontières » inclut, depuis 1997, le refus de la discrimination en raison du sexe (de la race et de la nationalité) pour la publicité et indique qu'« il faut veiller à ce que les émissions ne contiennent aucune incitation à la haine pour des raisons de race, de sexe, de religion ou de nationalité ». Et pourtant : une résolution du conseil des ministres européens de 1995 porte sur « le traitement de l'image des femmes et des hommes dans la publicité et les médias », où il est clairement question de discrimination, atteinte à la dignité, mais aussi, positivement, de la promotion d'une nouvelle et autre image des femmes.

Est-ce l'époque, portée à l'antiféminisme, ou l'application potentielle de cette directive qui a fait reculer le collège des commissaires ?

Le terme de discrimination est fort. On est surpris de la proposition des professionnels des médias qui proposent « l'autorégulation », ou autrement dit le contrôle de soi. Face au mot, social et politique, de « discrimination », on s'étonne de l'euphémisme moral, d'une mécanique spontanée des réflexes politiques.

Il y a bien deux poids et deux mesures selon qu'on parle sexe ou race. Dans l'énumération des discriminations, race et sexe caracolent en tête de la liste, bien loin devant le handicap ou l'orientation sexuelle, par exemple. Mais là s'arrête la proximité. La directive « race et origine ethnique » est votée depuis 2000… Il est vrai qu'il n'y est pas fait allusion aux médias. Il est vrai aussi que les gouvernements, par exemple le gouvernement français, se dotent d'organismes de veille médiatique à propos du racisme et de l'antisémitisme.

Disons-le simplement : le sexisme des images n'est pas pris au sérieux. Ce que nous entendrons de deux façons : l'image des femmes n'est pas une affaire sérieuse ; c'est même un sujet pour rire. L'« autorégulation », vue sous l'angle d'un humour supposé, ce pourrait être cela… Ce serait une tolérance sociale, acceptée ici, combattue ailleurs.

CRITIQUES ET SYNTHÈSES (2004-2011)

La sortie du jeu politique n'est pas synonyme de désintérêt. Geneviève Fraisse engage alors un travail critique de dévoilement, pris dans deux dimensions complémentaires. Il passe, d'une part, par l'examen de notions apparemment évidentes et consensuelles, à l'instar du « consentement » et du care *: Geneviève Fraisse met au jour ce que cachent ces notions et combien elles cristallisent un ensemble de problématiques politiques, économiques et sociales. La publication de* Du consentement[1] *et la réédition de* Femmes toutes mains[2], *qui interroge le service domestique, accompagnent cette démarche. S'y ajoute une réflexion sur la mixité, philosophiquement parlant,* Le mélange des sexes[3]. *De la même manière, Geneviève Fraisse sonde la notion aujourd'hui banalisée de « genre » pour mieux exprimer ses réticences à son égard, ce qu'approfondit, en 2010,* À côté du genre, sexe et philosophie de l'égalité[4].

D'autre part, elle soumet au même examen critique des événements qui ont secoué l'actualité de cette période (la candidature de Ségolène Royal, « l'affaire DSK », la question de l'orientation sexuelle dans les manuels de biologie des lycéens, les révolutions arabes…). Geneviève Fraisse met ainsi en lumière ce que ces événements révèlent des préjugés sexistes qui informent notre société, découvrant que tout

1. *Du consentement*, Paris, Seuil, 2007; édition augmentée 2017; Points, 2022.
2. *Service ou servitude, op. cit.*
3. *Le mélange des sexes*, Paris, Gallimard jeunesse, 2006.
4. *À côté du genre, op. cit.*

est toujours et encore essentiellement politique, c'est-à-dire relatif à l'égalité des sexes et à la liberté des femmes.

Elle n'en oublie pas pour autant que le féminisme est une conquête assez joyeuse, et le rappelle dans Le privilège de Simone de Beauvoir[1]. *Celle-ci n'a rien perdu de sa présence, même quelques décennies après sa disparition.*

---

1. *Le privilège de Simone de Beauvoir*, 2008, Gallimard, « Folio essais », 2018.

VINGT ANS EN 68*

LA CAUSE

Choisir dès l'enfance l'envers du décor, dans un lieu théâtral, une communauté d'intellectuels personnalistes dans la banlieue sud de Paris ; l'envers du décor d'une scène où les grands hommes semblent gesticuler, aux yeux de la petite fille, où les grands frères ont le pouvoir, démultiplié par la clôture du lieu, un grand parc.

Raconter l'envers du décor, les femmes qui aident les grands hommes, avec la contre-image de ma mère, agrégée, auteure, mais aussi avec le dédoublement maternel, grâce à l'employée de maison. « Femmes toutes mains » est un premier récit.

Sortir des coulisses parce que mai 1968 ; avoir 20 ans en 1968 est la chance d'une génération, rédiger une maîtrise sur l'École de Francfort et la place des femmes dans la dialectique de l'*Aufklärung*, lire pour l'agrégation, avec une certaine stupeur, le rejet de Spinoza, hors de la raison, du délirant, de la bavarde et de l'enfant ; donc des femmes.

---

* Publié dans Margaret Maruani, Jacqueline Laufer et Catherine Marry (dir.), *Le Travail du genre. Les sciences sociales à l'épreuve de la différence de sexes*, Paris, La Découverte, 2003.

Se précipiter à la bibliothèque Marguerite Durand pour échapper à ces difficultés philosophiques et lier la profession avec la vraie vie, le mouvement féministe ; trouver ces « *Lost Women* » dont parlaient les Américaines, rencontrer Clémence Royer, introduire la mémoire de la pensée féministe dans la revue qui commence autour de Jacques Rancière, *Les Révoltes logiques*.

Être en colère, durablement, contre les penseurs de l'héritage symbolique qui ignorent la différence de sexe en matière de transmission culturelle.

Choisir de comprendre plutôt que d'enseigner, d'apprendre dans des lieux en friche ; faire le pari d'un espace d'intelligibilité de la pensée féministe, avec des concepts, des balises, épistémologiques et politiques.

Rentrer au CNRS en 1983, au moins autant pour la légitimité de la recherche que pour équilibrer travail et vie maternelle ; sans oublier que cette recherche était née dans l'utopie. Être obstinée, par passion sans doute, dans ce travail « sur les femmes » qui reste marqué du sceau de l'opinion et de la dénégation.

L'avancée et le retard

Rappeler l'irruption, nécessairement politique, des recherches sur les femmes et le féminisme, nécessairement extérieure à l'institution universitaire ; elles y rentreront ensuite, soit comme on absorbe une marge, soit comme on valide une pensée neuve, soit par l'opiniâtreté d'individus qui valident progressivement des parcours individuels.

Se souvenir que ces recherches, en sociologie, en histoire par exemple, sont nées du désir de comprendre l'histoire en train de se faire, de nourrir l'actualité féministe par une intelligence renouvelée des thèmes et des buts ; dans un double décalage avec les partis et groupes politiques d'une part, avec le mandarinat universitaire d'autre part.

Résister de prime abord à la notion de retard français, en politique comme à l'université, pour souligner que l'image du retard occulte la spécificité française de la domination symbolique, chez nous fortement masculine. Mais reconnaître que nous avions choisi, en France, de ne pas réclamer des études séparées, d'investir les lieux de la pensée universelle sans fabriquer du particularisme : un exemple, le Collège international de philosophie, créé en 1984, où on se disputa pour créer, ou non, la rubrique « penser le féminin ».

Comparer ce choix de maintenir cette recherche spécifique dans le global de la pensée avec la réalité historique et politique : historique puisque le droit des femmes revendiqué depuis deux siècles de démocratie a dû équilibrer le souci de protéger les femmes (droit spécifique) avec celui de produire l'égalité des deux sexes (droit universel) ; politique parce que la volonté européenne cherche à soutenir le droit des femmes dans sa particularité (directives, programmes, commission parlementaire) comme dans sa transversalité (*gender mainstreaming* ou dimension de genre dans l'ensemble des politiques).

Dire, ou redire, face à l'idée de retard, combien l'histoire est longue, sera longue pour que les institutions académiques nous entendent : subsiste la certitude qu'une femme qui travaille « sur les femmes » ne fabrique pas de la pensée, mais plutôt de l'opinion, des opinions, qu'elle n'est pas philosophe à part entière puisqu'elle serait censée travailler sur la « condition féminine », ou que son objet transgresse les règles de la science en traitant d'« histoires de cul » ; « *sea, sex and sun* », nous écrit un chercheur du CNRS à la réception de l'annonce de l'atelier thématique de Cargèse en novembre 2002.

Accepter alors de garder le mot « sexe » justement pour que « genre » ne soit pas un cache-sexe et parce que le vocable sexualité ne réfère qu'à la vie sexuelle ; accepter aussi de marcher sur les deux pieds du problème, la nécessité du spécifique et l'importance du général, les études séparées et la pensée de tous ; et savoir aussi que c'est le plus difficile, car les hommes préféreraient nous mettre dans une case à part, délimitée, tandis que les femmes privilégient trop souvent la référence masculine, à leurs yeux plus légitime.

Proposer alors aux deux sexes de comprendre que la domination masculine, c'est aussi notre production, quand les hommes forment entre eux le cercle de la pensée avec ses références internes, et quand les femmes contribuent, sans toujours le savoir, à la protection de ce cercle.

Réfléchir aux institutions est une chose, penser à la méthode en est une autre ; et ce n'est pas si facile, cette recherche des concepts pertinents, ceux qui ne sont pas d'entrée de jeu des propositions philosophiques, des prises de position *a priori*, mais des outils ; à ce titre, « différence des sexes » n'est pas une affirmation de contenu mais une catégorie vide.

Savoir et politique

Accepter qu'il y ait une double question, politique dans le savoir, épistémologique dans le politique ; de manière à brouiller une prétendue distinction entre connaissance et engagement ; de manière à souligner d'autant l'interpénétration des deux.

Parler non pas d'engagement, celui de l'intellectuel des années 1960, ou du militant des années 1970, mais du rapport entre théorie et pratique, d'un va-et-vient entre théorie et pratique ; les luttes pour l'avortement, contre le viol, pour la parité, etc., ont suscité mon travail sur le moralisme du féminisme, la démocratie exclusive, l'*habeas corpus* des femmes, par exemple ; et en retour ces recherches ont élaboré mon inscription dans le mouvement des femmes des années 1970 comme ma responsabilité de déléguée interministérielle aux droits des femmes et de parlementaire européenne depuis 1997.

En déduire que, face à Sartre, pour qui un intellectuel est celui qui se mêle de ce qui ne le regarde pas, Simone de Beauvoir a montré, avec *Le Deuxième Sexe* ou son livre sur la vieillesse, qu'elle se mêlait précisément de ce qui la regarde ; posture assez proche de la position de l'intellectuel spécifique, énoncée par Michel Foucault.

Insister, avec Simone de Beauvoir, en lisant l'introduction au *Deuxième Sexe*, sur la question du sujet de la connaissance, sujet femme qui n'est pas le sujet féminin, sujet empirique vide de définition et de qualités, tel un cogito, point existentiel désignant une des conditions de la connaissance.

Témoigner que ce va-et-vient entre théorie et pratique se fait de plusieurs façons, à partir d'une question présente suscitant, avec l'histoire de la pensée féministe, une généalogie des problèmes et des actions, lecture d'archives venant nourrir une problématique philosophique, ou une responsabilité politique, comme celle de ces dernières années, qui a pour effet d'ouvrir le Grand Livre du Monde, comme disait le XVIIIe siècle, loin des bibliothèques, mais si proche du même enjeu philosophique.

Concentrer cet enjeu sur la tension entre le sujet et l'objet, les sujets, politique, épistémologique, artistique, conquis par les femmes, et l'objet d'échange qu'elles demeurent, dans la pensée, dans l'histoire, dans la politique.

Confirmer la décision épistémologique qui double celle de l'engagement, disant qu'il n'existe pas de recherche féministe, seulement des individus féministes qui font de la recherche ; ne pas en conclure qu'il faut extraire la recherche du contexte politique ; au contraire, savoir qu'une recherche peut avoir des effets politiques, féministes, est une évidence, écarter l'*a priori* politique est la meilleure garantie pour prendre le risque de la pensée.

QUE PENSER D'UNE ÉVIDENCE ?* —

Cette évidence fut, cela nous étonne encore, la manifestation d'une modernité républicaine. La coéducation rêvée par Paul Robin, pédagogue révolutionnaire il y a un peu plus de cent ans, était alors subversive. Le XIXe siècle la discutait âprement bien avant l'instruction obligatoire, le XXe siècle mit plusieurs décennies à la réaliser, mélange d'idéal et de commodité. La mixité scolaire apparaît, au bout du compte, comme une victoire démocratique et républicaine dans un pays pourtant déjà enclin par tradition au mélange des sexes plus qu'à leur ségrégation.

Cette évidence fait désormais la joie de l'adolescence et de la jeunesse à l'affût du désir de l'autre alors que les écoliers de l'école primaire préfèrent croire qu'il existe un mur entre les deux sexes, rassurant. L'ennui guetterait les groupes sans mixité. Je me souviens avoir changé de lycée pour échapper à l'uniformité d'un seul sexe. La mixité à l'école, dans les années 1960 et 1970, c'est la vraie vie.

Cette évidence est aussi l'horizon toujours trop lointain de l'égalité des sexes. La demande de parité politique, qui

* *Travail, Genre et Sociétés*, n° 11, « Controverse : la mixité en question », avril 2004. Contribution remaniée d'un texte précédemment publié dans la revue *Le Télémaque. Philosophie, éducation, société*, n° 16, « la mixité », Presses universitaires de Caen, novembre 1999.

est un exemple parmi d'autres de mixité, n'est pas une banale exigence comptable où les pourcentages devraient faire des moitiés. Si les militantes de la parité ont choisi cette comptabilité, c'est parce que le chiffre de l'inégalité, ou de l'égalité, est seul à faire preuve. L'équilibre des nombres est le signe du mélange des sexes. Il n'y a pas d'égalité sans mélange.

Au Parlement européen, 30 % de femmes représentent à mes yeux un seuil de mixité ; non de parité ou d'égalité. Ce seuil de mixité est une expérience car il est dès lors possible d'oublier que des femmes manquent pour faire la parité, voire l'égalité. L'évidence permet l'oubli de la discrimination, commencement de l'histoire sexuée, sexuelle, humaine, universelle... Mais la mixité n'est pas la garantie de l'égalité. Alors l'évidence devient l'opacité même.

Pourquoi la mixité serait-elle la certitude d'une égalité des chances ? Nous savons que de nombreux républicains le pensent. Le mélange des sexes leur apparaît comme l'indifférence souhaitée des genres. Et pourtant, l'école couvre sa mixité d'une incompréhension chronique. Les filles réussissent mieux, mais, pour finir, les garçons triompheront au moment crucial des professions et des carrières.

La mixité ne donne pas de garantie d'égalité car son opacité est voulue et désirée par l'institution scolaire. Sexuer le regard et la réflexion sur l'école républicaine serait iconoclaste. Iconoclaste parce que toute différence semble dangereuse, défi à l'universel, par définition neutre ; iconoclaste parce que le sexe bien sûr. Et si l'universel pouvait être concret, charnel ? Cela mériterait un peu d'utopie théorique : l'inclusion des femmes dans l'espace public fut une conquête mais elle reste encore en deçà d'une grammaire capable de lier sexe(s) et démocratie.

L'évidence opaque de la mixité nous envelopperait dès l'école. Or la mixité n'est pas seulement le mélange social et public des enfants, puis des adultes, une fois sortis de la famille. L'école est un lieu où se fabriquent les désirs. Elle travaille à susciter le désir de savoir qui croise inéluctablement le désir de l'autre, de l'autre sexe, l'enseignant ou le camarade. La vraie vie décidément. Le mélange nous oblige à l'altérité, stratégie du désir de l'autre d'un côté, conquête du savoir offert par le pédagogue de l'autre. Opacité et confusion des stratégies du désir dans tous les cas.

La mixité n'est pas un moyen sûr pour avancer vers l'égalité. La seule évidence de la mixité, c'est d'être un lieu, un espace, un seuil ; un seuil d'expérience et d'idéal.

Bien sûr, l'altérité n'a pas toujours besoin de la différence des sexes. Un instant, dans la vie de chacun, l'espace est rempli d'un seul sexe. Une classe, un cours, un repas, une réunion, un métier, une rencontre, un amour. Le désir cède la place au repos, ou à un autre désir. Où est le lien entre égalité et sexualité ? Plus question ici d'utopie théorique ; la réalité intempestive des désirs ne laisse pas toujours la place à la paresse du rêve ou au temps de l'attente. Il faut donc prendre des décisions.

Pourquoi la pédagogie ne jouerait-elle pas des moments de mélange et des temps de séparation des sexes, au cœur même du dispositif de la mixité ? L'image la plus simple est celle de l'enseignement du sport où il est moins question de performances physiques inégales que de visibilité des corps en transformation, poils et menstrues. Dilemme pour les professeurs d'éducation physique qui oscillent entre séparer, ou ne pas séparer, les sexes suivant les âges et les sports.

Pourquoi ne pas s'en tenir à l'évidence ? La mixité n'est pas une valeur. D'ailleurs le mot n'existe pas dans toutes les langues, à commencer par l'anglais qui ne connaît que le mot coéducation. La mixité n'est ni un objectif politique, ni un instrument sûr, c'est une expérience propre à l'espace démocratique.

C'est donc un seuil à partir d'où il faut se tenir.

LE SIGNE ÉGAL*

Les images se multiplient et se répètent. Elle est « trop », trop mère, trop femme, trop souriante, trop image justement. Elle n'a pas assez, pas assez d'idées, pas assez d'expérience, pas assez de tête simplement. Elle est trop ou pas assez ; elle n'est pas égale. Le signe égalité est une chose difficile à percevoir ; il est utile en mathématiques, il est mieux pour comparer des chiffres, un égale un, que pour comparer un citoyen et une citoyenne, un candidat et une candidate. Ce qui est dénié à Ségolène Royal, à travers la ritournelle sexiste qui l'a accompagnée l'hiver dernier, c'est d'être l'égale de l'homme. L'homme abstrait de l'ère démocratique a, en face de lui, une fille (de militaire), une sœur, une mère, une épouse ; une mère surtout, débordante (« fouettarde », par exemple), et une femme avant tout, corps plutôt qu'esprit. L'homme émancipé descendant de la Révolution française trouve ainsi sur son chemin une fille supposée de l'Église, un corps de femme, et une tête sans cervelle. En une année de temps, j'ai suivi l'égrènement de tous les arguments qui avaient entouré la Révolution pour dénier aux femmes la citoyenneté au nom de leur incapacité à la raison. En

* *Regards*, novembre 2006. Article rédigé en octobre 2006, avant la primaire socialiste précédant l'élection présidentielle de 2007. Geneviève Fraisse ne fit pas partie des soutiens féministes à Ségolène Royal.

1800, si l'on accordait aux femmes un intellect, c'était pour l'opposer à la fonction utérine, c'était pour le limiter à faire « le bel esprit », l'esprit soucieux du paraître plutôt que de l'être. La dénonciation de l'opinion futile et de la bulle médiatique entourant un sourire de femme est en droite ligne de l'héritage. L'« eau de rose », parfum banal, l'emporte sur la rose au poing du militant socialiste.

La rivalité n'est pas à armes égales. Le signe égal est contesté. Une candidate n'égale pas un candidat. Cette candidate-là, ou toute candidate ? Personne ne voudra répondre à cette question. En attendant, c'est une image contre un programme, un visage contre un projet.

Vu de ma fenêtre, je n'en sais rien et je n'écris pas ce texte pour dire ma couleur de gauche. La chose que je vois est le déni d'une rivalité possible, d'une égalité de capacités. À quoi il est rétorqué que la candidate elle-même utilise des armes propres aux femmes, publicité, séduction, maternage, mission teintée de mysticisme. Match nul ?

Cependant, je fais exprès d'utiliser le signe de l'égalité, je persiste à rester sur ce terrain. Cela évite justement toute histoire de comparaisons fantasmées, différences naturalisées, différences entre hommes et femmes, en politique ou ailleurs.

Cela permet alors de porter l'attention sur le phénomène historique : une femme a transgressé la règle non écrite du pouvoir masculin. Cette règle suppose que le pouvoir est une affaire d'hommes. Ici, il ne m'intéresse pas d'analyser ce pouvoir, ses fondements, ses mécanismes ; il me semble que la nouveauté est dans le geste de transgression. Une femme décide de s'autoriser, d'elle-même à être candidate à la fonction suprême. Radicale nouveauté au regard de l'histoire : il y eut la longue marche d'accès à la citoyenneté (un siècle d'écart entre le droit de vote des hommes et celui des femmes), il y eut la distinction entre le fait d'être nommée au gouvernement par un chef (les premières en 1936) et celui d'être élues représentantes de la nation (en 1945). Et puis il y a le pas suivant : en 2006, une femme n'attend pas d'être nommée, ni d'être élue ; cette femme a déjà été ministre et députée, membre d'un gouvernement, et membre de la représentation nationale. Elle sait évidemment que ces fonctions sont encore contestées par le sexe masculin. Elle sait qu'aucune autorité ne peut l'introniser. Reste à s'autoriser de soi-même, ce qu'elle fait. Elle n'a pas le choix : elle « prend son droit », convaincue que personne ne lui donnera.

Deux interprétations sont alors possibles : elle se voit en Jeanne d'Arc, avec le cortège d'images qui accompagnent cette héroïne au gré des siècles passés ; ou elle pratique le signe égal, et ce moment politique mérite d'être mis en perspective historique.

À voir…

« Les plus extravagants assurent que mes ouvrages ne m'appartiennent pas, qu'il y a trop d'énergie et de connaissance des lois dans mes écrits pour qu'ils soient le travail d'une femme ».

DE LA RESPONSABILITÉ EN HISTOIRE*

Nous sommes en mai 1789, à l'aube de la Révolution, et Olympe de Gouges répond à ses calomniateurs. Pour l'heure, elle a notamment écrit sur l'esclavage des Noirs avec une pièce de théâtre qui attend d'être jouée au Théâtre français. Deux ans plus tard, elle sera l'auteure de la désormais célèbre Déclaration des droits de la femme et de la citoyenne (septembre 1791). C'est vrai, ses détracteurs ont raison, il faut de l'énergie et de la connaissance pour « décalquer » la Déclaration des droits de l'homme et du citoyen : « Homme es-tu capable d'être juste ? C'est une femme qui t'en fait la question ; tu ne lui ôteras pas du moins ce droit. Dis-moi : qui t'a donné le souverain empire d'opprimer mon sexe ? » Dix-sept articles pour déclarer les droits de la femme que la Déclaration « universelle » n'a pas su prendre en compte ; puis un postambule qui commence par « Femme, réveille-toi ». À l'homme de penser authentiquement

* *L'Humanité*, 13 août 2009. Texte paru sous le titre « Olympe de Gouges, sa place est au Panthéon ! » et repris d'un article du 6 mars 2007 inclus dans le texte de la pétition « Pour la panthéonisation d'Olympe de Gouges et de Solitude ». C'est pourquoi nous le plaçons ici dans la chronologie.

ce qui est juste, à la femme la nécessité de se révolter. Tout y est dans cette Déclaration des droits de la femme et de la citoyenne, l'énergie de la transgression et de la provocation autant que la connaissance précise du droit et de la politique, de l'histoire en train de se faire.

Oui, Olympe de Gouges écrit pour dénoncer l'esclavage dès les années 1780 (« Apprendra-t-on avec indifférence que je fus la première qui m'occupais du sort déplorable des Nègres ? »). Elle est très active sur la scène publique par ses multiples écrits. À ce titre, elle est une héroïne de la Révolution française car elle monte sur l'échafaud non pour sa naissance et son rang mais pour son engagement politique. Celui-ci a commencé avec ses réflexions sur les Noirs, ou sur l'« impôt volontaire », et elle l'a vécu au point d'y perdre la vie. Girondine, elle fut guillotinée en 1793. Voilà pour les faits qui lui donnent, depuis récemment, seulement, un nom propre dans l'histoire de la Révolution. Avoir un nom propre, dans l'histoire, cela ne va pas de soi ; encore plus, il faut continuer à le dire, si c'est une femme. Dans les livres scolaires de nos enfants, Olympe de Gouges voisine avec des femmes d'exception, Flora Tristan et George Sand pour le XIXe siècle. Les femmes restent des figures à part, regroupées sur une page de manuel.

La citation donnée plus haut est de mai 1789 ; poursuivons : « Pitoyables et ridicules calomniateurs, on vous a appris à lire... Vous en avez tiré de grandes connaissances, qui vous empêchent de reconnaître qu'à chaque ligne de mes écrits, on y trouve le cachet de l'ignorance ; mais cette ignorance n'est pas incompatible avec un génie naturel, et, sans le génie, que produit l'instruction ? » On peut être ignorant et génial, dit-elle. En effet, certains disent qu'elle ne savait pas écrire et qu'il lui fallait un porte-plume pour dicter ses idées ; d'autres disent que, si, elle savait écrire. Par-delà l'histoire personnelle d'Olympe, à la fois ignorante pour elle-même et savante pour ses ennemis, se lit l'histoire plus générale de ces femmes qui transgressent les règles, qui sautent les obstacles : qu'importe l'instruction, si la nécessité d'écrire et d'agir s'impose ?

Olympe de Gouges fut, certes, une pionnière, pour dénoncer l'esclavage des Noirs et l'oppression des femmes. Elle fut aussi une femme libre, consciente de sa transgression : « Ô mon pauvre sexe, ô femmes qui n'avez rien acquis dans cette Révolution des droits de la nature, et dans ce partage populaire, qui n'osez même pas égaler les hommes en travers d'esprit et d'imagination : imitez-moi, rendez-vous utiles » (mars 1792).

En quoi fut-elle utile, Olympe de Gouges ? Comme femme politique, comme femme girondine, à la fois monarchiste et démocrate, dit-elle. Oui, Olympe se réclame du centre et non de la gauche radicale. Mais c'est peut-être ce qui permet certaines libertés intellectuelles et politiques. J'ai montré dans *Muse de la raison* que la gauche révolutionnaire, sous la plume de Sylvain Maréchal (corédacteur du *Manifeste des égaux* de Babeuf), refusait de penser l'égalité des sexes (rêvant d'interdire aux femmes d'apprendre à lire...). C'est un paradoxe désormais bien connu que les plus révolutionnaires ne sont pas les plus féministes. C'est vrai pour aujourd'hui comme pour hier ; je sais ne pas plaire en écrivant cela.

Venons-en à la Déclaration :

– « L'oubli ou le mépris » des droits des femmes : ainsi vient le malheur des peuples, nous dit-elle. L'oubli d'un côté, le mépris de l'autre, deux traits des difficultés de la démocratie à venir. Dans les deux cas, les femmes sont mises hors jeu. Impossible, dit-elle.

– « L'administration nocturne des femmes » : ainsi vécut l'Ancien Régime. Le pouvoir d'influence fut la face cachée du pouvoir public de la monarchie, dit-on. Et ce peut l'être encore : de l'oreiller au salon, de la chambre nocturne à la mondanité des réceptions, les images de femmes intrigantes perdurent ; les images, ou la réalité ?

– « Monter à l'échafaud, monter à la tribune » : si les femmes montent à l'échafaud, il faut qu'on les laisse monter à la tribune. Si l'équation entre l'échafaud et la tribune n'a, on l'espère, plus d'avenir historique, elle a un sens politique : qui fait l'histoire ? Qui est responsable des événements et de la marche du temps ? Celui, celle qui monte à l'échafaud, ou celui, celle, qui monte à la tribune ? Réduire la responsabilité des femmes à leur culpabilité (bonne pour l'échafaud) est une erreur historique. En écartant le droit à la tribune, citoyenneté, gouvernement, les femmes furent privées de l'exercice de leur raison et de leur pouvoir. Accusées d'être responsables des désordres du monde, les femmes peuvent être coupables, sans être acceptées comme de véritables actrices de l'histoire. Drôle de place dans la causalité historique !

Depuis vingt ans, les féministes réclament l'entrée d'Olympe de Gouges au Panthéon, monument des grands hommes. Il est sûr que sa Déclaration des droits de la femme est non seulement un geste historique remarquable, mais aussi l'invitation à une pensée rigoureuse de l'universel.

LE CONSENTEMENT*

À l'orée de notre ère moderne, Pascal éclaire l'acte de consentir d'un mouvement « de vous à vous-même » qui nous dit déjà tout : la volonté d'un être à la recherche d'un accord à l'intérieur de lui-même au moment d'énoncer l'accord avec l'autre. S'ouvre, en effet, le temps de l'appropriation du consentement comme signe de soi : « j'y consens » deviendra « je consens », « j'accepte » signifiera aussi « je choisis » ; et ainsi la liberté l'emportera sur l'autorité.

Avec la démocratie, le consentement devint, en effet, « mutuel » comme on dit, pour le mariage, et surtout pour le divorce. Cependant, la mutualité des « oui » et des « non » entre hommes et femmes est une évidence qui ne nous fera pas oublier la dissymétrie encore affirmée par les dictionnaires : « consentante : ne se dit guère que des femmes ». Ainsi persiste le débat sur la liberté et l'égalité des sexes, tout en annonçant la polémique à venir qui est désormais la nôtre : peut-on faire du consentement un argument déterminant dans nos décisions publiques et nos comportements sociaux, pour le port du foulard ou l'exercice de la prostitution par exemple ? En bref, est-ce un argument politique ? Un argument politique suppose

* *Le Magazine littéraire*, n° 464, mai 2007. Article paru dans un dossier intitulé « Le consentement : une valeur au-dessus de tout soupçon ? ».

l'inscription de cet argument dans la représentation d'un monde commun et d'une histoire à venir. Pouvons-nous donc nous contenter d'additionner les libertés individuelles ? En admettant que nous prouvions le bien-fondé politique de cet argument, une « éthique » du consentement, souvent invoqué comme l'organisation sociale des garde-fous d'une sexualité, ou d'une posture liée au sexe, serait-elle suffisante ? Pourrions-nous nous satisfaire d'une question sur l'authenticité du consentement, sur sa transparence supposée possible ou impossible ?

Ni l'éthique, ni l'identité ne sont des espaces suffisants pour la réflexion. Le politique requiert autre chose que des règles de bonnes pratiques, et des soucis de définition de soi. Le politique mêle l'individuel et le collectif. Or le mot « consentement » dit aussi bien le geste individuel que l'attitude collective. Alors le politique surgit autrement, dans la tension entre émancipation et domination : dire « oui » ou « non » est un acte de liberté ; dire ni « oui » ni « non » peut être une attitude de soumission. Que fait-on du consentement des dominés, et du consentement des dominants à la hiérarchie, à l'inégalité et à toutes sortes de choses socialement désagréables ?

Mes deux exemples, port du foulard et exercice du métier de prostituée, ont été volontairement choisis pour mêler les questions, loin de la religion et de la morale. Ce sont des pratiques qui n'engagent pas qu'elles-mêmes ; elles revendiquent, autant que leurs adversaires, la liberté des femmes et l'égalité des sexes. En ce sens, l'affaire n'est ni privée, ni individuelle. Elle est bien politique. Consentir : « sentir ensemble » ?

LE RIRE ET L'HISTORIENNE*

Je ne sais plus si le féminisme est entré par la grande ou la petite porte des *Temps modernes*. Beaucoup de souvenirs me manquent ; seule la mémoire du rire est intacte. 1974 : le numéro spécial « Les femmes s'entêtent », donc « la femme cent têtes » (et la femme sans tête) de Max Ernst, détournée, ou plutôt retournée : puisque les femmes, c'est bien connu, ne sont pas des esprits forts, les féministes vous entêteront, vous prendront la tête, dirait-on aujourd'hui. Ce titre est plus drôle, mais tout aussi ironique, que *Le torchon brûle*, éphémère périodique du tout début des années 1970. Le feu des femmes, on le connaissait depuis longtemps : les Vésuviennes de 1848, assumant leur image volcanique brûlante, les Pétroleuses de la Commune, accusées de mettre le feu sans discernement. Le feu et la révolte des femmes, quoi de plus attendu comme croisement de poésie politique ? Brûler, c'est dévorer sans mesure. En revanche, les images mêlant la tête et le féminisme sont plus rares ; elles se concentrent sur la chevelure : on connaît l'adage « cheveux longs, idées courtes »[1], c'est une tradition qui

---

* *Les Temps modernes*, « La transmission Beauvoir », janvier-mars 2008 (numéro spécial pour le centenaire de la naissance de Simone de Beauvoir).

1. Robert Salomon, *Cheveux longs et idées courtes, essai de psychologie partiale et déplaisante*, Paris, chez Henri Goulet, 1924 ; Michèle Le

perdure, on l'a entendu courant 2007. Et si les femmes se coupent les cheveux, garçonne ou pas, que se passe-t-il ? La chevelure raccourcie induirait-elle les idées longues ? Pas vraiment.

Si les femmes sans tête, sans cervelle, fournissent une représentation banale du comportement des femmes, il en va de même lorsqu'elles s'entêtent, qu'elles montrent leur colère. Mais entre-temps, on rentre dans l'humour. L'humour est une des portes par où j'ai eu la chance d'accéder au féminisme de ce temps-là.

Si je reprenais un mot de Simone de Beauvoir, ce serait celui de « dévoilement ». Ce mot de dévoilement pourrait s'inscrire dans la tradition philosophique classique : soulever le voile qui cache la vérité est une image banale. Chez la philosophe existentialiste, le dévoilement est action et pas seulement lecture du réel ou du vrai. Dévoiler, c'est rendre l'action possible, et c'est tout simplement agir. L'humour est dévoilement, action par conséquent. Il suffit d'aller voir nos mots d'ordre de l'époque, nos « maux d'ordre », pour imaginer qu'elle en vit la pertinence, théorique et pratique.

Je dois dire ma dette à l'égard de celles qui ont ouvert la rubrique du sexisme ordinaire, tenue, mois après mois, dans *Les Temps modernes*. Cette chronique s'appelait « Le sexisme ordinaire » ; je n'y ai pas participé, mais ses auteures en donnaient souvent des bribes, dans les réunions, ici ou là. Je les ai entendues autant que lues

---

Dœuff, « Cheveux longs, idées courtes », *L'Imaginaire philosophique*, Paris, Payot, 1980.

imprimées[1]. Cette chronique, conçue au début pour dénoncer un machisme quotidien, le machisme à la petite semaine, s'est mise à pratiquer le détournement de sens, systématiquement. J'ai hurlé de rire, et j'ai fait des liens inattendus. Pour la jeune professeure de philosophie naviguant entre les repères du temps, fin d'Althusser, présence de Foucault, importance de Lacan, pour celle qui partait pour un long voyage dans l'histoire de la pensée féministe, cette critique par l'humour décapait radicalement. Finalement, c'était une école de pensée politique. Faute de théorie, comment pouvions-nous comprendre la domination masculine si ce n'est à travers le détail ?

Les auteures de cette chronique avaient des pseudonymes, des prénoms ou des noms pris dans la littérature. Ce n'était pas pour se cacher derrière l'anonymat, mais plutôt pour être l'une ou l'autre, telle ou telle, l'une parmi les autres ; semblables et singulières à la fois. Bien sûr, il était dit que les femmes, porteuses, malgré elles ou de plein gré, du nom du père ou du mari, devaient s'en défaire, s'en libérer ; cela, c'était l'obligation idéologique. En fait, les prénoms des femmes, comme figures d'un mouvement d'émancipation, de libération, comme image d'un mouvement collectif, étaient la marque de ce qui leur appartenait en propre. Signer de son prénom avait un sens politique, reprise d'une individualité au service d'une cause commune. Il n'y a pas que *Les Temps modernes* qui ont pratiqué la signature abrégée en seul prénom. C'était une marque d'appartenance au

1. *Le Sexisme ordinaire*, Paris, Seuil, 1979.

mouvement général. Mais c'est là, dans cette revue, que je l'ai pratiquée. Pas dans le témoignage individuel comme il y en eût un certain nombre ; non, dans l'exercice de la critique. On se réunissait, ici ou là, on commentait l'actualité politique, littéraire, féministe. On mesurait l'écart entre l'acuité de nos questions et les tendances idéologiques du moment, entre nos exigences politiques et leurs simplifications médiatisées. C'est ainsi qu'à plusieurs nous lûmes des ouvrages qui semblaient alors importants, *Du côté des petites filles* d'Elena Belotti, *Des Chinoises* de Julia Kristeva. Nous doutions de leur force subversive, critique du stéréotype de la féminité transmise aux petites filles pour le premier, admiration de la femme nouvelle maoïste pour l'autre ; nous en discutions donc, soucieuses de ne pas nous tromper. Puis nous avons écrit dans *Les Temps modernes* nos désaccords théoriques avec ces livres. J'étais l'une des auteures de ces articles[1]. C'était de la critique féministe ordinaire ; à contre-courant.

Et Simone de Beauvoir ? Elle accueillait sans réfléchir ? Non, elle comprenait la contradiction, elle soutenait le travail de ces jeunes femmes, apprenties de la pensée. Dévoiler, c'est mettre en lumière les contradictions, explique-t-elle dans ses textes sur Sade, Merleau-Ponty, la nouvelle droite. L'intellectuel connaît bien les contradictions, il en est l'incarnation même, pris entre l'universel du savoir qu'il construit et la particularité de

1. Geneviève, Josette, Martine, « "Elle n'en est pas moins une femme". À propos du livre d'Elena Gianini Belotti, *Du côté des petites filles* », *Les Temps modernes*, mai 1976. Hélène, Josée, Geneviève, Marie, Martine, « Pourquoi (pas) les chinoises, pourquoi (pas) nous ? », *Les Temps modernes*, août-septembre 1975.

son être social, entre la singularité de son engagement et l'inertie de son appartenance sociale. Il n'y a qu'à lire le *Plaidoyer pour les intellectuels* de Sartre pour imaginer que les jeunes intellectuelles féministes représentaient une contradiction originale, celle qui se manifestait avec leurs propres compagnons de lutte ; sur laquelle il fallait se pencher, urgemment. Toute contradiction mise en lumière apportait de l'eau à ce moulin de la lucidité et du dévoilement de l'oppression des femmes. De la contradiction, nous en voyions partout : dans le gauchisme, entre les féministes et leurs compagnons politiques ou amoureux, dans la gauche féministe aussi, entre les femmes elles-mêmes. La contradiction semblait le terreau même de nos pensées. Nous n'avions pas peur de le dire. Car nous n'avions pas le choix. Avoir vécu mai 1968 sans le féminisme, puisque celui-ci survient dans l'après-coup, marquait encore nos esprits. Le soutien de Simone de Beauvoir nous fut alors précieux ; collectivement cela va sans dire, et individuellement aussi. Je me souviens de ses encouragements, en une phrase toujours, rapide, directe. Je les entends encore.

Et puis nous fûmes, en 1975, des « historiennes ». Si Simone de Beauvoir qualifie ainsi le groupe des femmes des *Émissions Sartre* auquel ce groupe de « féministes radicales » participa, cela n'a rien d'extraordinaire. Tous les jeunes militants philosophes furent ainsi taxés d'« historiens » lorsqu'il s'est agi de contribuer à ce projet d'émissions télévisuelles qui ne virent jamais le jour. L'ORTF avait proposé à Sartre une émission biographique, lui avait répondu que ce serait une histoire collective, celle des luttes. Ainsi, les femmes ont découvert un rapport à l'histoire qui mettait en lumière bien d'autres contradictions que celles de l'intellectuelle. Ce travail, certaines d'entre nous l'avaient commencé en 1973. J'avais découvert, dans la rubrique « Lost women » du magazine féministe américain *Ms*, à l'été 1972, l'existence de la bibliothèque Marguerite Durand. J'y ai couru au lendemain même d'un oral d'agrégation raté. Découvrir le passé des femmes était une nécessité provoquée par le mouvement de libération des femmes. Tourner les pages du quotidien *La Voix des femmes* de la Révolution de 1848 rendait l'absence du mouvement féministe en mai 1968 d'autant plus surprenante.

En 1975, nous étions enfin prêtes à affronter la contradiction. Nous mîmes alors au jour l'incapacité des révolutionnaires, passés et présents, à accepter la critique féministe. Que cela s'appelle l'amour libre au temps de la Révolution, le pacifisme face à la guerre imminente, la fonction sociale de la maternité au temps de la repopulation, nous étions obligées, il n'y a pas d'autre mot, de montrer combien la question des femmes heurtait le mouvement ouvrier autant que la gauche libertaire. Déjà les saint-simoniennes, dans les années 1830, avaient démontré que la liberté des femmes se comprenait, malgré elles, comme licence abusive, ou subversion créatrice, c'était selon, au gré de leurs interlocuteurs ; l'argument dans un sens moraliste, ou dans un sens libertaire jouait contre elles dans les deux cas, sans ménagement. Aujourd'hui la contradiction est toujours la même. Je l'expérimente à nouveau, avec la discussion autour de l'argument du « consentement » comme condition politique. Dire oui à une posture liée au sexe (port du foulard aussi bien que travail du sexe), ou dire non à la hiérarchie sexuelle (à l'adjectif « consentante : ne se dit guère que des femmes », disent encore certains dictionnaires), dire oui, ou dire non, a un impact politique que les tenants de la morale individuelle comme unique horizon veulent ignorer[1]. Encore maintenant, la complication, tisser ensemble liberté sexuelle et égalité des sexes, m'intéresse plus que toute simplification polémique : la norme libertaire peut être aussi pauvre que la norme conservatrice.

En gros, la contradiction apparaissait soudainement, non pas entre l'intellectuel et le peuple, mais entre les femmes décidées à l'émancipation et leurs compagnons arrimés à leurs prérogatives ancestrales ; et entre les femmes elles-mêmes, bien entendu. Ainsi la contradiction était (est encore) le lieu même du féminisme. Ainsi Simone de Beauvoir nous comprit-elle, et ainsi nous apprîmes, de façon accélérée, à penser une histoire qui nous dominait de toute sa certitude masculine.

Alors que fit Simone de Beauvoir au milieu de tout cet activisme historien ? Elle fut sans doute comme un miroir, c'est-à-dire un révélateur. Nous avions à habiter cette contradiction, c'était un lot historique auquel il était impossible de se dérober. Elle y fut clairement attentive. C'est donc là, en même temps que dans le travail de la revue *Les Révoltes logiques*, que j'ai appris à penser paradoxes et anachronismes de la pensée féministe. Mais avec mes amis philosophes, autour de Jacques Rancière, la mise en perspective était plus construite : la place reconnue à la contradiction incitait moins à la

1. *Du consentement*, *op. cit.*

provocation politique qu'à la compréhension, dans le vaste ensemble des logiques de la révolte, d'une pratique de l'émancipation par la pensée.

Restait alors à suivre le chemin, ou plutôt les chemins parallèles : celui du paysage des oppositions et des apories (sexes et sexualités, similitudes et différences), celui de l'instrumentalisation des luttes avec le débat sur les priorités (primaire ou secondaire, la contradiction ?) ; sorte de jeu « à qui perd gagne », stratégies toujours remises en cause[1]. Exemple à vif de ces années-là : comment punir un violeur et dénoncer, dans un même temps, l'enfermement carcéral ? Il fallait fondre la lutte des femmes, dans l'ensemble des luttes d'un côté, il fallait isoler la lutte des femmes pour ne tromper personne de l'autre. Cette alternative allait nourrir toute pensée stratégique : fallait-il mettre en avant les femmes soumises à l'effort de guerre, ou les femmes pensant le pacifisme comme résistance, fallait-il s'enthousiasmer pour l'amour libre, la liberté sexuelle, ou mesurer la liberté qu'elle offrait aux hommes avant de l'offrir aux femmes ?

Voilà ce que j'ai appris, la pensée de la contradiction inévitable, et la discussion sur la stratégie comme un corollaire nécessaire. Une formation, ma formation de base.

Avec ces réflexions, comment imaginer qu'on se satisferait d'une opposition par trop classique d'une nature féminine, opposé à la construction sociale, ou inversement d'une contrainte culturelle primant sur le biologique ? Simone de Beauvoir avait déjà répondu, en 1949, que le devenir

1. *La controverse des sexes*, *op. cit.*

femme primait sur le naître femme. Cette phrase fut un point de départ, elle permettait d'écarter d'emblée de faux problèmes, de me débarrasser justement de l'affrontement théorique nature/culture. En effet, elle s'était engagée sur le chemin de l'histoire, le seul, à mon avis, qui vaille le coup. Quand je repense à cette proposition d'historicité, toujours déjà là dans le devenir, le devenir femme, je mesure à quel point les variations théoriques actuelles autour du sexe et du genre, genre produisant le sexe, sexe fondant le genre, donnent le sentiment d'une mécanique sans dynamique. Avec l'image du devenir, c'est à une représentation d'historicité que, dès le départ, Simone de Beauvoir nous avait conviées. J'en suis encore là[1].

1. *Le privilège de Simone de Beauvoir, op. cit.*

« QUI GARDERA LES ENFANTS ? » EST LA QUESTION DE L'AVENIR*

Dans votre article « Le devenir sujet et la permanence de l'objet »[1], vous écrivez que le destin du féminisme est d'être à contretemps de l'histoire dominante : dans les années 1970, les femmes réclament de devenir sujets au moment de la déconstruction du sujet maître de soi et du monde en Occident. En 2007, alors qu'une candidate a été présidentiable pour la première fois en France, certaines intellectuelles dites féministes lui ont reproché son instrumentalisation de la féminité. Sylviane Agacinski, par exemple, l'a[2] accusée d'avoir « tiré bénéfice d'un féminisme victimaire »[3]. Est-ce une nouvelle forme d'antiféminisme ? Ou bien de la présomption de positivisme, il y a quarante ans, à l'accusation d'opportunisme, s'agit-il d'une constante : la malédiction du féminisme ?

* *Geste*, « Sexe(s), genre, politique », sous la direction d'Émilie Giaime, automne 2008. Cet entretien, réalisé par Émilie Giaime en juillet 2007, fait suite à un entretien accordé par Geneviève Fraisse à *Télérama* paru le 2 mai 2007 sous le titre « Femmes et pouvoir ».

1. « La controverse des sexes, le cas de la parité », *Université de tous les savoirs, Qu'est-ce que la société*, volume III (sous la direction d'Yves Michaud), Paris, Odile Jacob, 2000, réédité dans *À côté du genre, op. cit.*

2. Sylviane Agacinski, « Le sexe présidentiel », *Le Monde*, 18 avril 2007.

Cette phrase de Sylviane Agacinski fait figure de symptôme, vous avez eu raison de la relever… Ce qu'on disait parfois des féministes, c'est qu'elles étaient mal baisées : c'est parce qu'elles avaient des problèmes dans leur vie sexuelle qu'elles étaient féministes. On l'entend toujours, même si le féminisme a gagné et n'est plus considéré comme un ghetto militant. Je pense que le féminisme est un mot maudit, pour toujours. Il est toujours quelque chose de négatif. La dernière version du féminisme maudit, c'est celle de la victime. Cela indique aussi qu'un des enjeux fondamentaux du féminisme d'aujourd'hui est la question des violences. Depuis 1995 et la Conférence de Pékin, les violences conjugales et les violences faites aux femmes sont apparues comme un problème fondamental. On s'est toujours battues contre les violences (le viol est passé de délit à crime en 1980) mais à partir de 1995 et de ce débat, on indique que la violence est un système et qu'il faut la désigner comme banale, répandue. S'il y a un « féminisme victimaire », c'est précisément parce que le sujet violence a pris de l'importance. À votre question, je réponds donc que le féminisme doit assumer les apparents décalages historiques.

N'y a-t-il pas aussi dans ces propos l'idée que ne pas chercher à faire oublier ou à neutraliser son sexe quand on est une femme politique, c'est faire de la provocation, aller au-devant de réactions machistes ? On en revient à l'idéal d'universel neutre qui dans les faits prend des attributs masculins, ce qu'Antoinette Fouque résume ainsi : « La misogynie est ce qu'il y a de plus universel dans l'universalisme ».

Ce n'est pas faux ! Mais je pense que l'argument de Sylviane Agacinski en masque un autre : le fait qu'une femme n'avait pas à se présenter à l'élection présidentielle. Ce que j'entends dans cette phrase, c'est que le sexe féminin doit rester caché, qu'il y aurait une impudeur à le montrer, et finalement qu'il serait inférieur. Car comment voulez-vous effacer votre sexe ? Au moment des débats pour la candidature à la candidature, quand on lui a demandé sa différence par rapport à Dominique Strauss-Kahn et Laurent Fabius, Ségolène Royal avait répondu très justement : « Et bien ça se voit ». Ça, c'est pas mal ! C'est ce que je disais dans *La différence des sexes*[1] : c'est une affaire d'empiricité, pas une affaire d'identité, et encore moins de nature ! Ce qui se voit, dit Ségolène Royal, c'est : j'ai un sexe de femme, je n'ai pas un sexe d'homme. Ce n'est pas : j'ai un beau visage, les cheveux longs, je porte une jupe…

C'est aussi ça, vous ne croyez pas ?

Non, je ne crois pas.

Est-ce que Martine Aubry aurait répondu comme elle : « Ça se voit » ?

Non, Martine Aubry n'aurait pas dit ça. Mais c'est parce que Ségolène Royal, elle, n'a pas masqué le fait d'être une femme. Elle ne le revendique pas, elle dit : c'est comme ça, j'appartiens à la fois biologiquement et civilement au sexe féminin. Ségolène Royal a, je trouve, plutôt essayé de se tenir à distance du féminin. Quand on « joue » de sa féminité, c'est qu'on la redouble. Or je

1. *À côté du genre, op. cit.*

ne crois pas qu'elle en ait rajouté. S'il y a un problème avec Ségolène Royal, c'est celui de la mère, pas celui du jeu de stratégie de la féminité. Si Ségolène Royal n'a pas « joué » de sa féminité, elle l'a au moins mise en scène, de même que sa maternité et sa conjugalité. Elle a imposé un « *dress code* », s'est inscrite dans une généalogie de figures féminines historiques et a utilisé des slogans fortement connotés... On a beaucoup parlé des jupes de Ségolène Royal. Mais vous savez pourquoi elle est en jupe ? Enfants de la génération des baby-boomers, nous étions interdites de pantalons à l'école publique, sauf par grand froid... Ces interdits perdurent dans un corps, et l'on garde un rapport aux vêtements qui vient d'un donné historique. Est-ce pour autant qu'elle doive être assignée à la pire des normes féminines de notre société ? J'en ai marre qu'on pense que les gens ne font qu'obéir à des assignations normatives ! C'est comme s'il fallait que les comportements individuels collent exactement avec ce que l'on théorise. Dans mon cas, j'aurais pu me dire que pour être une femme émancipée, il fallait à tout prix que je sois homosexuelle. Il se trouve que je suis hétérosexuelle. Or le choix de ma sexualité n'était pas le plus déterminant ni le plus radical dans ce que j'avais à produire de subversion pour ma génération. Ce que j'ai tenté de faire depuis 1968, c'est de donner des éléments de critique, de subversion et d'utopie. J'ai privilégié le travail de la pensée à la pureté d'un engagement sexuel. Il y a vraiment deux voies, celle de la définition de soi et celle du conflit historique. Ce sont deux inachèvements de la démocratie et les deux sont intéressants. La question des sexualités a une importance collective mais reste de l'ordre des pratiques individuelles. La question des conflits, des ruptures historiques, des rapports de domination et d'émancipation en est une autre. Ces deux questions sont politiques, mais disons que j'ai privilégié la seconde, étant entendu que la définition de moi-même ne m'apparaissait pas comme la chose la plus importante dans ma contestation de l'ordre sexuel établi. Pour revenir à Ségolène Royal, j'attache beaucoup plus d'importance au fait qu'elle ait remis dans le débat la question de la pauvreté et des retraites des femmes. C'est un sujet vraiment féministe, le fait que les femmes soient complètement discriminées au niveau des retraites. Aujourd'hui, l'obligation de subversion de la norme et le fait qu'il faille se trouver comme sujet sexuel spécifique sont en train de devenir à leur tour une norme politique ; ainsi, on s'est plus intéressé aux jupes de Ségolène Royal qu'à la pauvreté des femmes. Quand L'Autre campagne[1] n'a traité le sujet femme que du point de vue des sexualités, cela pose un grave problème politique. C'est largement aussi important que ce que j'ai entendu à propos de Ségolène Royal, parce que si les femmes âgées aujourd'hui sont pauvres, c'est en fonction de l'histoire du rapport hommes/femmes sur le plan professionnel comme sur le plan familial. À partir de ce problème-là, se déroule tout le fil du rapport économique entre les sexes. Sauf qu'évidemment, c'est beaucoup plus tendance de parler des sexualités que des femmes âgées qui ont pu faire vingt ans d'assistanat de leur mari dans une profession

1. L'Autre campagne est un site-ressource des textes de référence et des analyses des différents programmes de la campagne présidentielle 2007 [*NdE*].

libérale puis qui ont été quittées et n'ont pas retrouvé de travail, ou qui ont eu des petits boulots, se sont arrêtées pour élever leurs enfants, parfois parce qu'elles étaient à la tête de familles monoparentales, etc. Du coup, elles se retrouvent vraiment en bas de l'échelle économique. Mais cela, ce n'est pas branché du tout…

Pouvez-vous revenir sur votre démarche, dans votre travail de théoricienne de ce que vous désignez comme « la question des sexes » ?

Voici un exemple, en partant de la campagne électorale. En octobre 2006, avant qu'elle soit intronisée, j'ai écrit dans un papier qui s'appelait « Le signe égal »[1] que Ségolène Royal avait « pris son droit ». Je me suis inspirée de Clémence Royer, la femme qui a traduit Darwin au XIXe siècle. Elle avait un papier à en-tête sur lequel il était écrit sous son nom : « Je prends mon droit ». Par rapport aux fonctions de « gouverner » et de « représenter »[2], le fait de prendre son droit est une troisième dimension : Ségolène Royal n'est ni choisie par le prince pour gouverner, ni à la conquête d'une représentation symbolique, puisqu'elle a déjà connu ces deux positions dans son parcours. Elle a déjà été nommée ministre, membre d'un gouvernement, et élue députée, figure de la représentation nationale. La troisième conquête, c'est de foncer à la candidature de la présidence, de « s'autoriser de soi-même », comme on dit en psychanalyse, et de « prendre son droit », convaincue que personne ne le lui donnera. D'où la notion de

1. Cf. *supra*, p 309-311.
2. Voir notamment *Muse de la raison*, *op. cit.*

« désir »… Ceux qui déconstruisent les normes et ne s'intéressent qu'au contenu des images renforcent ce qu'ils critiquent, ils fondent une nouvelle norme et produisent un axe central d'intérêt au détriment des autres. Que ce soit sur la question des jupes et de l'image du féminin, ou sur la démarche de Ségolène Royal et le fait de « prendre son droit », je m'intéresse à l'histoire humaine, à l'histoire des sociétés et pas seulement à l'histoire des normes hétérosexuelles. Il faut sortir de l'obsession de la définition ou de la non-définition des sexualités, qu'on les norme ou qu'on les subvertisse. Je ne mets pas du tout cette question au centre, d'une part parce qu'elle n'épuise pas le sujet, d'autre part parce que tout simplement, j'ai fait un autre choix : celui de chercher les éléments classiques de l'histoire humaine qui vont montrer à quel point la « question des sexes » (formule qui permet d'éviter « genre » ou « différence des sexes », qui deviennent des mots écrans, et de garder la charge subversive de « sexe ») en fait partie. C'est une démarche inversée. La question des sexes n'est pas un objet de la philosophie[1]. J'ai essayé de la travailler à l'intérieur du champ philosophique, en faisant un détour par l'histoire avec l'héritage foucaldien, et avec Jacques Rancière dans la revue *Les Révoltes logiques*. L'objectif était évidemment de rendre cette question pertinente en philosophie alors qu'on l'a systématiquement sortie du champ philosophique et historique, qu'on l'a rendue atemporelle pour qu'elle devienne non pensable. Cette mise hors champ et hors histoire a motivé mon travail

1. Sur ce point, voir « La différence des sexes, une différence historique », *art. cit.*

depuis les années 1970. Cela exige de faire rentrer cette question dans la philosophie (ce que fait très bien la théorie sur les sexualités), mais de l'y faire entrer pour voir comment elle fonctionne à l'intérieur de la philosophie. En philosophie politique, par exemple sur la parité, distinguer « gouverner » et « représenter » permet de comprendre comment les femmes accédaient ou pas au pouvoir. Ce qui m'intéressait, c'était d'aller chercher les mécanismes par lesquels je pouvais introduire la question des sexes pour comprendre les sexes, mais peut-être aussi d'autres choses. Je suis convaincue qu'en prenant comme horizon une réflexion sur le contenu (ou le non-contenu) de la différence, on répète ce que l'on dénonce. Ma recherche a toujours été non pas d'avoir pour objet la question de la différence ou de la non-différence des sexes, mais son fonctionnement. Et faire le choix du travail sur son fonctionnement, c'est aussi faire l'examen de la transformation : travailler sur l'émancipation et non sur la domination est une décision théorique. Ainsi, pour envisager les conséquences de la parité, la phrase « faux en théorie, vrai en pratique » – une façon d'inverser une formule kantienne – est une clé. Je voulais dire beaucoup de choses à travers ça, sur le principe d'égalité dans nos démocraties, sa signification, ses modes d'application ou de non-application, les contraintes par lesquelles on peut le mettre en acte… Que ce soit avec la distinction gouverner/représenter, en jouant de vrai et faux en théorie et en pratique, avec la critique du consentement[1] ou le fait de « prendre son

1. *Du consentement*, *op. cit.*

droit », ces éléments du langage classique permettent de repérer ce qui se passe sur la question des sexes à l'intérieur de cette pensée et de ce langage classiques, et chercher des indices de son fonctionnement. Loin des débats, à mon avis beaucoup trop, de « que vient faire la différence biologique ? » ou « est-ce que les femmes font de la politique autrement ? ».

Cette question d'une pratique sexuée de la politique, que vous récusez, a en effet été très présente pendant la dernière campagne présidentielle. Ne peut-on pas envisager que certaines facultés culturelles séculairement développées par les femmes trouvent des traductions dans la pratique politique ? Certains ont par exemple rapproché la démocratie participative au programme de Ségolène Royal de l'habitude des femmes d'être « à l'écoute »…

Ce n'est pas une bonne question, et je suis persuadée que, dans cinquante ans, on ne se la posera même plus. C'est le genre de question qu'il convient d'historiciser, or on la re-naturalise en permanence. Ce qui m'étonne, c'est que du côté du plus subversif (théorie *queer* : « comment joue-t-on à la fois du féminin et du masculin quand on est telle ou telle personne ? ») comme du côté des recherches empiriques classiques (« sciences po » : « les femmes font-elles de la politique autrement ? »), on va avoir la même obsession, celle de savoir où se nichent le masculin et le féminin, où ils sont déconstruits, subvertis, ou reconduits. Si je récuse cette question, c'est parce qu'elle est épistémologiquement identique à celle qui essaie de déconstruire la norme. En revanche, ce qui importe, c'est de montrer comment fonctionne la question des sexes et comment le langage classique fait intervenir sans qu'on le sache, sans qu'on le dise, la question des sexes. En divisant le pouvoir des femmes entre gouverner et représenter, être nommée par le fait du prince ou être représentée dans la symbolique masculine comme portion de la nation, je comprends la question des sexes à travers le fonctionnement de la République et de la démocratie. On peut mettre au centre la question des sexes, mais à travers une grille de lecture qui touche à un ensemble, et pas seulement à la définition masculin/féminin ou hommes/femmes. Je ne dis pas : les femmes sont ceci, les hommes sont cela, c'est pour cette raison que les femmes ne pourraient pas participer. Je fais le mouvement inverse. Ainsi, c'est l'ensemble de la question qui est posée et non pas la particularité de savoir si hommes ou femmes font ceci ou cela. Ce serait maintenir la question des sexes dans son isolement alors que, au contraire, elle peut rentrer dans les rouages d'ensemble. C'est pour ça que la question de la pratique sexuée est de peu d'intérêt. Mais en même temps, je garde le mot « sexe », je ne veux pas du mot « genre » s'il fonctionne comme cache-sexe. Le désir humain, avec la question sexuelle, reste une question cruciale : celle des multiplicités rendues possibles par les rapports entre les sexes. Car il n'y a pas seulement du désir, il y a aussi de la jouissance. Dans *Muse de la raison*[1], je prends l'exemple de la querelle des poètes entre Ecouchard-Lebrun et Constance de Salm. À la fin du XVIIIe siècle, Ecouchard-Lebrun dit à Constance de Salm : « Inspirez,

1. *Muse de la raison, op. cit.*

mais n'écrivez pas » ; et elle répond : « Désolée, je veux jouir comme vous dans l'écriture ». C'est la même chose en politique. En passant par l'épisode de la querelle des poètes, on comprend une des façons d'exclure les femmes de la politique. C'est la même chose de dire « non, vous ne serez pas citoyennes » et « non, vous ne serez pas poètes », c'est accaparer la jouissance. Le pouvoir et la création sont de la jouissance. Constance de Salm est un auteur très important, elle refuse de n'être que la muse, elle veut aussi être le génie[1]. *Muse de la raison* tente de reconstituer des chapitres, comme les pièces d'un puzzle dont chaque morceau est aussi important pour asseoir la nouvelle domination masculine au lendemain de la Révolution française. Il y a d'un côté les médecins philosophes qui soutenaient que l'activité cérébrale était inversement proportionnelle à l'activité reproductive, d'un autre côté la polémique de Sylvain Maréchal (interdire aux femmes d'apprendre à lire) ou encore la querelle des poètes. Ce sont des ruisseaux qui convergent tous vers le grand fleuve de « la démocratie exclusive », pour signifier que si les femmes n'ont pas explicitement été exclues de la démocratie dans l'après Révolution, elles n'y ont pas été incluses parce qu'on ne voulait pas qu'elles atteignent la position du pouvoir, qui est aussi celle de la jouissance. Donc à partir du moment où le pouvoir est un espace de jouissance, la rivalité est présente entre hommes et femmes.

1. Geneviève Fraisse, « Le génie et la muse », *Le printemps des génies* (catalogue de l'exposition), Paris, Bibliothèque nationale/Robert Lafont, 1993, repris dans *À côté du genre, op. cit.*

Pour reprendre le langage classique, c'est le primus inter pares *appliquée au couple homme/femme : la rivalité entre égaux que Nietzsche réservait aux semblables ?*

Exactement, sauf qu'aujourd'hui cela se passe à l'intérieur du couple. C'est aussi ce que Fourier appelait la « saine rivalité ». On a mis les femmes de côté pour ne pas parvenir à ce moment de rivalité positive.

Pour la première fois en France, la dernière présidentielle de 2007 a donné un exemple de cette rivalité conjugale, et un aperçu de ce qu'on pourrait appeler un « éros politique » avec le couple Royal/Hollande, qui a pris fin après la défaite de la candidate…

J'aurais aimé écrire un texte après le *coming-out* manipulé par les médias de la rupture entre François Hollande et Ségolène Royal. Ce qui m'intéresse, ce sont les commentaires, notamment ceux de Manuel Valls, disant que cette histoire de vie privée contaminait le politique. Cela a donné l'impression que la représentation du privé/public n'avait jamais existé auparavant et surgissait parce que Ségolène Royal était une femme, ce qui a eu pour effet de ramener sa candidature à un effet de couple… Or toutes les actions humaines, et particulièrement les actions remarquables, sont en rapport avec la libido et la traduction de la libido en autre chose que du sexe. Que l'on prenne une grande décision parce qu'on a une souffrance intérieure est au fondement même des actions humaines. Donc quel mensonge il y a là ! Les hommes ne font-ils pas leurs choix par rapport à des histoires individuelles, blessures ou jouissance ? Qu'il y ait un rapport entre les actions remarquables (et se présenter à la candidature suprême en est une) et la libido comme catalyseur, il suffit d'ouvrir une page de Freud pour le comprendre. On peut relire l'histoire Hollande/ Royal tout à fait autrement, en fonction de la blessure conjugale, affective et sexuelle, perte ou adultère, mais aussi au prisme de la généalogie politique (cf. *Muse de la raison* et *Les deux gouvernements*[1]) : l'émancipation qui amène jusqu'à un point où l'échange sexuel et la rivalité d'expression publique (par exemple écrire des livres, ce que connaissent bien les couples d'intellectuels) posent la question de la rivalité, au sens noble du terme, entre l'homme et la femme, à partir du moment où l'égalité porte les deux êtres dans des activités identiques, qui sont des activités de jouissance. Ce couple s'est trouvé connaître des analogies de jouissance, donc des rivalités de jouissance.

Cette rivalité semble effrayante pour certains (et certaines) au pays de « la différence des sexes », où l'on aime se prévaloir d'une tradition d'harmonie et de complémentarité entre hommes et femmes[2]*...*

Et pourtant, bien sûr, la dispute du pouvoir n'est que la conséquence logique de l'émancipation. Mais la grande difficulté de certaines femmes intellectuelles,

1. *Les deux gouvernements, op. cit.*
2. Sylviane Agacinski : « Le clivage gauche-droite battant de l'aile, l'alternance démocratique se réfugierait-elle dans l'alternance sexuelle, comme si les deux sexes devaient se disputer le pouvoir suprême ? » (« Le sexe présidentiel », *art. cit.*) Cette condamnation d'une « guerre des sexes » (à l'américaine) menaçant la tradition française de « doux commerce » entre hommes et femmes s'enracine dans une longue tradition rhétorique (cf. notamment Mona Ozouf, *Les Mots des femmes*, Paris, Fayard, 1995).

que j'ai perçue en tant que femme politique cette fois, comme déléguée interministérielle et comme députée européenne, est de se contenter d'une réaction de contre-identification personnelle : je ne veux pas être traitée comme une femme, donc je ne veux pas soutenir une femme comme femme, je refuse la féminisation des noms de fonction parce que cela voudrait dire que ce n'est que comme femme que j'ai réussi, etc. C'est un enfermement dans des problèmes identificatoires secondaires. Pourquoi la question des sexes ne serait-elle qu'une histoire d'identité (ou de contre-identité) ? Certaines se sont senties vexées par le fait que le problème « femme » soit posé par la candidature de Ségolène Royal, et qu'il soit évidemment mal posé… Comme s'il pouvait être bien posé ! L'histoire n'est pas la représentation du pur monde des idées, l'histoire est toujours sale. Là encore, comme cela a très souvent été le cas pour la question des sexes, on introduit de l'anhistoricité.

Certaines femmes qui ont eu des carrières formidables ont besoin de prendre leurs distances par rapport à ce genre de questions, comme si leurs mérites personnels en étaient diminués. Or il faut rappeler simplement ceci : il n'y a pas de société sans domination masculine. Après, tirons-en les conséquences. Quelqu'un comme Marcela Iacub considère qu'il y a de faux et de vrais problèmes féministes, faux comme la sexualité, vrai comme l'économie. Mais depuis quand la domination masculine ne serait-elle pas un système ? Un minimum d'anthropologie ou de connaissance politique montre que tout se tient. Si l'on veut vraiment mettre en cause la domination masculine, il faut la traiter comme un *continuum*, comme un système qui ne fonctionne que parce que c'est un puzzle dont on ne connaît pas le dessin et dont les morceaux sont épars. Si l'on joue séparément les pièces du puzzle au lieu de les assembler, on fait le jeu de la domination masculine, qui est une structure d'ensemble. Car pour qu'elle ne soit pas énoncée comme un système, il faut la morceler, la rendre invisible. Les intellectuelles le savent. Or que font certaines d'entre elles dans leur argumentation, si ce n'est reprendre un morceau du puzzle, l'isoler, éventuellement le maltraiter ? Or pour comprendre comment fonctionnent l'organisation de la domination aussi bien que celle de l'émancipation, dans les deux cas il faut rassembler les morceaux. Dans les critiques que vous mentionnez, c'est précisément cela qui est refusé. L'un des arguments de la domination classique est de dire : ce dont on parle, ce n'est pas le bon problème. Je n'étais pas enthousiasmée par le débat sur la parité, mais au milieu des années 1990 il est apparu comme le problème par lequel le féminisme pouvait prendre à nouveau corps après l'abattement des années 1980. C'était par cet axe-là qu'il fallait passer, pour rediffuser ailleurs. Dans les années 1970, les thèmes du féminisme étaient la contraception et l'avortement, ce dont certains ont fait après coup et à tort des questions de mœurs en marge de la politique, alors que c'était très politique ! En 1990, donc, la question politique est devenue la parité. Et même si ce n'était pas l'objet de prédilection de l'émancipation, il a fallu respecter le fait que l'histoire nous disait que c'était là la nouvelle forme de mobilisation. L'axe d'aujourd'hui, pour reprendre la phrase de Fabius, est « qui va garder les enfants ? » ! Il faut parfois avoir de l'humour, et il y en a beaucoup dans le féminisme… Mais sérieusement, telle est la question du XXIe siècle. *Les deux gouvernements, la famille et la cité* tente de réarticuler la réflexion sur le privé et le public. Ce livre est le produit des débats sur le PACS et la parité : comment fabriquer de l'égalité dans deux espaces joints, la famille et la cité. « Qui gardera les enfants ? » est la question de l'avenir, et elle est issue du geste de Ségolène Royal.

Il peut sembler surprenant que vous placiez au centre cette question, qui était une provocation de Laurent Fabius pendant les « primaires » socialistes. L'analogie traditionnelle entre pouvoir politique du souverain et pouvoir domestique du paterfamilias a longtemps été le fondement de la domination masculine. Or vous soutenez qu'il est urgent de relier de nouveau sphères publique et privée. Pourquoi ?

À propos des deux gouvernements, politique et familial, il faut reprendre la généalogie. Premièrement, j'entends le patriarcat au sens restreint, comme réalité historique précise, contrairement à certaines féministes qui l'emploient au sens général de domination masculine. La matière du patriarcat c'est le pouvoir des pères et des monarques qui se comportent comme des pères. Dans le système patriarcal, ce qui donne le modèle, c'est la famille : « du père au roi, la conséquence est bonne ». Quand Rousseau écrit *Le Contrat social*, il pose que pour construire un espace de volonté commune, espace social d'anticipation de la démocratie à venir, il faut supprimer le monarque. En conséquence, il faut aussi supprimer l'analogie entre le monarque et le père afin que le modèle public démocratique ne puisse pas être appliqué à l'espace familial. Donc l'opération de Rousseau consiste à dire que cette analogie est un sophisme. Ainsi, l'espace familial devient un lieu hétérogène au contrat social. C'est ainsi qu'on crée ces fameuses deux sphères publique et privée, dont on nous rebat les oreilles sans savoir ce que cela veut dire. Car en fait, l'opération consistait à supprimer l'analogie pour maintenir le patriarcat dans la famille tout en le supprimant dans l'espace public, et empêcher que les principes de l'espace public contaminent l'espace domestique. Quelques décennies plus tard, Tocqueville comprend cela à merveille. C'est pourquoi il ne veut pas laisser rentrer dans la famille les représentations de l'égalité. Nous y sommes : de la démocratie à la famille, du citoyen à l'individu familial, il ne faut pas que la conséquence soit bonne. Le modèle prend désormais sa source dans la cité (et non plus dans la famille). Et qu'a fait le féminisme en deux siècles ? Précisément faire rentrer les principes démocratiques dans la famille : « le privé est politique » et ce politique est démocratique. D'où l'égalité des droits civils entre hommes et femmes, réalisée désormais jusqu'à l'égalité parentale.

L'autorité parentale ne devient partagée qu'en 1970 en France.

Et l'égalité totale entre individus, père et mère, n'advient véritablement qu'avec la possible transmission du nom maternel à l'enfant, qu'on est en train d'accomplir aujourd'hui. Ce que ne voulait pas Rousseau en affirmant cette hétérogénéité de la famille à l'égard de pratiques d'égalité qui ne devaient être souhaitables que dans la sphère publique, cela a été déconstruit par la politique émancipatrice, et notamment par les mouvements de femmes. Nous sommes en train de l'achever seulement maintenant en France, et ce n'est pas encore fait dans d'autres démocraties du monde. Le droit de travailler sans l'autorisation de son mari remonte à 1965, le divorce par consentement mutuel à 1975... On a d'abord réalisé l'égalité des droits époux/épouse avant de s'attaquer à celle des droits père/mère. On parvient maintenant à l'accomplissement démocratique dans la famille. Cela ne veut pas dire que l'affirmation des droits de l'enfant, qui sont extrêmement récents (deuxième moitié du XXe siècle) empêche l'autorité des parents. D'où l'importance du mot « gouvernement » : la famille est un lieu de décision où parents et enfants peuvent gouverner ensemble sans pour autant que l'autorité des parents sur les enfants soit entamée, ni que l'enfant n'ait pas de droits. Il faut lutter contre la représentation de la démocratie comme addition d'atomes individuels, d'électrons libres qui constituerait l'espace public comme l'espace familial. Car il y a des créations collectives dans lesquelles les individus se mettent ensemble pour débattre, se mettre d'accord ou non. Il y a une organisation entre les individus, une société n'est pas qu'une addition d'individus dotés de droits séparés. Le néolibéralisme, quant à lui, s'accorde très bien avec la question des définitions des sexualités : chacun fait ce qu'il veut, dit « c'est mon choix », et il suffirait d'ajouter les choix les uns aux autres jusqu'à obtenir une société. Or ce n'est pas si simple, pas plus dans l'espace public que privé. On est ensemble et cet ensemble se construit.

Cela paraît très difficile à comprendre pour les jeunes générations, contrairement aux générations qui ont pensé les utopies et les nouvelles révolutions. Et si aujourd'hui on ne propose que des subversions et des émancipations qui correspondent à la recherche individuelle du plus de liberté, plus d'égalité, cela ne peut suffire parce que c'est sans projet, sans politique, sans pensée de demain. Or, il y a deux espaces démocratiques, public et privé, et ces deux espaces doivent être gouvernés.

Alors commencent les discussions pour savoir ce qu'on veut faire ensemble, et qui garde les enfants, qui sort, ne sort pas, à quel moment, etc. Nécessairement, cela implique que le gouvernement domestique ne soit pas envisagé comme un ensemble fermé, mais pensé dans son rapport avec le gouvernement politique. Il s'agit de la même histoire. Il ne faut pas de « conciliation » de la vie familiale et professionnelle, comme s'il y avait des opposés, mais une « articulation » entre les deux. Parler de partage des droits et des devoirs, de répartition, c'est rester dans la gestion, dans la gouvernance ; le gouvernement, qui est politique, implique la décision. Il faut changer de vocabulaire.

S'il faut changer de vocabulaire pour parler de « gouvernement » domestique, n'est-ce pas aussi pour souligner que l'espace familial est un lieu de pouvoir et le revaloriser, en espérant qu'ainsi les hommes daignent y prendre plus de part ?

Je n'y avais pas pensé ! En posant cette question, vous tirez la conclusion logique du raisonnement sur les deux gouvernements. J'étais plutôt dans l'idée de dissoudre les différences entre le public et le privé. C'est-à-dire que tout soit mis au même niveau. Je me suis d'ailleurs beaucoup amusée en lisant que ce qui avait fait démissionner le premier directeur de cabinet de Rachida Dati, c'est qu'il voulait aller chercher ses enfants à l'école. Une femme ministre empêchait son directeur de cabinet de quitter le travail assez tôt pour s'occuper de ses enfants ! Dans cette histoire, du moins telle qu'elle était racontée par la presse, la dimension des choix familiaux intervenait sur un pied d'égalité avec les fonctions au plus haut niveau de l'État. Ainsi l'idée d'équivalence entre privé et public l'emporte sur l'idée de revalorisation de l'un par rapport à l'autre.

La candidature de Ségolène Royal a provoqué chez certaines femmes une forme de fierté. A-t-on besoin de supports identificatoires pour se sentir concerné(e) par la politique, ou « représenté(e) », quand on est une femme, un Français issu de l'immigration ou des classes modestes ?

Oui, on a besoin de modèles. C'est une question très intéressante, qui a été mise en scène par Ségolène Royal. Je n'y avais jamais pensé avant de faire, au Parlement européen, un rapport d'initiative sur les femmes et le sport. Dans le sport, comment produit-on de l'égalité quand on est pris dans la représentation de la différence des corps ? C'est la même chose à l'armée : comment fait-on des examens, à équivalence, pour recruter des hommes et des femmes alors que les différences de taille, sinon de force, perdurent ? On n'a plus de doute sur l'égalité de l'activité intellectuelle, ce qui est très récent. Mais sur les facultés corporelles, le problème se pose encore même si les choses évoluent. John McEnroe refusait que les femmes soient payées autant que les hommes, en disant « j'en prends une sur le cour et on verra ». Maintenant, paraît-il, hommes et femmes touchent les mêmes sommes au tennis. J'ai donc proposé ce rapport parce que c'était une zone énigmatique dans la pensée de l'égalité. De nombreuses sportives européennes, insistaient beaucoup sur cette notion de modèle. Par la suite, j'ai pensé la même chose de Ségolène Royal. Elle a ouvert une brèche. Quant à votre rapprochement de plusieurs catégories d'exclus, on l'a pensé dès la parité : d'autres exclus vont vouloir la même chose que les femmes. Eh bien tant mieux ! Il faut pratiquer la contiguïté d'analyse (cf. « Les amis de nos amis »[1]). Si je prends les catégories d'Aristote, sont ensemble les esclaves et les femmes, de Spinoza, les fous, les enfants et les femmes, de Nietzsche, les artistes, les juifs, les femmes... Tel est le point de vue de la domination ; mais du point de vue de l'émancipation, dans les années 1950-1960, nous, les féministes, étions avec les colonisés. Donc la question est celle des catégories et de l'universel, du tout et de la partie, et de leurs rapports. Et aussi bien pour présenter le journal télévisé que pour être ministre, on avance peu à peu dans la diversité, la parité fait tache d'huile.

Dans « Devenir sujet et permanence de l'objet »[2], vous écriviez : « La femme sert à autre chose qu'elle-même, telle serait la limite indépassable du mouvement contemporain du devenir sujet des femmes ». Qu'elle aide à vendre ou soit

1. Geneviève Fraisse, « Penser le racisme », *Lignes*, n° 12, 1991, réédité dans *À côté du genre, op. cit.*
2. « Devenir sujet et permanence de l'objet », *Nouvelles questions féministes*, n° 24, mars 2005.

prétexte à la circulation des idées, elle demeure médiatrice, intermédiaire, et renvoie en tant que signe à autre chose qu'elle-même. En conclusion, vous avanciez pourtant cette hypothèse : « Si la femme n'est pas seulement signe, mais productrice de signe, alors l'histoire commence et la dialectique entre ces deux postures, objective et subjective, gagne en mouvement. Ce serait cela l'intrusion des femmes comme actrices de l'histoire ». Les nominations de nombreuses femmes dans le gouvernement Fillon, en particulier de Rachida Dati, Rama Yade et Fadela Amara, ont été perçues comme des signes forts. Faut-il y voir une promotion de la représentation féminine ou la persistance d'un traitement objectivant des femmes (et des « minorités visibles ») comme monnaie d'échange politique ?

Je vous répondrai : les deux. Elles sont des emblèmes, donc elles font brèche. Si elles sont utilisées, l'histoire nous le dira, on ne le sait pas encore. En servant d'emblème, elles accèdent au symbolique. Tant mieux, il n'y a rien à redire à cela. Et si on a une femme au Budget dans ce gouvernement, Christine Lagarde, c'est parce qu'on a eu Michelle Alliot-Marie à la Défense la fois précédente, et sans doute parce qu'on avait eu beaucoup de femmes dans le gouvernement Jospin. Que cela fasse brèche, emblème, signe, oui, bien sûr. Et là encore, les jeunes femmes noires de France doivent avoir un sentiment de fierté quand elles voient Rama Yade secrétaire d'État. Pour Fadela Amara, la question est politique. Son programme, ses stratégies, cela fait un bout de temps qu'ils existent, ce n'est pas du tout quelqu'un qui est en position d'instrumentalisation, plutôt peut-être de manipulation. Avec Rachida Dati, Rama Yade et Fadela

Amara, on a vraiment trois exemples, trois niveaux de figures qui sont très différents. Par ailleurs, qu'elles soient instrumentalisées, bien sûr. Au Parlement européen, il y avait des « femmes de » ou des « maîtresses de ». Ce ne sont pas celles qui ont le moins bien travaillé. Il n'y a pas que de grands ténors politiques, dans les élus. Il y a aussi la masse des 500, 600 élus à l'Assemblée nationale ou au Parlement européen. Et parmi eux certains font des boulots remarquables, même s'ils ont été complètement instrumentalisés... Ce sont aussi par ailleurs des sujets. Les objets récupèrent leur capacité de subjectivation. Et en tant que femmes, nous ne sommes pas sorties de la position d'objet. Ayons cette lucidité pour 1. continuer à devenir sujet, 2. s'approprier la position d'objet pour y réinjecter du sujet, c'est l'exemple que vous venez de prendre avec les nominations de femmes au gouvernement, 3. affirmer que le dualisme nature/culture, biologique/social, sexe/genre est épuisé comme paradigme et comme schéma heuristique. En revanche, ce qui paraît le plus heuristique aujourd'hui et le plus prometteur intellectuellement, c'est le paradigme sujet/objet. Travaillons avec ce paradigme là. Nous allons habiter la position d'objet, cela fait partie de la ruse de l'histoire.

LE *GENDER MAINSTREAMING*, VRAI EN THÉORIE, FAUX EN PRATIQUE ?*

C'est parce que vous incarnez le lien entre théorie et pratique, démarche scientifique et engagement militant, que vous possédez une double pratique du gender mainstreaming, *au niveau national et au niveau européen, que nous avons souhaité vous solliciter. Pourriez-vous, tout d'abord, expliciter les vertus de cet entre-deux ?*

C'est une chance d'avoir eu 20 ans en 1968, autant que d'avoir participé, dans les années 1990, aux débats autour des lois dites sur la parité qui ont accompagné la résurgence des mouvements féministes en France. Dans les deux cas, l'articulation entre théorie et pratique donne du sens à l'engagement. Dans les années 1970, mes recherches sur les archives du mouvement des femmes de 1848 permettaient de mieux comprendre le Mouvement de libération des femmes (MLF). Cela m'a, en particulier, amenée à faire le lien entre le féminisme et le moralisme, dans la mesure où quand nous disions : « Nous aurons les enfants que nous voulons », il s'agissait encore, à l'instar des féministes du XIXe siècle, de faire la preuve que notre

* *Cahiers du Genre*, n° 44, 2008. Entretien réalisé par Sandrine Dauphin et Réjane Sénac-Slawinski.

liberté ne remettait pas en cause la nécessité pour les femmes d'être de bonnes mères[1]. Le savoir permettait la critique de l'agir. À l'inverse, dans les années 1990, je suis passée de la théorie à la pratique en usant des réflexions sur la différence des sexes et sur les deux gouvernements, domestique et politique, pour apporter une contribution au féminisme d'État. Concrètement, au moment où on me sollicite pour devenir déléguée interministérielle, je suis en train de finir de rédiger *Les deux gouvernements. La famille et la cité*. L'enjeu est, en effet, de considérer la famille comme un gouvernement, lieu où il ne s'agit pas seulement de partager des tâches jusqu'à présent assignées au féminin, mais de prendre des décisions ensemble pour mieux organiser le lien avec la vie publique. C'est pourquoi on peut alors parler de parité domestique[2]. De plus, en cet automne 1997, l'affaire de l'allocation de garde de l'enfant à domicile (Aged) (mise en cause, par le gouvernement Jospin, d'une aide financière à des familles trop favorisées, et réaction féministe jugeant que c'est une attaque du travail des femmes) permet d'allier le PACS et la parité dans une question évidente pour une militante des années 1970 : comment fabriquer de l'égalité des sexes dans le lien familial ou dans la vie politique ? En effet, le PACS, par-delà la reconnaissance du couple homosexuel, pose la question de l'équivalence des personnes ayant la capacité de s'unir par un lien officiel (pacte ou mariage) ; en ce sens, il est une affaire de droit, et non de mœurs, une affaire d'égalité.

1. Cf. *supra*, « Quand gouverner n'est pas représenter », p. 102-106.
2. Cf. *supra*, « Les Françaises ne sont pas assez insolentes », p. 174-179.

Vous passez ainsi de la théorie à la pratique au moment du débat sur la parité politique et des prémisses d'une introduction en France du gender mainstreaming. *Or, tous deux sont le fruit d'une impulsion européenne.*

Tout à fait. À l'instar de la parité, le *gender mainstreaming* doit être analysé comme la cristallisation française d'une initiative européenne. L'expérience de parlementaire européenne m'a, bien sûr, confortée dans la nécessité d'éclairer les débats français par la dimension européenne. Et surtout, elle n'a pas démenti le postulat selon lequel, sur les questions concernant l'égalité entre les sexes, l'Europe est un « moteur »[1]. Quant au *gender mainstreaming*, il fait partie des trois dynamiques européennes de l'année 1997, les deux autres étant, d'une part, l'article 13 du traité d'Amsterdam[2] permettant de prendre des mesures pour lutter contre les discriminations, en particulier sexistes, et, d'autre part, la directive européenne du 15 décembre 1997 relative au déplacement de la charge de la preuve[3] (non plus prouver le bien-fondé d'une plainte mais prouver qu'il n'y a pas de motif de plainte, ce qui délivre le plaignant de l'établissement de la preuve).

1. Cf. *supra*, « L'Europe, un moteur pour l'égalité des sexes », p. 288-291.

2. *Journal officiel*, n° C 340 du 10 novembre 1997 : « Sans préjudice des autres dispositions du présent traité et dans les limites des compétences que celui-ci confère à la Communauté, le Conseil, statuant à l'unanimité sur proposition de la Commission et après consultation du Parlement européen, peut prendre les mesures nécessaires en vue de combattre toute discrimination fondée sur le sexe, la race ou l'origine ethnique, la religion ou les convictions, un handicap, l'âge ou l'orientation sexuelle ».

3. Cf. *supra*, « Image et discrimination en Europe », p. 292-294 et « L'Europe, un laboratoire politique pour une question politique », in *À côté du genre, op. cit.*

En quoi la pratique a-t-elle alors alimenté la théorie ?

Comme déléguée interministérielle, j'ai pris conscience du processus simultané d'asexuation du social (le neutre des politiques sociales) et de sexuation du politique (l'urgence politique de la parité). Le processus d'asexuation du social, je l'ai expérimenté face à la difficulté pour le monde politique de reconnaître le sexe comme une variable pertinente de l'analyse du social. Par exemple, dans les réunions ministérielles, lorsque je donnais le chiffre sur l'inégalité salariale[1] ou le pourcentage de femmes dans l'emploi à temps partiel. De fait, ce fut un progrès, dans les années 1960-1970, d'abandonner les catégories négatives et stigmatisantes. Mieux vaut dire « famille monoparentale » que « mère célibataire », mais avec la conséquence, inéluctable, qu'on perd de vue la proportion, massive, de femmes concernées. C'est comme un tour de passe-passe où le catégoriel stigmatise et où le général masque le problème. Un autre exemple de cette asexuation du social m'a été donné par les remarques des déléguées régionales aux droits des femmes sur les dangers de dilution des politiques d'égalité affirmées par le gouvernement Jospin, avec comme conséquence la disparition des aides ciblées vers les femmes (aides à l'emploi, à la formation) alors en vigueur[2].

Dans ce contexte d'asexuation du social et de sexuation du politique avec la parité, le *gender mainstreaming* représente une solution, en 1998, dans l'espace public

1. Cf. les débats autour de l'article de Geneviève Fraisse, « La double évidence du féminisme » (voir *supra*, p. 155-159).
2. Cf. *supra*, « La parité n'est pas l'égalité sociale », p. 180-184.

européen. J'y ai vu un intérêt pragmatique immédiat et, afin que ces débats européens trouvent un écho en France, j'ai alors proposé le terme de transversalité. Cette notion ne recouvrant pas tout à fait l'expression communautaire « approche intégrée de l'égalité », elle ne sera pas reprise. Mais elle aide à mieux comprendre l'enjeu : que l'égalité des sexes et des genres soit prise en compte dans chaque dossier, chaque thème politique. Concrètement, cela pouvait servir d'outil pour lutter contre ce phénomène d'asexuation. Au printemps 1998, au moment des débats sur la loi relative à la lutte contre les exclusions, j'ai été contactée par Martine Lignières-Cassou, députée des Pyrénées-Atlantiques : elle constatait que la pauvreté des femmes et leurs difficultés spécifiques étaient passées sous silence dans ce projet de loi. J'ai alors pris l'initiative d'inviter les femmes parlementaires à des petits déjeuners pour réfléchir aux moyens d'influencer les débats. Dire que les questions sociales étaient sexuées semblait à de très nombreux politiques (hommes mais aussi femmes) comme quelque chose de déplacé (voire d'obscène). À l'époque de ces petits déjeuners, il n'est pas explicitement question de *gender mainstreaming*, mais l'exemple européen est prégnant. Danièle Pourtaud, alors sénatrice de Paris, riche de son expérience au Conseil de l'Europe (où fut rédigé le premier rapport sur la parité), nous dit l'importance de mettre en place des délégations parlementaires spécifiques, à l'Assemblée nationale et au Sénat. Je convaincs Laurent Fabius, président de l'Assemblée nationale, de créer ces délégations[1]. Dynah

1. Elles le seront par la loi n° 99-585 du 12 juillet 1999.

Derycke, sénatrice du Nord, a également joué un rôle essentiel.

Au regard de vos expériences politiques françaises et européennes, avez-vous des exemples concrets de gender mainstreaming *?*

Une de mes victoires en tant que déléguée interministérielle est d'avoir convaincu Pierre-Alain Muet, alors représentant le Premier ministre au Conseil d'analyse économique, de faire un rapport sur les aspects économiques de l'égalité entre les femmes et les hommes. Ce rapport a été coordonné par Béatrice Majnoni d'Intignano, professeure à l'université Paris XII[1].

À l'époque, l'enjeu n'était pas d'introduire le *gender mainstreaming*, mais de faire de l'égalité entre les sexes une exigence légitime dans la sphère économique autant que dans la sphère domestique. C'est pour cela qu'il fallait joindre, en parallèle, et comme un clin d'œil, au débat sur la parité l'expression « parité domestique » ; avec pour corollaire la fin de la « conciliation » (accorder des contraires) et la perspective d'une « articulation » des deux vies de chacun, privée et familiale, publique et professionnelle. C'est pour cela aussi que je me suis battue pour le financement de l'enquête sur les violences envers les femmes[2]. C'est du *gender mainstreaming* pragmatique. Quant au *gender mainstreaming* en tant que tel, il arrive en France avec le Plan d'action pour l'emploi et ses quatre

1. Béatrice Majnoni d'Intignano, *Égalité entre les femmes et les hommes : aspects économiques*, Paris, La Documentation française. Rapport, Conseil d'analyse économique, 1999.

2. Cf. *supra*, « Les femmes ne se reconnaissent pas dans les lois qui sont votées », p. 169-173.

piliers où l'un concerne les femmes (regroupées avec les handicapés...). Au gouvernement, personne ne sait quoi en faire tellement cette demande européenne paraît incongrue.

Aussi, il est certain que le poste de déléguée interministérielle comportait du *gender mainstreaming* dans la mesure où il ne s'agit pas seulement de jouer l'interface entre les différents ministères, mais aussi d'impulser cette question de façon transversale (« interministérielle » ; ce que Lionel Jospin avait traduit dans son discours du 8 mars 1998 par le mot « aiguillon »). C'est pourquoi j'ai tenu à symboliser mon rattachement au Premier ministre en étant localisée dans les locaux de Matignon rue Saint-Dominique, et non dans les locaux du ministère des Affaires sociales et de l'Emploi, avenue Ségur. Dans la même perspective, j'ai réactivé en 1998 l'Observatoire de la parité en élargissant ses missions par le décret n° 98-922 modifiant le décret n° 95-1114 portant création de l'Observatoire en 1995. Il fallait que la parité soit élargie à d'autres sphères d'action pour l'égalité.

Le gender mainstreaming *est présenté comme une nouvelle approche de l'égalité des sexes, s'agit-il selon vous d'un nouveau paradigme de l'égalité ?*

À l'instar du *gender*, le *gender mainstreaming* a une dimension philosophique et pas seulement technique. Je tiens à préciser que l'émergence de la notion anglophone de *gender* s'explique par le fait que la signification du terme *sex*, renvoyant aussi bien au sexe biologique qu'à *making sex*, est plus étroite que celle de sexe, mot ayant, en français, une vocation aussi bien concrète qu'abstraite.

C'est pourquoi l'opposition devenue classique sexe/genre fonctionne dans notre langue de manière réductrice en imposant le schéma nature/culture, biologique/social, dont on veut, cependant, toujours se défaire. Quant au *gender mainstreaming*, il pointe une autre difficulté, celle de l'alternative entre politiques générales (masquant l'inégalité entre les sexes) et politiques ciblées (visant des catégories restreintes). Ce terme doit s'entendre comme la reconnaissance d'une contradiction, et comme une tentative de résolution de la tension entre le particulier et le général.

Comment articulez-vous les vertus de ce regard transversal avec le danger de dilution des mesures d'action spécifiques au nom de l'entrée dans une phase de gender mainstreaming *?*

Tenant à la fois de la proposition philosophique et de l'outil technique, les ambivalences de ce concept-méthode n'ont rien de surprenant. Je dirais qu'il est vrai en théorie et faux en pratique (pour reprendre la fameuse formule kantienne – que j'avais inversée en qualifiant la parité de fausse en théorie et vraie en pratique[1]). Je ne remets pas en cause l'utilité du *gender mainstreaming* comme système de veille nécessaire pour rappeler que l'exigence d'égalité entre les sexes doit être une grille de lecture de la connaissance et de l'action. Je sais seulement qu'il faut vivre avec la contradiction. Celle-ci n'est pas la seule à laquelle nous nous confrontons, elle n'est qu'une image parmi d'autres de la tension entre la partie et le tout dans le passage de l'universel abstrait à l'universel concret. En effet, lier les politiques globales aux politiques

1. *À côté du genre, op. cit.*

ciblées serait l'idéal ; l'idéal parce qu'on cesserait de vivre entre un universel toujours plus ou moins menteur et des réalités concrètes trop limitées. Réconcilier l'universel abstrait et le concret particulier est un vieux rêve de la démocratie contemporaine.

Je citerai une anecdote pour illustrer cela. En tant que membre de deux commissions, la Commission des droits de la femme et de l'égalité des chances et celle de la culture, de la jeunesse, de l'éducation, des médias et des sports, j'ai proposé et obtenu de rédiger pour le Parlement européen un rapport d'initiative sur « Femmes et sports ». La résolution a été adoptée en séance plénière à Strasbourg le 5 juin 2003. J'ai été étonnée par la réaction de la commission culture pour laquelle la dimension transversale de cette démarche était loin d'être évidente. Les résistances exprimées révélaient l'attachement des structures et des fonctionnaires à leur pré carré : le sport « appartenait » à la commission culture. Il fut alors question de saisir la Conférence des présidents. Si une solution fut trouvée, c'est parce qu'à un individu (moi-même) il était reconnu la légitimité de faire le lien entre les deux commissions. Cette solution par « l'individuel » est loin de la compréhension du *gender mainstreaming* comme référent de la réflexion politique et de l'action publique[1].

Penser l'égalité des sexes, c'est donc faire cohabiter des contradictions ?

---

1. Geneviève Fraisse, « Touriste en démocratie, chronique d'une élue au Parlement européen », *Drôle d'époque*, n° 17, automne 2005 ; repris dans *L'Europe des idées, op. cit.*

Cela se pourrait bien ! Dire que le *gender mainstreaming* est à la fois une proposition philosophique et une nécessité argumentative, c'est habiter la contradiction entre le particulier et le général, la catégorie « femme » et l'universel démocratique. Dans le triptyque différence/égalité/identité, la question ontologique (identité/différence) ne m'intéresse que si elle croise le politique (l'égalité). Car deux logiques féministes se rencontrent sans cesse, celle qui a pour priorité l'enjeu des sexualités, avec en filigrane la problématique de la définition de soi, et celle qui privilégie les rapports historiques de domination. Et si l'ontologique est aussi politique, au sens où les représentations sont aussi contraignantes que les faits, les mises en perspectives diffèrent. On peut débattre du *queer* et de la subversion des normes sexuelles, mais il ne faut pas oublier que l'asexuation du social est devenue une norme[1] institutionnelle, et une norme aussi contraignante…, c'est-à-dire aussi productrice d'inégalités. Être philosophe, c'est refuser de répondre à la question « Es-tu pour ou es-tu contre ? », c'est refuser de simplifier les choses par l'énoncé d'une opinion comme s'il y avait un choix imposé. En effet, la philosophie, c'est se donner les conditions de penser, même et surtout si cela signifie habiter les contradictions. Comment penser et comment agir ne sont pas des questions opposées ; et cependant, ce sont deux réflexions autonomes. Ainsi, en ce qui concerne la pensée de l'égalité des sexes, un double

1. Geneviève Fraisse, « Les femmes, entre égalité et liberté » (voir *supra*, p. 118-122) et « À côté du genre », in Tazi Nadia (éd.), *Les mots du monde. Masculin-féminin*, Paris, La Découverte, 2004. Repris dans *À côté du genre, op. cit.*

niveau d'analyse s'impose : exclusion/discrimination et inégalité/domination[1]. Je préfère la lucidité de la contradiction que penser que l'on peut tout résoudre. En effet, la domination masculine retrouve sans cesse de nouvelles armes. Reconnaître que le *gender mainstreaming* ne fonctionne pas n'invalide pas sa portée institutionnelle et politique. En effet, il faut tenir dans un équilibre difficile les contradictions conceptuelles et la mise en œuvre des outils d'action. Travailler avec l'aporie est un choix philosophique articulé avec une forme de réalisme dans l'analyse et la prise en compte de l'historicité des sexes. La stratégie féministe mériterait une mise en perspective théorique pour elle-même. Il s'agirait de penser ensemble la vigilance et la lucidité, les visées égalitaires et les ruses de l'histoire. La lucidité comme connaissance de la dialectique de la domination ; les ruses de l'histoire comme reconnaissance de la multiplicité des pratiques possibles… Vaste question…

La contradiction telle qu'elle s'est installée (positivement) en 1997 est énoncée comme devant fonctionner. Nous sommes là pour utiliser tous les outils qui nous sont donnés (j'ai presque envie de dire sans état d'âme), la parité et le *gender mainstreaming* en font partie. Les débats sur la parité et sur le *gender mainstreaming* exhibent justement la tension politique entre deux exigences universalistes ; comme le fondement du débat et de l'action démocratiques.

1. Geneviève Fraisse, « La femme, un objet pour la philosophie ? » et « L'altérité des sexes est-elle radicale ? », in Blay Michel (éd.), *Grand dictionnaire de philosophie*, Paris, Larousse/CNRS, 2003. Repris dans *À côté du genre, op. cit.*

LES RELIGIONS N'AIMENT PAS LES DROITS DES FEMMES*

Le Vatican a du mal avec l'Holocauste : du mal parce qu'il n'a pas brillé, au XXe siècle, pour le dénoncer ; du mal parce qu'il est capable de soupeser avec légèreté, au XXIe siècle, le négationnisme d'un de ses prélats. Or depuis longtemps, nous le savons, les militants anti-avortement dénoncent l'IVG comme un acte similaire à l'Holocauste. Nous sommes des « survivants », clament les pro-vie, car nous avons survécu à la contraception et à l'avortement, meurtres de masse. Le Vatican, en 2009, aggrave encore les choses : la négation de l'Holocauste y semble mieux admise que l'avortement d'une gamine[1]. Oui, face à l'histoire brésilienne d'excommunications en série pour l'avortement de cette fillette, violée, enceinte de jumeaux à neuf ans, la question principale vise l'Église, dans sa splendeur vaticane, et par voie de conséquence ceux qu'elle entraîne avec elle, les catholiques… On les dit malheureux, furieux contre leur hiérarchie… Répétons-le : le lien entre les deux affaires n'est pas anecdotique, ou simple coïncidence : l'extermination des juifs serait moins grave que la destruction de cellules vivantes sans visage.

* *L'Humanité*, 14 mars 2009.

1. Le Vatican avait condamné l'IVG d'une fillette violée [*NdE*].

Ensuite, en ce XXIe siècle où les religions sont à l'honneur, réfléchissons à ce qu'elles font aux femmes. Ma question est simple : quelle religion pense sérieusement le droit des femmes ? Il y a celles qui refusent l'avortement, l'*habeas corpus* des femmes, maîtrise de la reproduction, et il y a celles, parfois les mêmes, qui refusent la prêtrise aux femmes, c'est-à-dire la parité, dont je rappelle la signification : le partage du pouvoir de décider et d'agir pour le bien commun. Du côté de la liberté individuelle, de la propriété du corps, et du côté du collectif (comment imaginer et gouverner le monde), les religions préfèrent penser « pour » les femmes plutôt que de les laisser penser « par » elles-mêmes… Allons-y sans détour : aucune religion ne pense l'égalité des sexes, aucun des trois monothéismes notamment. Chrétiens, juifs, musulmans louvoient tous à leur façon pour éviter cette question brutale : l'égalité, doublée de la liberté, pour tous et toutes. On me répond toujours que tout est dans la nécessaire et délicieuse « complémentarité » des sexes ; manière de formuler, avec bonne conscience, toutes sortes de disparités.

Venons-en, enfin, à l'actualité politique : je n'écris pas ces lignes pour pester contre les religions en général, et leur traitement des femmes en particulier. J'écris pour expliquer que lorsque les féministes s'insurgent contre telle ou telle obligation liée à la religion musulmane, port du foulard ou polygamie, elles savent que la religion chrétienne, aujourd'hui l'Église catholique, peut être tout autant discriminante. Elles connaissent évidemment le soupçon, non négligeable, de bien-pensance colonialiste. Mais elles se savent dans le même bateau, embarcation si fragile du droit des femmes… Voyez d'ailleurs le peu de considération, pour ne pas dire le mépris, accordée par notre gouvernement au Planning familial.

Elles se mettent donc dans le même bateau car l'histoire leur enseigne la vigilance. Le droit des femmes ne s'exporte pas ? Mais il ne se fractionne pas non plus. Et partout, dans le monde, on peut s'en emparer. Ce n'est pas l'Occident et son universalisme qui nous intéressent, ce sont les principes d'égalité et de liberté.

CONSENTEMENT, CHOIX INDÉPENDANT ?*

Pourquoi la notion de consentement prend-elle de plus en plus de place dans notre société ?

La notion de consentement sert effectivement de catalyseur à de très nombreuses discussions, à tel point qu'elle prend la valeur d'un argument politique, comme dans les débats sur le port du foulard ou sur la prostitution. Je pense que c'est le contexte politique, français et mondial, qui explique la montée en puissance de ce mot sur la place publique. Sur le court terme, elle est due à la campagne présidentielle de 2007 : près de deux ans après l'élection du nouveau président, le « non à la soumission » est clairement prononcé sur de nombreuses questions, comme le rappellent les dernières grèves. Le fait de consentir deviendrait alors le contraire de la résistance. À plus long terme, je crois que cette demande se fait autour de la discussion sur la possibilité d'un autre monde. Ma génération est représentative de cette possibilité, avec les utopies, le socialisme au gouvernement, l'altermondialisme… Mais après la chute du mur de Berlin, aucun autre monde ne semble possible.

* *Comité Éthique et Cancer*, bulletin n° 2, mars 2009. Propos recueillis par Saïd Aït-Hartrit et Zineb Tazi.

La solution est d'assumer le fait de consentir, avec comme seule possibilité de subvertir les choses de l'intérieur.

La question du consentement est souvent posée à travers celle de son authenticité. Vous estimez que ce n'est pas la bonne façon de procéder. Pourquoi ?

Dans les débats autour du port du foulard et de la prostitution, l'argument du consentement est utilisé de deux façons. D'un côté, certains remettent en cause son authenticité, le considérant comme le fruit de la misère (prostitution) ou de l'obligation, pour une personne, de vivre dans sa communauté (foulard). À ceux-là, je réponds que je prends pour acquis le consentement d'une personne dotée de raison. Je n'ai pas d'éthique du soupçon et j'aurais sans doute la même réaction vis-à-vis du consentement d'une personne malade face à un médecin. D'un autre côté, certains estiment que, dans la mesure où la personne consent, le problème est réglé. Ils font du consentement individuel un argument de l'émancipation, ce qu'il est, mais sans s'interroger sur ce que représente ce consentement par rapport à l'ensemble politique et social dans lequel nous vivons. Or, la somme des consentements individuels fait-elle un consentement collectif ? Quel monde allons-nous créer à partir de ces consentements individuels, que l'on ne chercherait qu'à réguler ? De la même façon, chacun avance l'argument du consentement comme une réponse. Moi, je le transforme en problème. J'ouvre la boîte de Pandore et je vois que c'est un mot très compliqué. Dans le dictionnaire, il est question d'adhérer (expression de la liberté), et aussi d'accepter (expression des limites de cette liberté)...

Vous dites que la question du consentement est finalement celle du rapport à l'autre. Ce rapport est souvent dissymétrique, notamment dans la relation médecin/malade…

Le consentement est toujours un lien, un rapport. On ne consent pas tout seul. C'est l'expression d'un individu singulier dans un rapport à l'autre, et cet autre peut être « un » ou « des » individus. Prenons le cas d'une relation à deux, comme le mariage ou le divorce. C'est là qu'intervient la distinction entre égalité et liberté. Si on est dans le consentement mutuel, c'est de l'égalité. En revanche, dans le divorce pour faute, ou le mariage imposé, on se trouve dans un rapport de dissymétrie du consentement.

La question posée par la médecine est celle qui est posée par le rapport de forces. Il n'est plus question d'égalité, mais de liberté. Il s'agit de savoir quel est le degré de liberté du malade. Est-il assez important ? La loi donne-t-elle plus de liberté au patient ? Entre le médecin et le malade, c'est un rapport nécessairement dissymétrique, inégalitaire.

L'information du malade peut-elle réduire cette dissymétrie ? Est-elle la condition à remplir avant d'obtenir son consentement ?

Il faudrait distinguer ici la question du savoir de celle du consentement. Certains malades veulent savoir, d'autres pas. C'est une question controversée, celle de l'éclairage voulu par le malade. Au fond, la question posée est celle de la liberté du malade et de son pouvoir. Si le patient a plus de liberté pour consentir à tel traitement ou à tel protocole, cela devrait accroître son pouvoir face au médecin. Autre exemple, si l'on considère que porter le foulard est un acte de liberté, on suppose que cela va favoriser la liberté de la personne, donc son pouvoir social.

Concernant la condition à remplir avant d'obtenir le consentement du malade, il ne faut pas douter de sa liberté. La liberté, c'est l'exercice de la raison, c'est supposer que tout être est un être de raison. Historiquement parlant, la façon de maintenir l'inégalité entre les sexes, autour de la Révolution française, a été de douter de la raison des femmes. Or, le postulat de l'émancipation, c'est que l'on a tous la même raison. C'est l'argument de référence, également dans le domaine médical.

Par rapport à l'information du malade, le médecin n'a pas seulement un savoir à proposer, il a aussi l'expérience, avec laquelle il composera bien mieux que le malade. Pour le médecin, la notion de consentement l'oblige à rendre des comptes. Si le savoir lui donne le pouvoir, il en perd en partageant ce qu'il sait avec le patient.

Qu'en est-il du consentement libre et éclairé, auquel on a recours notamment en médecine ?

Aux adjectifs « libre » et « éclairé », je rajouterais l'adjectif « tacite ». Ce mot pose la question du moyen par lequel on dit « oui ». Cela rappelle tous les débats sur le viol. Dit-on « oui » quand on le prononce verbalement ? En effet, il arrive que soient supposés des consentements alors qu'ils ne sont pas énoncés. C'est la question de savoir quel est le langage, est-il verbal ou corporel ? « Tacite » renvoie aussi à l'expression « Qui ne dit mot consent ». Par ailleurs, on peut à la fois consentir et résister ; et consentir, est-ce pareil qu'obéir ? S'agissant du consentement « libre », cela concerne l'individu et non le groupe. L'adjectif « éclairé » renvoie quant à lui à la question du savoir. Mais, au fond, qu'est-ce que l'éclairage ? Si cela sous-entend que la médecine est une science exacte, c'est lui accorder trop de crédit. Le médecin ne sait pas toujours quels seront les résultats d'un traitement. Les patients atteints de cancer sont souvent dans l'obscurité, et non dans l'éclairage.

Existe-t-il des limites au consentement ?

Il y a des frontières, mais comment les tracer ? Il est impossible de le savoir. Le débat sur le consentement est limité par les richesses incroyables de ce mot, dont j'ignore jusqu'où elles peuvent nous mener. Il s'agit pourtant d'une question importante pour la médecine. Ce qui est certain, c'est que, dans la question politique du contrat social telle que j'ai envie de la poser, et telle que la médecine veut la poser « Quelle société est la meilleure possible ? », le consentement ne va pas pouvoir dicter sa loi partout. Il ne peut pas exister seul. Par ailleurs, dans certaines situations, comme dans le cas du foulard, la société peut prendre en charge la responsabilité de la décision, à travers une loi, au lieu de la faire peser sur l'individu. Ensuite, la possibilité de braver la loi existe aussi. Le consentement pose aussi la question de la révolte.

SERVICE OU SERVITUDE*

Dans votre préface à la réédition de Femmes toutes mains[1], *vous soulignez qu'il y a trente ans on parlait « d'emploi de service ». Mais vous n'imaginiez pas alors que le mot « service » aurait la fortune qu'on lui connaît aujourd'hui. Qu'est-ce qui vous avait amenée à entreprendre ce travail ?*

Il y a trente ans, c'est la fin des années 1970, l'accom plissement d'une décennie féministe dans laquelle je suis très impliquée. Nous dénonçons avec force le travail invisible et gratuit des femmes à la maison. En même temps, à l'intérieur et à l'extérieur du mouvement féministe, la critique du capitalisme met en cause l'exploitation du travail, notamment du travail féminin. Cherchant à construire des instruments de pensée féministe – je veux bien crier dans la rue : « Le privé est politique », mais cela doit se démontrer –, je me dis qu'on ne peut pas séparer le travail invisible des femmes du travail exploité, alors que quelques-unes sont entre les deux, salariées dans l'espace privé. Femmes de ménage, employées de maison… elles sont un million qui, évidemment, n'ont aucune place dans une pensée féministe. La CFDT est le syndicat le plus implanté dans le secteur et, pour ses militantes, l'objectif est de s'incorporer au monde ouvrier. « Nous

* *L'Humanité*, 16 octobre 2009. Propos recueillis par Jacqueline Sellem.
1. Voir Geneviève Fraisse, *Service ou servitude*, *op. cit.*

sommes des travailleuses comme les autres », disent-elles. Mais l'égalité passe-t-elle par le fait d'être une travailleuse comme une autre ? Le mot « service » fédère toutes les questions que je me pose, comme plus tard, sur d'autres thèmes, les mots « consentement », « démocratie exclusive » ou « privilège ». Mais c'est le mot que mes amies féministes ne veulent pas entendre.

J'ai le souvenir que, dans une réunion féministe dans les années 1990, il mettait de l'électricité dans l'air…

Ce malaise est structurel car l'émancipation des unes va de pair avec l'oppression des autres. Il apparaît dans les comptes rendus des congrès féministes des années 1900. Aujourd'hui, les contradictions sont encore moins bien assumées parce que, précisément, tout le travail d'assimilation de cette profession au reste du salariat masque cette part irréductible qui dérange. La question n'est pas de trouver une solution mais de pointer le fait que, dans une dynamique démocratique – on est passé de la bonne à tout faire à l'employée de maison, au personnel de service –, des contradictions subsistent qu'on a intérêt à déplier. Sur la feuille d'impôt apparaît la formule « emploi familial ». Dans le langage du ministère du Travail, c'est « emploi de service ». « Emploi » ramène au monde salarié, mais que veut dire « service » ? La généalogie du mot renvoie au domestique qui, sous la Révolution française, n'a pas le droit de vote parce qu'il n'est pas autonome (les hommes domestiques attendront 1848 pour voter). Au début des années 1900, dans les familles bourgeoises, la bonne vit sur place, ouvre la porte, peut être sonnée la nuit. Elle est l'employée à temps plein que l'on montre pour tenir un certain rang. Le XXe siècle lui permet de conquérir des horaires, une autonomie corporelle. Mais cet emploi dont, désormais, l'invisibilité augmente, reste un service inscrit dans un rapport inégalitaire et dans l'espace clos du foyer. *Le Square*, un texte superbe de Marguerite Duras, dit ce qu'est cette proximité forcée de deux femmes, la patronne et la « remplaçante ». C'est ainsi que se construit, au cœur même de l'émancipation des femmes, une dimension de non-symétrie en même temps que de réciprocité. C'est une histoire un peu folle et, *de facto*, les hommes sont de côté. En revanche, dans le service à la personne, la non-symétrie s'inverse. Celui qui est servi n'est plus le riche, le bourgeois dans toute sa splendeur, c'est la personne vulnérable. La demande est du côté de l'employeur. De « servir la personne » à « service à la personne », le passage à la non-transitivité mérite d'être souligné.

Service ou servitude ? Y a-t-il moins de servitude dans le service à la personne ?

Le « ou » avec le point d'interrogation montre que le terrain est glissant. Je viens de raisonner en termes relationnels pour parler d'égalité. Il faut aborder aussi la question de l'espace privé qui se dédouble en privé et intime. À la fin du XVIIIe siècle, on a voulu sortir l'espace privé du politique pour qu'il ne soit pas « contaminé » par la démocratie. Pourtant, deux siècles de pratiques émancipatrices ont permis que quelque chose de l'ordre de la démocratie rentre dans l'espace privé, par exemple le partage de l'autorité parentale. Nous disions : le privé est politique, mais il faut alors définir le privé, définir l'intime. Tout ce qui relève du gouvernement domestique – ménage, nourriture, soins aux enfants – est complètement politique. La sexualité appartient autant au privé qu'à l'intime. C'est une question politique lorsqu'il y a discrimination, par exemple à l'encontre des homosexuels. Mais la sexualité n'est pas seulement politique. Et puis il y a tout ce qui est de l'ordre de la saleté, de la limite de son corps. Qu'est-ce qu'on en fait ? La crasse, ça existe. Comme existent les mains baladeuses des hommes vulnérables sur les jeunes femmes fraîches qui viennent nettoyer leur maison. Qu'on soit dans le service domestique, dans l'emploi familial ou dans le service à la personne, il y a alors plutôt continuité que rupture. Nous sommes dans un espace politique et nous touchons à des choses extrêmement crues. L'intérêt de cette réédition est de montrer que la bascule énorme, d'employée de maison à service à la personne, ne résout pas le problème de ce qui n'est pas symétrique, de ce qui est de l'ordre de la dépendance, et de ce qui se passe dans un espace clos aux frontières extrêmement floues.

Vous racontez qu'au Portugal, au moment de la Révolution des œillets, des femmes de ménage ont créé une coopérative. Elles disaient : « Nous ne voulons pas travailler seulement pour les riches mais pour tous ceux qui en ont besoin… »

Au début du XIXe siècle, Fourier pensait que, puisque certaines femmes voulaient faire du ménage et d'autres pas, on pouvait créer un espace commun où répartir les activités. C'était un mélange d'idéalisme et de réalisme. On s'est aussi beaucoup posé ce genre de question dans les années 1970. Ce que je retiens de ces Portugaises, c'est qu'elles veulent être actrices de l'histoire au lieu d'en être des figurantes. C'est très important. Mais c'est insuffisant pour changer la structure du rapport privé-public, si on veut de l'égalité entre les sexes.

On nous dit que, maintenant, l'avenir est aux emplois de service. Est-ce leur revalorisation ?

Certains n'emploient pas le mot « service », mais le mot anglais « *care* », qui veut dire « soin », avec l'idée qu'il est plus valorisant, qu'il évoque le travail de l'infirmière. Et cela correspond à cette réalité des personnes vulnérables, notamment âgées, de plus en plus nombreuses. Il y a plusieurs façons de voir ce « *care* ». Il y a ceux qui voient le gisement d'emplois. Emplois féminins, à temps partiel, flexibilisés, mal payés… mais beaucoup d'emplois, c'est bon pour les chiffres ! Il y a ceux qui tiennent le discours du passage à l'ère de la solidarité, c'est-à-dire à une société qui multiplie les liens entre les êtres à travers l'emploi privé salarié. À ceux-là je ne parlerai pas du métier féminin difficile et dévalorisé mais je leur renvoie la question de l'égalité. Quel est le rapport entre égalité et solidarité ? Est-ce que cette solidarité n'est pas le paravent d'une société inégalitaire ? Et il reste, encore une fois, l'affaire de la gestion de l'espace privé. Comment se débrouille-t-on avec cette saleté permanente, récurrente, renouvelée au quotidien ? Que fait-on de nos corps sales ou malades ? Qu'est-ce qui est pris en charge par chacun ? En étant polémique, je dirais que si les femmes élevaient mieux leurs garçons, leur apprenaient à prendre soin de leur corps dans un espace partagé, quelque chose d'autre commencerait à se passer.

Avec cet ouvrage, vous avez analysé en philosophe tout un secteur du monde du travail. On voit, à travers les évolutions actuelles, l'utilité d'une telle démarche. Pourquoi aujourd'hui le travail n'intéresse-t-il pas davantage les philosophes ?

Bonne question ! J'évoquerai ici simplement un élément de la tradition philosophique. La réponse est peut-être dans le *Théétète* de Platon. Dans le dialogue sur le savoir, Socrate raconte que Thalès étant tombé dans un puits à force de regarder les étoiles, une petite servante de Thrace – la région d'où viennent la plupart des esclaves – se mit à « le railler de mettre tant d'ardeur à savoir ce qui est au ciel, alors qu'il ne s'apercevait pas de ce qu'il avait devant lui à ses pieds » ! Et Socrate poursuit : « Or, à l'égard de ceux qui passent leur vie à philosopher, le même trait de raillerie est assez bien à sa place : c'est que, en réalité, l'homme qui est de cet acabit ignore, de son prochain, même de son voisin, non pas seulement ce que fait celui-ci, mais encore, ou peu s'en faut, si c'est un homme ou quelque autre créature ! » … J'espère être la descendante de cette petite servante de Thrace. Elle s'occupe de la crasse mais elle est mise à la place de celle qui raille. Il faut se souvenir de ces domestiques qui, chez Beaumarchais ou chez Marivaux, sont des lecteurs critiques du monde.

Vous dites souvent, et encore dans cette préface, que votre objectif n'est pas de donner des solutions mais de susciter des questions…

J'essaie de traduire dans des termes de pensée des débats d'opinion. Il ne s'agit pas de dire « Je pense plus que vous », mais de démontrer que cette question des sexes est un fonctionnement de la pensée comme de la société.

Il faut passer par l'historicité pour comprendre mais tout est fait pour effacer l'histoire. Qui sait que la première traduction de Darwin, en France, a été faite par une femme, Clémence Royer ? Je suis profondément convaincue que renvoyer la question des sexes à une non-historicité relève de la domination masculine. Être la descendante de la servante de Thrace permet d'entrevoir que les sexes aussi – et pas seulement les masses, les hommes, les structures – font l'histoire. Mais nous sommes parasités par des faux débats dans lesquels on nous impose de choisir : pour ou contre les mères porteuses, pour ou contre le foulard, pour ou contre la prostitution. La question n'est pas de savoir si le consentement d'une femme qui se prostitue est vrai ou faux. Mettre en cause le sujet qui est derrière la prostituée ou la femme voilée relève du mépris de classe. La question est de savoir si le consentement est un argument politique. Et là, je réponds non. On ne peut pas faire un travail politique sans avoir fait un travail épistémologique : avec quels outils, quels arguments, pensons-nous ?

Comme citoyenne, vous avez fait des choix…

Pendant les sept années durant lesquelles j'ai exercé des fonctions politiques responsables, je me suis évidemment engagée. J'ai fait des choix et je suis capable de les énoncer. Mais ce que je fais comme actrice de l'histoire ou comme militante est moins important que le travail d'intelligibilité poursuivi dans mes livres. C'est pour cela que la réception de la réédition de *Femmes toutes mains* me fait un plaisir auquel je ne m'attendais pas. Aujourd'hui, ce livre est bien plus entendu qu'il y a trente ans.

BIEN SÛR, LA CASQUETTE...*

C'est l'histoire d'une casquette... si vous mettez la visière devant, elle est dans le bon sens, vous êtes membre d'une nation qui a une identité sûre, vous êtes reconnaissable et reconnaissant à la société qui vous a permis d'acheter cette casquette. Si vous mettez la visière dans le dos, c'est que quelque chose ne va pas : vous contestez, par exemple, les inégalités sociales ; les identités sexuées imposées, autre exemple. Or c'est la même casquette. Et il s'agit de vous, de qui et de ce que vous êtes.

Si vous avez bien suivi les débats concernant la politique nationale récemment (débat sur l'identité nationale initié par le ministre de l'Immigration, Éric Besson, auquel les associations Act Up-Paris et les Panthères roses ont répondu en éditant un badge « Mon identité n'est pas nationale ») et la politique sexuelle ces dernières années, vous avez évidemment remarqué la permanence du mot identité : qui suis-je ? Qui êtes-vous ? Qui sommes-nous ? Une seule et même question, si on y réfléchit bien...

Identité collective (nationale, patrimoniale), identité individuelle (sexe à choisir, genre à déconstruire). Mais, attention : un seul mot et pourtant deux humeurs. L'identité nationale ennuie, indispose, énerve, exaspère.

* *Têtu*, avril 2010.

Car le risque est grand : dire « nous », c'est aussi toujours dire « eux », ceux qui ne sont pas comme nous. L'identité fait face au différent, à l'altérité. Posture vite figée, perspective plus dangereuse que rassurante. En revanche, l'identité de sexe ou de genre parle de liberté, liberté de la critique, liberté du choix, exploration et expérience.

L'identité sexuelle est une affaire de définition de soi. Que cent fleurs s'épanouissent, disait-on ; que tous les moi(s) se fabriquent, jeux de places où les stéréotypes, les normes sont dissous au mieux, déréglés pour le moins. Pour ma part, je crois plus au dérèglement qu'à la dissolution des normes, des genres, des stéréotypes (mais cela renvoie à une autre discussion).

Une bonne recherche d'identité (le moi libre) contre une mauvaise exigence d'identité (l'appartenance rigide), un espace de liberté possible contre un ordre symbolique remis au goût du jour. L'image de la casquette choisie par Nadine Morano[1], secrétaire d'État à la Famille, illustre cette opposition : une visière à l'avant du corps, ou en arrière de la tête, un bon citoyen ou un mauvais garçon. Notons que ce n'est pas une image pour filles : la visière en arrière dégage le visage, quand le voile tend à cacher ce même visage. Mais pourquoi tant de désirs d'identité, dans la bonne comme dans la mauvaise question ?

Et si, philosophiquement et politiquement, le côté pile, sinistre, et le côté face, joyeux, limitaient notre réflexion ?

1. « Moi, ce que je veux du jeune musulman, quand il est français, c'est qu'il aime son pays, c'est qu'il trouve un travail, c'est qu'il ne parle pas le verlan, qu'il ne mette pas sa casquette à l'envers » (déclaration de Nadine Morano, décembre 2009) [*NdE*].

Rappelons la dualité du mot : identité à soi et identité avec l'autre, définition individuelle ou similitude commune. Dans les deux cas, le contenu s'imposerait : dire « qui », dire le vrai, dire la valeur et la vérité. Injonction à être authentique, à être dans le vrai : et si c'étaient des questions périmées, des impasses ? Dans les deux cas ?

Récemment encore, toute revendication d'un groupe social signifiait pour les commentateurs « repli identitaire » (ou communautarisme). J'ai beaucoup ri de ce que le féminisme (avec le débat sur la parité) apparaisse comme du « repli », alors qu'il s'agissait, à l'évidence, d'un « déploiement » identitaire, déploiement dans la maison de l'universel et non campement catégoriel. Au côté de la caricature du repli se rencontre aussi l'image de la « reconnaissance ». On voudrait, dit-on, être reconnu comme groupe revendiquant ceci ou cela, ou comme individu libre de ses choix. Pourquoi pas ! Mais là encore on est embarrassé. Car où va-t-on ainsi ? Certainement pas vers une réflexion politique ouverte sur les rapports, liens, conflits. Bref, c'est tout simplement une façon de geler l'histoire.

NOUS NE SOMMES PLUS DANS LE PATRIARCAT, MÊME SI…* –

Certains courants du féminisme actuel prônent la déconstruction du genre – voire du sexe – comme la voie royale pour l'abolition du patriarcat. Alors que, dans les années 1970, le mouvement féministe s'attaquait à la hiérarchie et à la domination masculine, aujourd'hui ces courants mettent l'accent sur les transformations corporelles et sur le jeu des identités sexuelles. Quelle serait ta position à ce sujet ?

Dans La Raison des femmes *(1992, p. 200), tu écris : « Le passage d'une histoire individuelle du féminisme à une histoire collective au début du* XIXe *siècle ne signifie pas simplement un « progrès » historique, moment où seraient analysées, puis dépassées les insuffisances des stratégies individuelles ou des comportements d'exception ». Est-ce qu'actuellement, du moins en France, on ne serait pas en train de revenir à ces stratégies individuelles, voire identitaires ?*

À propos du patriarcat, tu soutiens qu'en Occident la domination masculine ne prend plus la forme du patriarcat mais qu'il faudrait plutôt parler de la « société démocratique des frères ». Peux-tu nous en dire plus ?

---

* *Réfractions. Recherches et expressions anarchistes*, n° 24, « Des féminismes, en veux-tu, en voilà », mai 2010. Entretien réalisé par Heloisa Castellanos.

À l'heure actuelle, dans certains courants féministes l'égalité n'est pensable que dans l'indifférenciation des sexes. La différence n'est pensée que comme nécessairement hiérarchique. Sachant la valeur que tu accordes à l'égalité comme principe, comment entends-tu cela ?

J'ai été rétive au mot « genre » il y a vingt ans déjà, dans un long processus d'étonnement ; en même temps j'ai toujours été intriguée par le fait qu'il fallait restituer la logique, la compréhension. Je pense d'abord que cela s'insère dans un problème très large, global : la question de l'identité est partout, pas seulement chez les féministes. C'est-à-dire que l'affirmation du sujet individuel prime politiquement sur des propositions collectives. On retrouve cela avec la polémique autour de la jeune fille portant un foulard sur les listes du Nouveau Parti anticapitaliste (NPA) : l'important, c'est son affirmation individuelle et ce n'est en rien ce qu'elle peut représenter à travers cela. Toutes ces questions ont une spécificité liée à la question femme, sexe, genre. Mais je pense aussi qu'elles touchent à un ensemble. Il y a eu plusieurs polémiques quand j'ai sorti *Du consentement,* tout particulièrement avec mes camarades d'extrême gauche qui ne comprenaient pas pourquoi je posais la question comme cela. Pour eux le consentement est clivé : ou bien on est soumis ou bien on est libre. Moi qui essayais d'articuler les deux, j'avais affaire à des sourds. Ils veulent bien parler du consentement comme soumission, ils veulent bien parler du consentement comme liberté, mais ils ne voient pas que cela s'articule, même si ça grince un peu. On a bien affaire à un problème philosophique général, qui n'est en rien particulier au féminisme.

À propos de la phrase dans *La Raison des femmes* : le progrès, ça n'existe pas, il s'agit plutôt de ruptures. C'est pour ça que c'est entre guillemets. La fin du XXe siècle a été un moment de rupture : on est arrivé à l'acquisition de la quasi-totalité des droits civils, comme l'égalité parentale par exemple, qui parachèvent la citoyenneté.

L'égalité à l'intérieur de la famille ne date que de la fin du XXe siècle. Il y a un saut à ce moment, de la même façon qu'il y a eu un saut il y a deux siècles, parce que la plupart des droits sont acquis après deux siècles de combat féministe (mixité de l'enseignement, égalité dans la famille, etc.). Un certain nombre de lois sont données aux femmes à la fin du XXe siècle, et quelque chose bascule du côté de ce que j'appelle la controverse. Nous sommes suffisamment nombreuses pour être en désaccord. C'est apparu au moment de la parité : ce n'est plus seulement une femme d'exception qui va faire le printemps féministe, comme Simone de Beauvoir dans les années 1970 ; ça, c'est fini. L'avantage du débat sur la parité est qu'on pouvait voir dans la même page du journal des textes de femmes ayant des avis contradictoires. Comme on est des êtres historiques, on peut être en désaccord.

Dans la controverse, quand on parle du foulard ou de la prostitution, on peut être en désaccord, on peut ne pas être d'accord sur la définition de la liberté, on est féministe mais on peut définir la liberté d'une façon ou d'une autre. C'est cela que je défends. Face à l'individu, nous pouvons être dans la controverse, et être en désaccord sur la liberté ou sur l'égalité, sur les fins et sur les moyens.

Liberté qui n'en est pas une sans l'égalité.

Il y en a qui ne prennent qu'un seul principe, soit la liberté, soit l'égalité. Je prends les deux : il faut garder les deux concepts et non pas privilégier l'un des deux. La liberté du corps, par exemple maternelle ou prostitutionnelle. Je n'ai pas de problème avec les mères porteuses, je pense que cela a toujours existé, qu'il y a toujours eu des mères qui ne font que porter l'enfant et d'autres qui les élèvent.

Pour reprendre la question contemporaine de la jeune femme qui se présente sur les listes du NPA, pour moi le problème n'est pas tellement qu'elle porte le foulard ou qu'elle soit de la religion de l'islam. Le problème, c'est qu'aucune religion ne pense l'égalité homme-femme ; les religions sont contradictoires avec l'égalité entre hommes et femmes. Les féministes chrétiennes par exemple sont amenées à faire des aménagements aux deux extrêmes, du côté de la liberté de la contraception et de l'avortement comme du côté de la parité, parce qu'aucune religion ne veut de prélat féminin – il y a bien quelques femmes rabbins, c'est toujours conquis de haute lutte ; et ne parlons pas des religions chrétiennes ou musulmanes. Quand on défend cette jeune femme, on ne le fait qu'au nom de la liberté ; il y en a qui vont dire que c'est au nom de l'égalité, mais, justement, il faut mettre les deux en même temps. Des gens d'extrême gauche, qui sont nos amis, vont dire : « Puisqu'elle consent, elle est libre » ; d'autres vont dire : « Chacun doit être égal à chacun ». Ce raisonnement n'est pas sans rencontrer un certain nombre d'obstacles. Il suffit de remplacer cette femme avec un foulard par quelqu'un d'autre qui leur plairait moins, un imam par exemple : est-ce que cela aurait le même effet d'énoncé d'égalité ? Je propose qu'on essaie de vérifier si c'est pareil quels que soient les individus.

Est-ce que tu peux développer les raisons de tes réticences à la notion de genre ?

Le genre est une hypothèse conceptuelle intéressante. En langue américaine le mot « sexe » est biologique uniquement, contrairement à la langue française dans laquelle le mot « sexe » est polyphonique. Le mot genre est venu comme une hypothèse conceptuelle possible. Nous avons besoin de concepts. En revanche, il peut aussi être un obstacle pour la pensée. On le voit dans les lieux académiques, où c'était déjà perceptible il y a vingt ou vingt-cinq ans. Le mot genre veut dire social, culturel par rapport à biologique ; il rabat sur l'opposition nature/culture. Or cette opposition est un schéma heuristique épuisé. Donc, si on garde le mot genre par rapport à sexe, si c'est pour garder culture par rapport à nature, je dis non.

Le deuxième problème avec le mot genre, c'est qu'il fonctionne comme un universel, un neutre, qui va faire cache-sexe, effacer la contradiction au profit d'un neutre. On va dire : on travaille sur le genre, alors qu'en fait on travaille sur la question d'un rapport de forces, des rapports sociaux de sexe, comme continuent à dire certains. Au moins, quand on dit rapports sociaux de sexe, on entend quelque chose qui est conflictuel, l'image marxiste d'un rapport de contradiction, de conflit.

La troisième raison pour laquelle je continue à garder le mot sexe est que ce mot n'est justement pas manipulable facilement, on ne peut pas désamorcer ce qu'il y a dans le mot sexe : la sexualité, l'excès, l'inégalité… C'est un mot qui porte beaucoup de pistes possibles de travail. Je ne me sers pas du chemin nature/culture puisque ce qui compte, c'est l'historicité, précisément cette échappée hors de l'opposition nature/culture. Qu'est-ce qui fait histoire ? En énonçant le naturel par rapport au culturel, que le sexe précède le genre ou que le genre précède le sexe, c'est le même chemin heuristique nature/culture. Ce qui est intéressant, c'est ce qui va faire histoire. Comment cela va basculer vers l'histoire.

La fin du xxe siècle est un moment de rupture historique, on change le socle féministe, ça fait histoire. Quand Simone de Beauvoir dit : « On ne naît pas femme, on le devient », elle n'oppose pas tant nature et culture que naître et devenir. Elle introduit ainsi la temporalité, c'est là la vraie recherche. L'hypothèse philosophique la plus subversive à mes yeux, c'est « le devenir », c'est l'histoire. Comment les sexes vont faire l'histoire.

Mes réticences par rapport au mot sont là dès le début. J'ai pensé, en effet, que ce mot effacerait le conflit. Le genre est comme le neutre démocratique : puisque les Droits de l'homme sont un universel, pourquoi vouloir le Droit des femmes ? Le genre est là pour servir l'universel. Jamais des femmes qui ont introduit le mot genre n'ont pensé cela. Les effets que je crains depuis le début se sont avérés. Celles qui ont introduit le mot genre l'ont fait par rapport à la question de savoir si l'identité sexuelle est LE lieu de la subversion qui entraînera toutes les conséquences féministes souhaitées. Ce qui est sous-entendu par la théorie du genre, puis *queer,* autour de l'identité sexuelle, est que ce n'est pas une question périphérique mais une question centrale, axiale et que si on fait sauter l'hétérosexualité, si on fait sauter la différence des sexes, alors toutes les autres inégalités seront résolues. C'est important de restituer l'ambition d'une hypothèse, on met la sexualité au centre, non seulement pour des raisons identitaires, mais parce qu'on pense qu'en faisant sauter le verrou du partage des sexualités on entraînera toutes les autres réformes.

Autrement dit, la disparition de l'hétérosexualité est la voie royale pour l'abolition du patriarcat.

Oui, c'est ça, c'est la voie royale.

En conséquence, la question de s'occuper de sa propre identité et de sa subversion personnelle a pris beaucoup d'ampleur. Dans les années 1970, les homosexuelles se revendiquaient comme voulant avoir le droit d'être homosexuelles et se mettaient en collectif pour cela ; aujourd'hui la question est la définition de soi, le « qui suis-je ». Cette obsession de la définition de soi me paraît devoir être posée comme problème.

Une fois que j'ai dit ma réticence par rapport au mot genre, une fois que j'ai dit qu'il était, par ceux qui en faisaient leur étendard, la voie royale de la subversion, non pas de sa petite personne mais bien de l'ensemble des problèmes, tout se résoudrait si on se référait à une indifférenciation. Il y a des variantes, certains optent pour une indifférenciation, d'autres pour le travestissement, etc.

Je me suis beaucoup amusée à faire un petit livre pour la collection philo de Gallimard Jeunesse intitulé *Le mélange des sexes.* La question du mélange m'amuse, parce qu'elle veut dire mixité mais aussi plus que mixité. « Mélange » est un terme platonicien qu'on peut inscrire dans l'histoire de la philosophie. J'ai eu beaucoup de mésaventures avec ce titre, l'éditeur n'en voulait pas, ça faisait trop « sexuel » ; en espagnol il a été traduit *La guerra de los sexos !* Le mélange, pourtant, c'est bien la non-ségrégation.

Nous, les féministes, nous avons critiqué le marxisme avec sa contradiction principale et sa contradiction secondaire. Je ne veux pas être la contradiction secondaire. Or c'est ce qu'on nous dit encore aujourd'hui : « Laissez-la porter le foulard, ce n'est pas important, ce qui est important c'est qu'elle participe à la vie publique », etc.

Je sais très bien que cela veut dire en gros : « Taisez-vous, ce n'est pas important, ce qui est important c'est d'abord, par exemple, la question du logement et pas de savoir si les femmes peuvent circuler ou pas ». La démocratie a été obligée d'accepter qu'il y ait de la démocratie dans la famille. Rousseau ou Tocqueville voulaient que ce qui se passe dans la famille reste bien séparé de ce qui se passe dans l'espace public. D'accord pour l'égalité dans l'espace public, mais pas d'accord pour l'égalité dans l'espace privé. C'est la tradition aristotélicienne qui passe par eux, et qui sera reprise d'une certaine façon par Hannah Arendt ; il y a hétérogénéité entre la famille et la cité. Or les féministes ont réclamé l'égalité dans l'espace public et ont voulu la faire entrer dans l'espace privé, avec tous les partages entre l'homme et la femme dans l'espace privé.

Que faire des propositions de foulard, de niqab, de voile intégral, etc. ? Il s'agit de dire : « Nous allons exporter dans l'espace public des valeurs de l'espace privé ». C'est donc une réponse politique géniale, c'est ça qu'il faut dire au lieu de s'arracher les cheveux sur la laïcité. Ce n'est que du politique, un argument politique. « Vous dites : on va faire de l'égalité partout, nous on va faire de l'inégalité partout ». C'est une tête de pont pour dire qu'on peut introduire dans l'espace public une représentation inégalitaire des individus. Il faut faire une analyse politique de cette intrusion dans l'espace public de ce qu'on dit être les valeurs personnelles. Je m'intéresse plus à faire ces analyses-là que des analyses partant uniquement de sujets individuels qui doivent défendre leur sexualité, le transgenre d'un côté, le super-marquage sexuel de l'autre. Parce que ce sont les deux extrêmes d'une même problématique, on peut défendre le foulard et le changement de sexe. On défend la liberté individuelle. Ça ne va pas plaire à certains transgenres si je leur dis : « Regardez, c'est la même histoire, c'est-à-dire : je fais comme je veux ». L'avancée démocratique permet cela aujourd'hui. Restons fidèles aux choix collectifs, je privilégie toujours l'expression « la société de demain » ou « le monde de demain ». Pourquoi ? Parce que se pose la question de la transmission. Je suis en train de faire le monde de demain si j'accepte ou je refuse telle ou telle chose.

L'été dernier on a proposé des maillots de bain très couvrants pour se conformer aux exigences de l'islam, les « birkinis » ; au même moment il y avait des militantes féministes qui réclamaient de pouvoir se baigner torse nu, comme les hommes, dans la piscine du quartier. C'est intéressant, parce que les féministes se revendiquent de ces deux choses. Ce n'est pas seulement une question de pudeur, c'est du politique. On dit que le port du foulard, c'est la liberté, mais je vois que le port du foulard à l'école dispense de faire du sport, et je pense que l'émancipation des filles peut passer par le sport. On a vu des filles de cités de banlieue s'émanciper par le sport plutôt que par les mathématiques, c'est-à-dire réussir à l'école à travers cette matière. Si elles n'ont plus accès à cette matière-là, cela les prive d'une des voies possibles pour l'émancipation. Cette offensive du « birkini » m'a beaucoup amusée car c'est une réponse à l'argument politique. Argument qui est de dire : « L'émancipation peut passer par le sport ; si vous interdisez le sport à l'école pour les filles c'est embêtant du point de vue de l'émancipation ». On me répond : « Attendez, on fait le maillot de bain qu'il faut pour ».

Laissons tomber la morale, la laïcité, la religion, car on est dans un face-à-face politique, avec des arguments politiques.

Tu penses que le terme ou la notion de « patriarcat » n'est plus pertinent.

Dans la société occidentale, non ; je ne le dirais pas si je vais au Maghreb aujourd'hui. Les trois pays du Maghreb sont très différents en matière de droits des femmes, entre la réforme marocaine, la régression algérienne et le féminisme d'État tunisien : dans ces pays-là, on est toujours dans le patriarcat. Le code de la famille algérien est un code patriarcal au sens propre : c'est-à-dire au sens du pouvoir paternel, du pouvoir du père. Les féministes préfèrent en général continuer à utiliser ce terme, et d'autres amis résisteront à mes distinctions géographiques. Pourtant, le pouvoir paternel, comme tel, mérite d'être distingué de la domination masculine en général.

Dans nos sociétés occidentales, nous ne sommes plus dans le patriarcat puisque nous avons effectivement travaillé pendant ces deux derniers siècles à produire une multiplication de possibilités égalitaires dans l'espace public comme dans l'espace privé. Le patriarcat peut rester dans nos têtes, mais il n'y a plus de chef de famille. Il n'y en a plus au niveau des lois, même si dans l'administration il y a encore des comportements qui relèvent du patriarcat ; mais ce n'est pas légal. Le patriarcat est un mot pour dire la domination masculine, mais le père chef de famille n'existe plus. Il faut le souligner trois fois, sinon on est dans la confusion.

Ce qu'on aperçoit très clairement à partir de la Révolution française, c'est que les citoyens sont des frères, pas des pères ; sous la monarchie il y a des pères. Pourquoi, alors, n'est-ce pas un « fratriarcat » ? Ce n'est pas un fratriarcat parce que l'exclusion des femmes n'est pas énoncée ; cela s'appelle la démocratie exclusive ; on a juste dit : « On a de bonnes raisons de ne pas associer les femmes aux hommes », mais *Muse de la raison* montre que la Révolution française et la fin de la monarchie ne sont pas une affirmation théorique d'une démocratie excluant les femmes ; c'est la démocratie exclusive, pas la démocratie excluante. Exclusive, cela veut dire, comme dans un club,

« Restez dehors, on va rester entre nous » ; un jour on va ouvrir la porte et on va vous laisser entrer. Exclusive, cela veut dire qu'on choisit d'abord les hommes, mais on ne dit pas : « Il est hors de question que vous, les femmes, vous entriez ». C'est ce qu'il s'est passé dans le dernier siècle, et on a mis cent ans de plus à donner le droit de vote aux femmes.

Il n'y a pas une production de système disant que la démocratie que nous créons est une démocratie uniquement réservée aux hommes. L'argument du Code civil est le suivant : « Est citoyenne toute personne jouissant de l'ensemble de ses droits civils ». Les femmes ne jouissent pas de l'ensemble des droits civils, donc elles ne sont pas citoyennes. Mais personne n'a théorisé l'exclusion. Si on avait dit : « Est citoyen tout homme de sexe mâle », ce serait bien l'instauration d'un « fratriarcat », c'est-à-dire d'une horizontalité. Patriarcat signifie que le père commande aux fils tandis que les frères représenteraient l'égalité. L'horizontalité, pas la verticalité. Si on avait dit « Est citoyenne toute personne de sexe mâle », on aurait eu le « fratriarcat », mais pas quand on dit « Est citoyenne toute personne jouissant de l'ensemble de ses droits civils ». Et depuis la fin du XIXe siècle, et au XXe siècle aussi, on assiste à la conquête des droits civils, puis de la citoyenneté. Voilà pourquoi ce n'est pas un « fratriarcat », mais voilà aussi pourquoi nous ne sommes plus dans un patriarcat ; la démocratie n'est pas un patriarcat.

Deuxième point : les féministes qui utilisent l'expression « patriarcat » l'utilisent comme équivalent de domination masculine. Bien sûr, il y a encore des rémanences de patriarcat, comme il y a des rémanences monarchiques dans le gouvernement, mais ce n'est plus le père qui domine, ce sont les frères, le collectif des frères qui nous empêchent d'avancer, qui perpétuent la domination masculine. Cela s'appelle « la république des frères ». Par ailleurs, les pères des filles sont de formidables alliés dans le chemin de l'émancipation parce qu'ils veulent que les filles aillent aussi loin que les garçons dans les études.

Une autre question, c'est celle de l'égalité et de l'indifférenciation des sexes. L'égalité, dans les courants actuels, est pensée comme l'effacement de la différence des sexes ; il faut sortir du système binaire, deux sexes, et l'égalité et la liberté viendront de cet éclatement, de cette multiplication des sexes.

Il y a un aspect très important, développé dans le séminaire sur la « Controverse des sexes » : c'est le « dérèglement des représentations ». Je ne suis pas sûre qu'on va dissoudre la binarité, la dualité sexuelle parce que l'empiricité nous la rapporte tout le temps ; dans la vie, l'utopie de la dissolution n'est pas viable, ou restera à l'état d'horizon. À partir de là, on peut travailler le désordre : ce qui m'anime, c'est le désordre, le dérèglement des représentations. En prenant l'exemple du rapport entre muse et génie (et non pas entre homme et femme) dans la représentation des arts, je vois que c'est déréglé : une femme pourrait être génie aujourd'hui, un homme pourrait être muse. Tout le débat autour de « Inspirez mais n'écrivez pas », comme dit le poète à la fin du XVIIIe siècle, équivaut à dire : « Vous êtes la muse et je suis le poète, je suis le créateur et vous êtes la matière à partir de laquelle je peux trouver l'inspiration de la création ». Et que fait la démocratie ? Elle met du désordre dans tout ça, la femme a envie d'écrire et de partager les jouissances. Il y a bien une muse et un génie, mais on peut être sa propre muse, et le génie peut trouver en lui-même sa propre muse. La démocratie, c'est le dérèglement, ce n'est pas la disparition de la dualité. Ce que je propose là est plus modeste que ce que proposent ceux qui pensent la dissolution, mais c'est assez radical. Et là encore se réintroduit l'histoire. Je ne sais pas ce que cela va faire, et j'aime bien ne pas savoir. De la même façon que je garde le mot sexe par rapport au mot genre, je vais garder la muse et le génie, sauf que je ne sais plus très bien qui va être muse ou génie. C'est pour la même raison que je suis d'accord avec l'idée de mère porteuse, contrairement à d'autres amies féministes, parce que précisément il peut y avoir plusieurs parents. Ce qui m'intéresse, c'est la dissociation qui est présente dans tout cela, entre celle qui porte et celle qui élève, de la même façon qu'on a dissocié la sexualité de la procréation. Ce fut la grande révolution de la fin du XXe siècle.

QUAND DIRE C'EST FAIRE, QUAND FAIRE C'EST DIRE*

Dilemme de la démocratie aujourd'hui, celui du dire et du faire, ironique décalage avec la pensée marxiste, plutôt attentive au rapport entre théorie et pratique. Dilemme parce que le lien entre dire et faire, entre faire et dire, est largement escamoté dans le discours politique.

Quand dire, c'est faire : le *care*, soin, souci, sollicitude, dit le projet d'une société solidaire, dit le commun des êtres humains plutôt que leur solitude d'atomes sociaux. Dire ce lien renouvellerait le paradigme social ; énoncé magique où un dire produirait une réalité nouvelle. Or, justement, dire ce n'est pas faire. Car le faire ne ressemble pas au dire. Qui pratique le soin des vulnérables ? Une population elle-même vulnérable.

Car faire le soin est la tâche des femmes : 97 % des salariés du « service à la personne » par exemple ; temps partiel, pauvreté à l'horizon, retraite hypothétique pour beaucoup. Le faire du soin, indissociable de l'activité de service, n'a rien d'un rêve politique. Faire le soin indique le gisement d'emplois propice aux solutions économiques ; ce qui n'empêche nullement de réduire le

* *Le Monde*, 19 juin 2010. Paru sous le titre : « L'égalité des sexes reste à conquérir. Repenser l'autonomie des femmes ».

nombre des infirmières. Le service domestique de jadis s'est transformé en « service à la personne ». Et vous avez dit subversif ?

Sous-emploi des femmes, ai-je dit ; et retour en arrière assuré pour leur émancipation… L'autonomie des femmes est encore une conquête à venir, bien plus qu'un moment libéral à dépasser ! La critique de l'individualisme libéral oublie que l'autonomie socio-économique des femmes est loin d'être une évidence, que la dépendance l'emporte encore souvent sur l'indépendance, que le lien est aussi un piège. Dire la vertu du soin cache le vice de la division sexuée du travail subalterne… Entre dire et faire : un abîme. Dire n'est pas faire ; et le faire prosaïque interroge le dire.

Inversons la formule : quand faire, c'est dire. Faire le geste individuel du foulard ou du voile intégral. Cela dit quoi ? Rien, juste un bout de tissu, quelques cas isolés, disent mes amis. On invoque la liberté individuelle, l'autonomie du sujet, le consentement. Aucun lien social apparent, contrairement à l'exemple précédent ; uniquement, dit-on, du choix personnel ; autarcique ? Le consentement serait une affaire entre soi et soi. Mais faire, c'est dire, c'est dire à d'autres, aux autres. C'est un dire politique.

L'important n'est pas qu'une femme voilée soit reconnue comme sujet (aucun doute là-dessus, pour ma part), c'est que ce geste soit lu comme un énoncé politique (ce que personne ne souhaite vraiment). Énoncé politique valorisé, ou au contraire contestable, c'est selon. Et il n'est nul besoin de parler religion, laïcité, identité, diversité…

Ici, faire, c'est dire. Refusons le déni du politique, le rejet de l'importance du port du voile. Car en matière de féminisme, c'est courant, c'est même un argument clé de la domination masculine : passez votre chemin, il n'y a rien à voir ; que du futile, du privé, de l'anecdotique. Alors, que dit le voile du corps entier ? Il dit la société divisée en classes d'immigration, en sexes de pouvoir, en corps marchandises ; il dit, par l'invisible, le trop visible des inégalités. Mais, soulignons-le, dit le politique avec les instruments de la domination masculine.

Alors, porter le voile intégral serait une forme d'émancipation ? Mais dans quelle dialectique dominante ? Oui, faire, c'est dire : mais pour quelle histoire à venir, quel projet d'égalité des sexes ? Il y a de quoi douter.

Résumons : quand dire c'est faire me rappelle qu'il faut voir les sexes à l'œuvre dans le dire des politiques. Quand faire c'est dire m'explique que les sexes font de la politique. La politique est sexuée et le sexe est politique. On toucherait ainsi à l'essentiel du slogan féministe : « Le privé est politique », le personnel est politique.

Oui, le quotidien domestique, la garde des enfants et l'activité économique de chacun sont du politique. L'intime même est traversé de politique. Car est politique ce qui cache la division sexuée du monde tout autant que ce qui l'exhibe dans sa caricature (le voile intégral rejoint là les « bimbos » de la télévision italienne). Est politique ce qui masque les rouages de la domination masculine.

Servir, consentir : ces mots du vocabulaire, très souvent au féminin, disent depuis toujours le lien entre les êtres.

Mais quel lien ? Celui de la symétrie qui promet l'égalité, ou celui du déséquilibre que cimentent les inégalités ? Or ce qui manque, ce n'est pas le lien, c'est l'échange, le rapport… et le conflit ; pour résister au morcellement des mots et des images…

Dire, c'est faire, et on n'y voit rien ; faire c'est dire et il faut vraiment voir. Ou bien penser et agir ; vous avez dit théorie et pratique ? Cela me convient mieux.

DE L'EXCLUSION À LA DISCRIMINATION. UNE GÉNÉALOGIE HISTORIQUE, PHILOSOPHIQUE ET POLITIQUE*

La démocratie s'est construite en tenant les femmes à l'écart : aucun énoncé systématique n'explicite leur exclusion, mais la démocratie n'a longtemps valu que pour les hommes. Celle-ci n'est donc pas excluante mais exclusive : « ni citoyenne, ni travailleuse, mais "précieuse moitié de la République" comme le dit Rousseau, tel fut donc le rêve de l'homme démocratique à l'égard des femmes ». Geneviève Fraisse revient sur le long parcours de 1830 à nos jours qui a conduit à l'inclusion progressive des femmes dans le système démocratique. De leur inclusion dans le « tout » démocratique, naîtra le processus de discrimination envers les femmes, processus qui consiste à séparer en jugeant, ainsi que l'idée qu'il y a bien deux gouvernements démocratiques, le domestique et le politique. La philosophe met l'accent sur le rôle moteur de l'Europe concernant l'égalité entre les sexes et la lutte contre les discriminations et sur les contradictions possibles, indépassables selon elle, inhérentes aux politiques de type

* *Revue de l'OFCE*, n° 114, juillet 2010. Entretien réalisé par Hélène Périvier. Repris dans Françoise Milewski et Hélène Périvier (dir.), *Les discriminations entre les femmes et les hommes*, Paris, Presses de la Fondation nationale des sciences politiques, 2011.

gender mainstreaming *(approche intégrée de l'égalité). Sa pensée se situe hors de la réflexion identitaire et se déploie face à la praxis, de sorte à formuler les problèmes autour de l'histoire de l'égalité et de la liberté des femmes.*

Comment définissez-vous le terme de « discrimination » et quel lien faites-vous avec celui d'« exclusion » ?

Il y a différentes façons d'appréhender la discrimination suivant le type de schéma d'analyse des inégalités ou des rapports de forces que l'on met en avant. Pour penser la domination, on peut s'appuyer soit sur une image énergétique soit sur une image spatiale. Dans le premier cas, on adopte des approches dynamiques que sont le rapport de forces, le rapport à la domination, la dénonciation de la domination, l'idée de l'oppression, etc. Dans le second cas, on s'appuie sur une image spatiale comme exclusion/discrimination : suis-je ou ne suis-je pas dans l'espace et quelle place j'occupe dans cet espace ?

Le mot « discrimination » vient du terme latin *discrimen* qui signifie « point de séparation ». « Discriminer », c'est alors distinguer, « séparer en jugeant » ; alors que le mot « exclure » signifie mettre dehors ou supposer que la personne n'appartient pas au cercle dans lequel on se place. La discrimination se situe donc à l'intérieur du même espace, on ne suppose pas d'extérieur, en tout cas on suppose moins d'extériorité qu'avec le terme « exclure ». C'est donc dans l'inclusion qu'il y a discrimination. Lorsque l'on dit que l'on est discriminé à l'embauche ou dans une entreprise, c'est que l'on se situe sur le marché du travail ou dans l'entreprise elle-même : c'est à l'intérieur que se joue la discrimination. La situation est différente lorsque l'on est exclu du marché du travail. Par exemple les personnes handicapées peuvent dire qu'elles en ont été pendant longtemps exclues, avant d'avoir été discriminées. Finalement, les revendications des travailleurs handicapés, c'est d'avoir le droit à la discrimination ! Quand cesse l'exclusion, commence la discrimination.

Finalement, on peut presque dire qu'on gagne quelque chose à pouvoir penser en termes de discrimination ?

Attention, ce n'est pas un mécanisme d'histoires simples, les deux phénomènes peuvent coexister, on ne peut pas dire que parce qu'il n'y aurait plus d'exclusion, il n'y aurait plus que de la discrimination. Néanmoins, si je reprends l'exemple des travailleurs handicapés, ils cherchent à sortir de leur exclusion du monde du travail, de la même façon qu'ils sont encore exclus de tel ou tel bâtiment puisqu'ils n'ont pas de moyen d'y entrer physiquement. La discrimination se produit à l'intérieur même du système, donc si l'on veut appeler cela un progrès, appelons cela un progrès !

Le néologisme « discrimination » apparaît en 1877, c'est donc intéressant de reprendre les choses au moment de la IIIe République. Quand on instaure cette IIIe République après la guerre de 1870 et la Commune, la question se pose réellement de savoir quelle est la possibilité d'une égalité entre les sexes. D'ailleurs le mouvement féministe se déploie en force des années 1880 à 1914. Ce n'est pas par hasard, c'est parce que l'espace républicain leur donne la place d'affirmer l'exigence d'égalité entre les sexes et donc de mettre en cause l'exclusion. Émerge alors, non pas les premières réclamations (elles naissent avec la Révolution française puis se développent durant les années 1830), mais une systématisation de la réclamation de la citoyenneté. Je pense notamment à cette figure historique importante qu'est Hubertine Auclert[1] qui refuse de payer ses impôts puisqu'elle n'est pas citoyenne. Elle explique qu'elle ne voit pas pourquoi elle devrait donner de l'argent à l'État alors qu'elle ne sait pas ce qu'on en fait. L'équivalence « je ne suis pas citoyenne, je ne paie pas d'impôt » n'est pas neuve, elle a déjà été énoncée au début du XIXe siècle mais elle est clairement et publiquement affirmée par Hubertine Auclert, qui ira jusqu'à l'affrontement judiciaire.

À partir de ce moment-là, l'exclusion des femmes est battue en brèche frontalement. On ne peut plus les exclure de certains métiers, des études supérieures, éventuellement de la citoyenneté, même si ce dernier point prendra encore quelques décennies. Beaucoup de portes vont s'ouvrir pour les femmes à la fin du XIXe siècle, beaucoup de droits civils vont être obtenus. Certes il faudra attendre 1965 pour que les femmes puissent travailler sans le consentement de leur mari, mais cette IIIe République est quand même un moment d'effervescence, parce que s'ouvre un espace égalitaire. Face à cela, les opposants à l'égalité vont trouver de nouvelles armes et le mot discrimination vient dire : « On n'exclut

1. Hubertine Auclert (1848-1914) : militante féministe républicaine. Fondatrice en 1876 de la société Le droit des femmes qui soutient le droit de vote pour les femmes et qui devient, en 1883, Le suffrage des femmes. Cf. le recueil *Hubertine Auclert, pionnière du féminisme*, Saint-Pourçain-sur-Sioule, Bleu autour, 2007.

plus, mais on peut séparer en jugeant », c'est-à-dire on peut faire des catégories et conserver une hiérarchie à l'intérieur de l'espace commun.

Remontons plus loin dans une perspective historique : vous dites « à l'exclusion succède la discrimination » ; pourquoi et comment les femmes ont-elles été d'abord exclues de l'espace démocratique ?

Je préfère parler de « généalogie » historique plutôt que de « perspective », car il ne s'agit pas de contextualiser le problème, mais d'affirmer la nécessité de reprendre ce que Michel Foucault appelle la provenance, ou la généalogie, c'est-à-dire la façon dont ce phénomène s'est construit. Il s'agit donc de s'adosser à l'histoire comme à une dynamique de compréhension et pas seulement pour l'enrichissement d'une problématique.

Sous l'Ancien Régime, on ne pense pas en termes égalitaires : il y a un ordre, des classes, des places, des statuts. La société était hiérarchisée et reconnue comme telle. Après la rupture révolutionnaire, s'ouvre une « ère démocratique », avec une pensée de la similitude des individus, une pensée de l'égalité possible, ce qui n'était pas possible sous la monarchie. La République vient s'inscrire dans cette ère. Il y a eu une République sous la Révolution française, une deuxième, brève, en 1848 et la troisième après 1870. On peut dire que la République s'est construite sans les femmes, on peut même dire que la pensée de la démocratie s'est construite sans les femmes. Il faut prendre en compte ces deux éléments[1] :

1. « La démocratie exclusive : un paradigme français », *Pouvoirs*, n° 82, 1997, repris dans *Les femmes et leur histoire*, *op. cit.*

le premier relève de l'exclusion *via* la République et le second de la « démocratie exclusive » à partir du substrat démocratique.

La République dit d'entrée de jeu : « Les hommes font les lois, les femmes font les mœurs ». Par cette répartition des tâches dans une structuration de la famille et de la cité autrement que sous forme conjointe (analogie du père et du roi) mais de façon séparée (à chaque sexe son espace), la République exclut explicitement les femmes. Les femmes fabriquent les citoyens qui iront faire les lois : la logique républicaine d'exclusion est relativement explicite.

Si la République énonce clairement la répartition, la démocratie, quant à elle, joue de l'implicite. C'est pourquoi il y a une différence essentielle entre démocratie « excluante » et « exclusive ». Le qualificatif « excluante » impliquerait qu'il y ait eu une détermination, une décision, une justification comme telle de l'exclusion des femmes de l'espace démocratique. Or, le principe même de la démocratie, c'est l'égalité pour tous. Alors que sous l'Ancien Régime on peut tolérer une femme par ci une femme par là parce qu'on peut faire des exceptions, ce n'est plus le cas en démocratie, qui suppose que ce qui est valable pour l'un l'est pour tous. Ainsi, quand Charles de Lacretelle[1] fait cours en 1808 et qu'il y a quelques femmes dans son cours, le problème soulevé est que, si quelques femmes sont là, alors toutes pourraient l'être ; c'est cela la

1. Charles de Lacretelle (1766-1855) : avocat, journaliste et historien, élu membre de l'Académie française en 1811. Il est professeur d'histoire à la Sorbonne.

démocratie. Dans ce cas précis, cela se terminera par une interdiction explicite pour les femmes. Tout le jeu de la « démocratie exclusive » est de faire en sorte d'exclure les femmes sans l'énoncer comme tel[1].

Par quelles procédures va-t-on pouvoir écarter les femmes ? Par exemple, les médecins philosophes diront que les femmes qui font des enfants ne peuvent pas développer leur cerveau, et celles qui développent leur cerveau deviennent stériles. L'idéologie et le rappel à l'ordre normatif et naturaliste opère. Le fameux article 7 du Code civil napoléonien agira également comme un processus exclusif comme le met en évidence Léon Richer[2], un féministe de la IIIe République, proche de Maria Deraismes[3]. L'article 7 dit qu'« est citoyen toute personne jouissant de ses droits civils », mais puisqu'on ne dit pas « qui » ne jouit pas de l'ensemble de ses droits, et notamment les femmes, on les exclut de fait : comme les femmes ne jouissent pas de l'ensemble de leurs droits civils, alors elles ne sont pas citoyennes.

Dans *Les deux gouvernements*[4], j'y ajoutai la question du travail des femmes, absolument centrale au XIXe et au XXe siècle : les femmes ne sont « ni citoyennes, ni travailleuses ». On restreint pour elles les possibilités de travail qu'on accorde aux hommes (je ne parle pas ici

1. Cf. Geneviève Fraisse, *Muse de la raison*, *op. cit.*
2. Léon Richer (1824-1911) : journaliste et féministe français ; avec Maria Deraismes, il fonde l'Association pour le droit des femmes en 1869.
3. Maria Deraismes (1828-1894) : féministe et femme de lettres, elle fonde en 1876 la Société pour l'amélioration du sort de la femme.
4. *Les deux gouvernements*, *op. cit.*

des ouvrières !). Tout cela s'avère toujours d'actualité, comme le montre le développement récent des emplois de service, actualité qui réintroduit de la répartition sexuée massivement et ce dans la plus forte inégalité possible sur le marché du travail ; et finalement personne ou presque n'y trouve à redire. La question du travail est donc extrêmement importante. En la situant en rapport à celle de la démocratie et de la République, on voit que l'affaire de la citoyenneté est aussi celle de l'emploi, puis celle de la famille.

Dans « démocratie exclusive », il y a l'idée que l'on fait un choix sans le dire. C'est fondamental, car cela explique que l'on puisse ensuite, dans un deuxième temps historique, prendre à revers les refus de la démocratie naissante et de la République à venir, et pouvoir ainsi inclure les femmes. Puisque la « démocratie exclusive » n'énonce pas l'exclusion, on va pouvoir la contredire en faisant dire aux textes ce qu'ils peuvent dire, à savoir que « toute personne peut jouir de l'ensemble de ses droits civils, et cela vaut pour les hommes comme pour les femmes ». Contrairement à une démocratie qui serait qualifiée d'« excluante », dans laquelle on serait obligé de se battre pour une inclusion, le qualificatif d'« exclusive » indique que les femmes n'auront pas à plaider pour leur inclusion, elles sont bien dedans mais dans des souterrains de mensonges, de dénis, de masques. Elles peuvent donc logiquement revendiquer les mêmes droits : droit au savoir, droit de travailler, de donner leurs idées pour savoir comment on doit mener notre société, etc.

Avant de revenir sur ce processus d'inclusion des femmes dans l'espace démocratique et qui finalement conduira à pouvoir parler de discrimination, pouvez-vous revenir sur la généalogie, pour reprendre vos termes, de cette démocratie exclusive ?

Je pourrais par exemple reprendre la chronologie de ma réflexion pour illustrer ce que j'appelle la « généalogie ». Au tout début, je travaille sur la pensée féministe au XIXe siècle, je cherche un espace de pensée que je trouve chez les féministes de 1848 notamment, du XIXe siècle en général. À force de fréquenter ces textes du XIXe siècle, qui sont extrêmement riches, j'y découvre, sans doute grâce à Michel Foucault là encore, des questions philosophiques hors même des textes canoniques philosophiques. Quelques penseuses affirment que finalement certaines choses étaient mieux sous l'Ancien Régime pour les femmes, ce que je trouve intriguant. Je remonte donc jusqu'à la Révolution française. Au lendemain de la Révolution française, passé un moment d'ouverture féministe, il y a un moment de fermeture (il en sera de même en 1848). C'est la mise en place de cette « démocratie exclusive » qui m'intéresse alors.

J'en suis à ce stade de réflexion, quand arrive le mouvement pour la parité en politique. Il part du constat que ce n'est pas parce que les femmes ont le droit de vote depuis 1945 qu'elles sont aux commandes dans l'espace public en France. Il y a donc un blocage car la citoyenneté, les différentes conquêtes des femmes, n'ont pas eu le résultat escompté, c'est-à-dire qu'il n'y a pas de partage du pouvoir. À partir de là, je dissocie « gouverner » et « représenter ». On peut donc gouverner avant même d'être représenté (cf. les femmes ministres de 1936[1]). En distinguant le gouvernement de la représentation, on comprend immédiatement qu'il est plus difficile de représenter car le mécanisme symbolique de la représentation est plus fort. Une fois faite la distinction « gouvernement »/ « représentation », on peut associer « gouvernement politique » et « gouvernement domestique », dédoublement qu'on trouve chez Montesquieu ou chez les penseurs de l'Ancien Régime. On doit alors souligner la comparaison banale entre le père et le roi, donc entre la famille et la cité (si on entend « cité » non pas seulement comme « cité démocratique » mais comme « espace public », comme « espace politique »).

Je suis donc retournée vers les textes d'avant la Révolution française pour voir qu'effectivement cette expression « gouvernement domestique » avait un sens. L'espace familial était conçu comme un gouvernement, parce qu'on comparait le père et le roi, la famille et l'espace extérieur à la famille. Cela a entraîné une réflexion importante : tout d'abord cette comparaison existe sous l'Ancien Régime, ensuite on la retrouve chez les penseurs de la réaction au XIXe siècle ; mais surtout, dans le *Contrat social*, Rousseau dit qu'il ne faut plus comparer ces deux choses. Le contrat social lie tous les individus qui se fondent dans la communauté générale, mais il ne faut

1. Trois femmes participent au gouvernement du Front populaire en 1936 : Cécile Brunschvicg, sous-secrétaire d'État à l'Éducation nationale, Suzanne Lacore, sous-secrétaire d'État à la Santé publique, chargée de la protection de l'enfance, et Irène Joliot-Curie, sous-secrétaire d'État à la Recherche scientifique.

plus faire l'analogie entre cet espace public et politique et ce qui se passe dans la famille. Car la famille devait rester un espace monarchique, ou en tout cas inégalitaire. Je suis donc repartie de textes rousseauistes, notamment les brouillons du *Contrat social* qui sont magnifiquement édités dans la collection de La Pléiade. Le refus de la comparaison induit qu'on peut faire l'espace démocratique en dehors de la famille, mais que, dans la famille, les choses ne doivent pas bouger, notamment le pouvoir paternel. La fin de la comparaison du père et du roi se fera au détriment d'une pensée de l'égalité dans la famille. Tocqueville reprendra cela, d'autres suivront au XXe siècle, par exemple Alain pour qui il faut arrêter la démocratie aux frontières de la famille.

Finalement, l'Ancien Régime se représentait la royauté avec la métaphore paternelle (« du père au roi, la conséquence est bonne »), puis avec Rousseau et d'autres, une rupture s'opère avec l'idée que cette comparaison n'est plus valable. Or, au XIXe siècle, les « acteurs de l'histoire », hommes, femmes, féministes qui veulent changer ce qui se passe dans la famille, vont prendre modèle sur ce qui se passe dehors ; c'est dire alors que « de l'espace démocratique à la famille, la conséquence est bonne » ; et ainsi le mouvement est inversé : le modèle public s'introduit dans le privé. Dès le début du XXe siècle, les féministes ne se gênent pas pour dire, comme par exemple Nelly Roussel, que tous ces hommes qui s'engagent politiquement pour l'égalité (socialistes, syndicalistes, etc.) se comportent comme des petits rois quand ils rentrent dans leur foyer. Donc quelque chose ne changeait pas dans l'espace familial, alors que cela changeait dans l'espace public.

Certes, tout le monde n'est pas d'accord pour dire que la démocratie peut rentrer dans l'espace familial. Cependant, une représentation égalitaire s'est introduite à l'intérieur de la famille depuis trente ou quarante ans, avec le droit de l'enfant mais surtout avec l'égalité conjugale puis parentale. En remettant au goût du jour le terme de « gouvernement domestique », on peut penser l'espace familial comme un espace égalitaire possible, comme un espace qui n'est pas hétérogène à l'espace public, à l'espace du contrat social, mais homogène, car l'égalité suppose le partage du pouvoir, donc l'organisation d'un gouvernement domestique.

La démocratie exclusive a évincé les femmes de la citoyenneté sans l'expliciter ; cet implicite va ensuite leur permettre de rentrer dans cet espace démocratique. Comment les mouvements féministes vont-ils s'y prendre pour engager cette conquête par grignotage, pour enclencher cette visibilité des femmes ?

Ce mécanisme de « démocratie exclusive » appellera en retour la stratégie d'inclusion de la part des femmes, des progressistes, des subversifs, bref de la part des acteurs de l'histoire de l'égalité des sexes. Ils vont l'utiliser pour finalement donner tort à cette « démocratie exclusive » et finalement obtenir les lois, obtenir les espaces. Pour cela, ils s'appuieront sur trois arguments de l'exclusion qui vont être retournés de sorte à enclencher le processus d'inclusion des femmes ; deux touchent à la démocratie et un autre touche à la République.

Le premier argument repose sur la Déclaration des droits de l'homme et du citoyen, qui, bien que doublée par celle d'Olympe de Gouges en 1791, n'explicite pas les droits des femmes. Les féministes peuvent exiger les mêmes droits et ainsi un mécanisme d'exclusion se retourne en mécanisme d'inclusion. On prend le système au mot : à partir du moment où on parle des droits de l'homme et du citoyen, cela concerne tout le monde, y compris les femmes.

Le deuxième argument pour justifier l'exclusion des femmes et qui sera retourné, repose sur l'idée que le système démocratique ne peut tolérer d'exception, car, sinon, l'exception se transforme en règle (ce qui est valable pour l'une est valable pour toutes) ; donc il vaut mieux empêcher les femmes de faire ceci et cela. Certaines transgressent les interdits, comme par exemple Julie Daubié[1], candidate au baccalauréat. Face à l'absence d'interdiction de passer le baccalauréat pour les femmes, elle se présente dans plusieurs académies et finit par s'inscrire à Lyon, avec la complicité d'un saint-simonien, Arlès-Dufour[2]. Julie Daubié trouve le moyen de se faufiler au travers des règlements qui ne disent pas clairement l'exclusion ; elle obtiendra son diplôme en 1861. Si une femme a pu passer le bac, alors toutes le peuvent désormais et l'exception devient la règle. Autre

1. Julie Victoire Daubié (1824-1874) : première femme française ayant obtenu le droit de se présenter au baccalauréat, à Lyon en 1861. Auteure d'un livre important, *La femme pauvre au XIXe siècle* (1866).
2. François Barthélemy Arlès-Dufour (1797-1872) : homme d'affaires lyonnais. Par souci d'égalité homme/femme, il accole le nom de son épouse, née Dufour, au sien.

exemple : le « je prends mon droit » de Clémence Royer, la traductrice de Darwin[1]. « Je prends mon droit » signifie clairement : « Puisqu'il n'est pas écrit que je n'y ai pas droit, alors je le prends ». Ainsi, d'un côté il y a celles et ceux qui vont exiger de pouvoir « jouir de l'ensemble des droits civils ». Certes, la conquête de tous les droits civils pour les femmes prendra deux siècles, et nous sommes tout juste au bout de cet achèvement. De l'autre côté, il y a celles et ceux qui diront : puisque l'exclusion des femmes n'est pas écrite, alors rien ne s'oppose à ce qu'elles s'emparent de tel ou tel privilège masculin.

Enfin, l'argument lié à la république repose sur l'idée, explicite cette fois-ci, que « les femmes font les mœurs, et les hommes font les lois ». Alors les fameuses femmes de 1848 vont dire : « Puisque nous faisons les mœurs, eh bien, nous, nous voulons aller faire le ménage dans le grand ménage mal administré qu'est l'État ; nous sommes capables, nous savons élever des citoyens, nous sommes aussi capables d'aller dans l'espace public ». Les femmes vont donc investir l'espace public par le biais des affaires sociales. Puis en quelques décennies, ce n'est plus seulement le ministère des affaires sociales, mais l'intérieur, le budget ou les finances, etc. Néanmoins, les femmes ont dû faire la preuve par les mœurs.

Finalement, je ne dirais pas que ce sont les mouvements féministes qui procèdent à l'inclusion des femmes, c'est le mécanisme de la dynamique démocratique et républicaine qui a permis de retourner les arguments excluant leur contraire, et c'est bien parce que la démocratie était

1. *Clémence Royer*, *op. cit.*

« exclusive », c'est-à-dire qu'elle n'énonçait pas le refus, que cela a été possible. Le système produisait l'exclusion, c'est en lui tendant un miroir que l'inclusion a pu se faire et que cette société a été obligée de reculer pas à pas : un jour on change une loi, l'autre jour on fait une provocation médiatique, une autre fois c'est une femme qui part toute seule à la conquête de je ne sais quel bastion.

Une fois le principe d'égalité entre les sexes énoncé explicitement, et la lutte contre les discriminations affichée, ne va-t-on pas vers une contradiction qui s'appuie sur l'universalisme via le principe d'égalité et sur le particulier en cherchant à combattre toutes les formes de discrimination ?

À partir de 1945, les choses basculent : de multiples déclarations énoncent l'égalité entre les sexes comme la Déclaration universelle des droits de l'homme de 1948 ou les constitutions nationales ; celle de la France affirme dans son préambule l'égalité homme/femme. La Convention européenne quant à elle n'énonce pas vraiment l'égalité mais désigne les discriminations en proposant la fameuse formule de « sans distinction de… » : « sans distinction de sexe, de race, de religion, d'origine », et un peu plus tard « d'orientation sexuelle ». On explicite l'interdiction de discrimination en énumérant les catégories mises de côté ou mises à part, et qui font l'objet d'un point de séparation, *discrimen.* Par exemple, quand on a une couleur de peau foncée, on ne peut pas entrer dans une boîte de nuit, ou quand on est une femme on ne peut être dans deux conseils d'administration (exemple du jour !) alors que tous les hommes cumulent leur présence dans plusieurs conseils. Ces situations sont de l'ordre de la discrimination.

Dans les différents textes se trouve le double énoncé : l'énoncé absolu de l'égalité et l'énoncé particulier du refus des discriminations. Tout se complique donc car, d'un côté, on cherche à rendre invisible les choses (rien ne doit distinguer un homme, une femme…) et, de l'autre, on est obligé de les rendre visibles pour combattre les inégalités. On marche sur ces deux pieds depuis le milieu du XXe siècle. Donnons quelques exemples pour mettre en lumière cette ambiguïté. « Une mère célibataire », « une fille-mère » est devenue une « famille monoparentale » ou un « parent isolé » ; ainsi la sexuation disparaît. On fait cesser le stigmate car on ne parlera plus de « filles-mères » ou de « mères célibataires », ce qui était insultant dans les années 1960. Mais du coup on ne saura plus que les familles monoparentales ou les parents isolés sont des femmes (au moins 80 %). On passe donc de la stigmatisation au déni. Les personnes concernées par des politiques publiques spécifiques vont-elles y gagner au change ? Bonne question.

Un autre exemple compliqué est soulevé par la proposition consistant à enlever le mot « race » de ces textes déclaratifs, car le mot « race » peut être considéré comme raciste. Il est d'ailleurs entré dans le vocabulaire juridique peu de temps avant la seconde guerre mondiale. Si on enlève le mot « race » parce que les races n'existent pas, on ne supprime pas les problèmes de discrimination dont sont victimes les personnes de couleur autre que blanche. Dans ce cas précis, en enlevant le mot, on ne peut pas supprimer la visibilité, car elle relève de l'empiricité de la couleur de la peau.

De la même façon que pour le mot « race », certains réclament la suppression du mot « sexe », notamment sur la carte d'identité ou pour les numéros de sécurité sociale. On peut le faire, cela peut être un énorme progrès. Mais en désactivant la dualité des hommes et des femmes, supprimera-t-on pour autant le fait qu'il y a dans l'espace public deux sexes ? En admettant que cela soit possible, on nous le rappellerait par d'autres voies : l'affaire du voile, de la burqa ou du niqab indique clairement que le marquage sexuel reste quelque chose de constitutif des relations humaines. C'est un message politique qui est envoyé par là, et non pas un message religieux, ou une question liée à la laïcité. Par conséquent, cela doit être traité comme du politique et non pas comme autre chose, comme de la philosophie morale, de la conviction religieuse, ou autre. Ce message politique consiste à marquer à nouveau la dualité sexuelle car elle ne l'est plus assez aux yeux de certains. Certes, on peut le regretter, on peut préférer l'arc-en-ciel des sexualités ; néanmoins je crois qu'il serait naïf de penser qu'en supprimant le mot « sexe », on puisse ne plus voir les deux extrêmes de la dualité sexuelle. De la même façon – même si ce n'est pas pour les mêmes raisons – qu'on ne supprimera pas la couleur de peau des gens, on ne va pas supprimer le marquage des deux sexes dans l'espace public. Encore une fois, on peut le regretter, mais je préfère être honnête et lucide.

Ces trois exemples peuvent susciter une sorte de masque : masque du fait que 80 % des parents isolés sont des femmes, masque des difficultés que rencontrent les gens dits « de couleur », ou avec des patronymes étrangers (le CV anonyme illustre ce masque), masque du « genre » pensant faire disparaître le sexe.

Alors faut-il masquer ou démasquer pour que l'inclusion ait lieu ou pour que la lutte contre la discrimination ait lieu ? La réponse est difficile.

En quoi l'Europe a-t-elle été « un moteur pour l'égalité des sexes », comme vous le dites ?

Avant de parler de la lutte contre les discriminations propre à l'Europe, je voudrais faire un commentaire sur l'expression « l'Europe est un moteur pour l'égalité des sexes » que j'adresse à ceux qui pensent que l'Europe peut faire régresser les droits des femmes, car cette idée s'est répandue au moment des élections sur le traité constitutionnel et elle peut revenir régulièrement. Par exemple, à propos de l'avortement en Europe, certains disaient que la présence de l'Irlande, de Malte et de la Pologne, qui se prononcent contre le droit à l'avortement, pouvait nuire au droit à l'avortement des Européennes. Ces pays ont même obtenu, au moment du traité d'adhésion, un protocole additionnel pour leur garantir le droit de ne pas toucher aux affaires morales. Mais on peut penser au contraire qu'ils seront minoritaires, et qu'ils seront happés par la dynamique générale d'émancipation des femmes. Est en jeu toute la représentation d'une dynamique historique, une dynamique d'entraînement comme nous l'avons vécue en

France avec la loi sur la parité en politique. La parité est une idée venue d'Europe : en regardant les autres pays, on s'est aperçu que la France était mal placée en matière de représentation des femmes dans les assemblées ; alors cela a permis de poser le problème de la sexuation du pouvoir.

La dynamique européenne repose donc sur un système de comparaisons qui permet plus une stimulation qu'une régression, en tout cas en matière de dynamique revendicative. Pour ce qui est des lois et des directives, c'est autre chose, mais au niveau des représentations politiques, cela peut être un moteur.

Maintenant il faut reprendre l'histoire de l'Europe, histoire très curieuse et assez intéressante au regard de la question de la « démocratie exclusive » et de l'inclusion. On cite toujours l'article 119 du traité de Rome (1957) qui énonce l'égalité de traitement homme/femme, comme un moment clé (il n'y aura plus d'autres énoncés de l'égalité homme/femme avant la fin du XXe siècle dans les textes européens). Or cet article n'existe dans le traité de Rome que pour lutter contre la mauvaise concurrence entre les hommes et les femmes sur le marché du travail ; donc c'est au titre de la non-concurrence ou de la concurrence faussée que l'on introduit un article d'égalité homme/femme. Ce n'est pas au nom des grands principes qu'on explicite l'égalité entre les sexes, mais c'est pour qu'il n'y ait pas de concurrence déloyale à l'intérieur d'une entreprise (les femmes arriveraient comme des « jaunes », par exemple, s'il y avait grève). Il faut accepter les ruses de l'histoire : en effet, cet article servira de support aux premières directives de 1975 et

1976 ; cela prend quand même presque vingt ans. Ces directives donneront ensuite des lois dans chaque pays, comme par exemple la loi Roudy en France en 1983, qui est une application de la directive européenne, et non une initiative de la Mitterandie.

Revenons sur le double énoncé dont vous avez parlé, l'énoncé absolu (l'égalité pour tous) et l'énoncé particulier (via les différentes catégories d'individus). En tant que déléguée interministérielle aux Droits des femmes puis en tant que députée européenne de 1999 à 2004, vous avez pratiqué la stratégie de gender mainstreaming *sur le plan national et européen ; en quoi ce concept est-il empreint de l'ambiguïté portée par ce double énoncé ?*

L'Europe a énormément développé les représentations problématiques au travers des confrontations entre différentes traditions de droit et différentes traditions politiques. En particulier, l'Europe a produit le concept de *gender mainstreaming*, objet de nombreux débats depuis plus de dix ans. On peut le traduire par « approche intégrée de l'égalité », je préfère le traduire par « transversalité ». Cela relève de la question suivante : suffit-il d'avoir des lois particulières pour régler la question des discriminations ou faut-il que dans toutes les politiques générales, il y ait la représentation de la discrimination pour l'éliminer ? Cette question ne vaut pas seulement pour les discriminations de sexe, mais elle est valable pour toutes sortes de discriminations. On se trouve là devant une contradiction que l'on n'est pas près de résoudre : soit on énonce la totalité des droits de manière neutre, soit on insiste particulièrement sur les catégories qui seraient discriminées, les « sans distinction de... », comme l'ont fait les textes cités précédemment. En bref, il faut à la fois traiter un problème comme particulier à une catégorie, et comme commun à tous les domaines politiques.

La pratique du *gender mainstreaming* exige que la question de l'égalité entre les sexes traverse l'ensemble des politiques. Mais dans les faits, va-t-on introduire la dimension du genre dans toutes les politiques ? La plupart du temps, non ; on revient donc régulièrement à des politiques particulières. Dissoudre les catégories n'est pas une solution. Lorsque j'étais députée européenne (voir interview sur le *gender mainstreaming*[1]), j'ai vécu cette contradiction à propos du rapport sur le sport. Je voulais faire un rapport sur « femmes et sport », qui a d'ailleurs été fait ; la commission « femmes » était d'accord mais la commission « culture », en charge du sport, ne comprenait pas pourquoi on ne parlait que des femmes, et pourtant c'est bien un sujet en soi !

En proposant des politiques singulières ciblées, on risque de minorer le problème comme politique singulière et en intégrant le principe d'égalité entre les sexes dans l'ensemble des politiques, on risque de le dissoudre dans le neutre : donc que cela soit trop particulier ou trop neutre, on est face à deux extrêmes. L'Europe amplifie la réflexion, cherche une solution. En proposant le *gender mainstreaming*, elle énonce le problème mais ne le résout pas. Il faut accepter cette tension entre le général et le

1. « Le *gender mainstreaming*, vrai en théorie, faux en pratique ? » (voir *supra*, p. 351-361).

particulier. La possibilité d'effacer les catégories ou de les nier ne permet pas pour autant d'obtenir justice ou de réaliser l'égalité entre ces différentes catégories. Donc il faut habiter les contradictions. Le *gender mainstreaming* consiste à marcher sur les deux pieds : celui du particulier et celui du général. C'est donc une excellente formulation du problème, ce qui est déjà un grand pas, mais cela ne dépassera pas le stade de la formulation problématique.

Quelles sont les autres dynamiques que l'Europe a insufflées en matière de lutte contre les discriminations de sexe ?

À la fin des années 1990, la directive européenne de 1997 sur l'inversion de la charge de la preuve change beaucoup de choses. D'aucuns disent qu'il s'agit d'une généralisation du droit britannique, qui l'emporterait donc sur les autres traditions juridiques, peut-être... Selon cette directive, ce n'est plus au plaignant de prouver qu'il a été discriminé, mais à celui qu'on accuse de montrer qu'il ne s'est pas rendu coupable de discrimination. C'est un argument qu'avançait déjà Stuart Mill dans *L'Assujettissement des femmes,* texte qui date de 1869. Dès son introduction, que j'aime beaucoup, il explicite l'idée que si c'est au plaignant de démontrer qu'il y a domination, qu'il y a inégalité ou exploitation, etc., ce dernier s'épuise et échoue à démontrer qu'il est dans son bon droit. L'inversion de la charge de la preuve implique que c'est à celui qu'on suppose d'avoir fait le mal de démontrer qu'il ne l'a pas fait. C'est un transfert d'exigence qui change tout : c'est à l'accusé violeur de prouver qu'il n'a pas violé et non pas au violé ou à la violée de démontrer le contraire. L'inversion de la charge de la preuve va dans le bon sens : les nombreuses plaintes qui en découlent vont donner lieu à une abondante jurisprudence européenne qui soutient le droit des femmes.

Un peu après mon arrivée au Parlement européen, l'ONU instaurait le protocole de Palerme (2000). Il s'agit d'un protocole additionnel à la convention de lutte contre le trafic des êtres humains. Ce protocole établit que le consentement d'un être humain qui fait l'objet de la traite – le plus souvent il s'agit de femmes ou d'enfants – est indifférent ; l'anglais dit « *irrelevant* », c'est-à-dire que même si une jeune femme des pays de l'Est dit : « Je suis consentante, je sais pourquoi je vais dans les pays de l'Ouest, je sais ce qu'il va m'arriver, je ne vais pas être une serveuse dans un hôtel, mais une prostituée » , le protocole de Palerme dit que son consentement est indifférent. Cela veut dire qu'on va demander des comptes à ceux qui pratiquent la traite. Cet exemple de l'ONU est intéressant, car même si ce n'est pas en lien avec l'Europe, c'est contemporain de l'imposition de l'inversion de la charge de la preuve. Ainsi s'achève une époque, celle de la réclamation de droits égaux, même si cela ne signe pas la fin de la domination masculine.

Ajoutons à cela l'article 13 du traité d'Amsterdam (1997), qui, en énonçant les discriminations, a permis l'émergence d'une directive contre le racisme, de celle contre le sexisme (même si cette dernière a eu beaucoup plus de mésaventures). De même, dans le projet de traité constitutionnel, la charte des droits fondamentaux (2000) était reprise, charte qui énonce la possibilité de lutter contre les inégalités entre les sexes et contre la domination masculine en général, et pas seulement dans les politiques économiques. C'est important, parce que l'Europe est d'abord une chose économique, donc cet énoncé permet un élargissement de son champ au politique, en tout cas à l'imaginaire politique et à d'autres espaces que l'espace économique. Certes, la charte des droits fondamentaux n'est pas un texte contraignant, mais il est extrêmement utilisé dans les pays européens, et y compris à l'intérieur de procédures juridiques comme telles. Enfin, dernier point, l'Europe s'est ralliée au principe de discrimination positive au début des années 1980.

Passé cet article 119 du traité de Rome, qui est donc une sorte de ruse de la raison, de ruse de l'égalité des sexes, passées les premières directives qui demandent beaucoup d'énergie, à partir du milieu des années 1990, il y a un élargissement de la problématique de l'égalité hommes/femmes : avec le principe des actions positives, l'inversion de la charge de la preuve, le traité d'Amsterdam (article 13) et la formulation du *gender mainstreaming*.

Ainsi, la fin du XXe siècle agit comme un catalyseur, avec une concentration de tentatives pour donner un sens plus large à cette question des inégalités de traitements, question à l'origine uniquement économique. Telle a été l'ambition de l'Europe pour l'égalité hommes/femmes. Aujourd'hui, la crise économique et cette destruction de l'emploi des femmes contrastent largement avec tout cela, mais les problèmes ont été élaborés et certains énoncés novateurs ont vu le jour. Nous rentrons, avec le XXIe siècle, dans une nouvelle période : il n'y a peut-être plus de lois supplémentaires à demander, mais il faut savoir que les droits des femmes sont réversibles, et que les énoncés juridiques, face à l'économique et au politique, ne suffisent jamais.

Revenons sur cette stratégie adoptée par l'Europe qui consiste à énumérer les différentes catégories dans une liste plus ou moins exhaustive. Peut-elle être efficace pour avancer sur le terrain de l'égalité entre les sexes ?

La question des catégories d'individus pose beaucoup de questions philosophiques et politiques. D'abord il s'agit là d'une vieille histoire, on peut remonter jusqu'à Aristote, cela revient à mettre ensemble des catégories d'exclus, ce que j'ai appelé dans un article « Les amis de nos amis »[1]. Alors qui sont nos « amis » ? Chez Aristote, les « amis » des femmes sont les enfants et les esclaves, chez Spinoza les « amis » des femmes sont les fous et les enfants, chez Nietzsche il pourrait y avoir les artistes, chez Kant, se trouvent le peuple, la race… Que cela soit dans les pensées de la domination, ou dans les pensées de l'émancipation, les femmes ont des voisins ou des amis : les amis de nos amis sont nos voisins, mais ils changent suivant l'époque, l'auteur…

En disant cela, je polémique car j'affirme que suivant les moments historiques, les contextes philosophiques, je ne vais pas avoir les mêmes voisins ; et si je suis opprimée ou si je suis révoltée je n'aurais pas non plus nécessairement les mêmes voisins (exemple du XXe siècle : les femmes et les colonisés). Donc du côté de la domination, comme du côté de la résistance, on fréquente certains voisins et pas d'autres. Surtout, on s'aperçoit que la catégorie sexe n'est

1. « Les amis de nos amis », *Lignes*, n° 12, « Penser le racisme », *op. cit.*

jamais pensée seule, enfin rarement. Dans les années 1990 en Europe, on mettait les femmes avec les handicapés dans certaines politiques. Inversement, on a beaucoup aimé mettre ensemble « classe, race, sexe » dans les années 1970. Aujourd'hui on ne mettrait pas « race et sexe » mais « issus d'immigration et genre » pour montrer comment cela s'articule, et qu'on ne peut pas penser l'un sans l'autre. C'est l'ambition théorique de la subversion que d'articuler les dimensions d'oppression, d'exploitation, et d'exclusion (tous les termes peuvent être utilisés). Jusque-là on s'en est beaucoup tenu au vocabulaire démocratique et républicain dans cet entretien, mais on pourrait prendre un langage plus socio-économique, plus matérialiste.

On rencontre tellement de configurations dans les associations de catégories d'exclus ou de catégories stigmatisées ou de catégories mises en valeur, que cela pourrait être mis dans tous les sens. Car ce sont des conjonctions occasionnelles. Kant avait essayé justement de structurer anthropologiquement les choses, mais la question féministe pose un problème particulier : si l'on croise ces tentatives de catégorisation, on va rapidement tomber dans un argumentaire marxiste, qui impose que soient définies des priorités. L'articulation entre ces différentes catégories va s'organiser de façon hiérarchisée. Quand on raccroche les femmes à un sujet plus général, cela devient, dans le langage marxiste, la contradiction secondaire : par exemple « le voile, en lui-même, n'est pas ce qu'il y a de plus important, la chose sérieuse, c'est la banlieue ou le non-accès à certains droits, etc. », ce qui revient à hiérarchiser les priorités. Le marxisme, avec contradiction première puis contradiction secondaire, assure que les droits des femmes seront *in fine* dans la corbeille. Or en 2010, les droits des femmes n'ont toujours pas acquis de statut politique.

C'est donc la question de l'efficace politique qui se pose par rapport à l'énoncé des catégories. Par exemple, l'efficace politique consiste à se demander si l'on doit recourir aux quotas. Tout le débat qui a eu lieu sur la parité en politique n'était pas un débat philosophique mais un débat technique, c'est-à-dire qu'il fallait qu'il y ait 50 % de femmes, il fallait donc faire du « vrai en pratique » et non pas du « vrai en théorie ». Ce qui importait, c'étaient les outils qu'on se donnait, et non pas de savoir si cela allait mettre en cause l'universel. En général, l'outil contraignant est plus efficace. Il n'y a pas d'égalité sans contrainte : depuis quand l'égalité pousserait comme l'herbe verte ? On n'a jamais vu cela dans aucune société. L'égalité, cela s'impose par des rapports de forces, par des voies, par des issues à des conflits, etc. mais de toute façon cela s'impose.

Le pratique vient donc confirmer une expérience théorique. En effet, il y a trop de configurations diverses et variées pour se demander s'il faut vraiment les articuler ensemble et s'il y a une articulation théorique pertinente. Par ailleurs, les faire marcher ensemble relève d'une autre difficulté. Comme à propos du *gender mainstreaming*, il n'y pas d'autre issue que d'habiter les contradictions. Certes on ne peut pas penser la discrimination sexuelle de façon isolée, car évidemment cela croise d'autres formes de discriminations, mais quant à savoir selon quel type de matrice, ou quelle structure anthropologique, je me garde d'avoir des certitudes.

Que l'on soit du côté de l'énoncé théorique ou du côté de la réflexion sur l'efficace pratique, on est amené à passer du temps, et finalement trop de temps, sur la définition des catégories elles-mêmes. Qu'on conteste ces catégories ou qu'on s'en serve, on est pris par le registre de la réflexion sur l'identité, la question de l'individuel (suis-je de cette sexualité-là ou pas tout à fait de cette sexualité-là ?). Ce débat identitaire a pris beaucoup de place ces dernières années. Cela a ouvert le champ d'une réflexion sur le « qui suis-je ? » ou « qui sommes-nous ? ». Il est devenu important de dire à quelle catégorie de personnes on appartient, par exemple religieusement. Cela ne renvoie pas au fait que la religion musulmane serait ceci et la religion catholique cela, mais au fait que l'on se définirait par sa religion, par son groupe.

Je ne me situe pas du tout dans cette logique-là. Traiter la question de la discrimination autour de l'identité ne me paraît pas historiquement pertinent. Il y a mille et une façons d'en sortir, c'est pour cela que je suis pragmatique et que je dis « vrai en pratique pour la parité » ou bien « la couleur de peau, c'est empirique ». Prendre les choses du côté de la praxis et pas du côté de l'ontologique, c'est un choix philosophique. Certains ont dit à propos de la loi sur la parité en politique que cela relevait du « repli identitaire », ce qui est absurde puisque les femmes demandaient précisément à rentrer dans l'universel, elles n'étaient ni dans le repli, ni dans l'identitaire. Elles étaient au contraire dans la volonté de dissoudre leur identité, dans le « déploiement » identitaire !

Cette philosophie du repli identitaire, que l'on comprendra aussi bien du côté de ceux qui veulent construire des catégories que de ceux qui veulent les déconstruire, pose la mauvaise question. Je préfère, par exemple, poser celle du « service »[1], celle du « consentement »[2], celle de « l'exclusion », c'est-à-dire formuler des problèmes autour de l'histoire de l'égalité des sexes et de la liberté des femmes, plutôt que d'aller voir qui nous sommes, à coté de quelle autre catégorie nous nous situons. C'est avec des questions hors du champ identitaire que j'aime réfléchir. L'ouverture sur l'histoire ne se fera pas avec la réflexion sur l'identité. Suis-je pour autant à contre-courant ?

1. *Service ou servitude*, *op. cit.*
2. *Du consentement*, *op. cit.*

SERVITUDE ET INÉGALITÉS*

Vous avez travaillé sur les femmes employées de maison[1]*... Voyez-vous un parallèle avec les services à la personne ?*

Je n'ai pas travaillé sur les *personnes*, pas plus que sur le *travail* domestique, j'ai voulu réfléchir à la notion de *service*.

L'invisibilité se décline comme les marches d'un escalier ; il y a plusieurs niveaux. En énonçant le mot « service », je désigne quelque chose d'abstrait. Servir quelqu'un implique une relation de travail déjà soumise à une hiérarchie sociale (quelle que soit la classe sociale...). Ce n'est pas faire le ménage, faire le chauffeur ou conduire quelqu'un, c'est « être au service de ». C'est difficilement visible : quelle est la part de la relation de service dans l'effectuation d'un travail dans un espace privé ? Les choses se sont inversées en trente ans. Ce qui était un phénomène marginal, la fin du service domestique, la fin de la proximité des servantes et des gens servis, a été remis au centre avec le « service à la personne » comme emploi ordinaire. On a permuté la personne vulnérable. Dans le service domestique, c'est le serviteur qui est

* *Pratiques, Les cahiers de la médecine utopique*, n° 52, « Féminin invisible : la question du soin », janvier 2011. Entretien réalisé par Martine Lalande et Anne Perraut Soliveres.

1. Cf. Genevivève Fraisse, *Service ou servitude*, *op. cit.*

vulnérable, dans le service à la personne, il y a désormais deux vulnérables. C'est une critique que j'adresse au « *care* ». On ne peut pas dire qu'il faut s'occuper des vulnérables en occultant le fait que ceux qui s'en occupent sont socialement vulnérables. Il s'agit plus que d'une invisibilité, c'est une occultation.

Le deuxième niveau de l'invisibilité comprend deux directions : l'axe homme/femme et l'axe salarié/non salarié. Pourquoi avoir écrit ce livre sur le service domestique, à la fin des années 1970, dans une période du mouvement des femmes très active et dans laquelle j'étais très impliquée ? Pour dire à mes amies féministes : « Vous parlez du salaire ménager ou du travail domestique qui n'est pas quantifié, mais vous oubliez qu'il y a un million de personnes qui sont payées pour ça, et cette catégorie n'entre même pas dans celle des "travailleurs" ». L'invisibilité est alors épistémologique, même si les raisons politiques ne sont pas critiquables. Il était, en effet, urgent de montrer que le travail domestique est un travail gratuit, jamais quantifié. On pouvait dire que les femmes étaient toutes des domestiques, en occultant le fait que certaines personnes étaient salariées pour cela. J'ai découvert alors une autre invisibilité : le fait que la libération des femmes se faisait en cascade d'aides de femmes à femmes. Je cite dans mon livre les congrès féministes de 1900 où l'invisibilité de la hiérarchie des femmes était déjà pointée : une femme reste à la maison quand l'autre en sort. C'est une histoire entre femmes, pensée un temps par les féministes, puis impensée. D'où une nécessaire réflexion sur la hiérarchisation des femmes, réflexion contradictoire puisque le féminisme repose sur le fait qu'on peut énoncer des choses qui concernent l'ensemble des femmes. Il y avait là une invisibilité interne au féminisme. Que fait-on avec l'idée qu'on exploite une femme, qu'on l'emploie pour faire des tâches qu'on ne veut plus faire ? Même si l'on se dit qu'il faudrait qu'hommes et femmes participent aux tâches domestiques. De fait, trente ans plus tard, rien n'est résolu. Quand j'interviewais Suzanne Ascoët, élue prud'hommale, ancienne employée de maison, j'ai découvert l'invisibilité à l'intérieur de la classe ouvrière : la question des domestiques n'est pas vue comme une question ouvrière. Ce sont les termes des années 1900. Mais en 1970, c'était la même chose dans les syndicats des employées de maison, notamment la CFDT. L'invisibilité spatiale, géographique et sociale est liée au fait que ce travail est féminin et propre à l'espace privé.

« Nous sommes des travailleurs comme les autres », disaient les employées de maison des années 1970. C'est drôle car ce sont exactement les termes de la revendication des prostitué-e-s aujourd'hui. Elles ne sont pas au bon endroit dans la classe ouvrière. Aujourd'hui, il y a une telle flexibilité de l'emploi, une telle destruction de l'emploi salarié que la question ne se pose même plus de s'identifier à un élément de la classe ouvrière. Il faut alors aborder la question du contenu du travail. Le « service à la personne », ce n'est pas ce qu'on nous vante aujourd'hui : « Je fais vos courses, je taille votre haie, je vous explique internet et je vous aide à ranger vos papiers… » ; mais, comme disait une employée de maison des années 1970 : « La première chose qu'on vous montre quand on vous embauche, c'est les toilettes ». Cela passe aussi par « le rapport à la crasse », le rapport à la saleté, c'est-à-dire au corps, au corps de l'autre. Le travail domestique, ce n'est pas seulement faire la vaisselle, mais nettoyer une baignoire sale, ramasser les petites culottes des ados par terre… plein de choses peu sympathiques au regard de notre représentation du travail.

Ainsi s'enchaînent les invisibilités, politiques et sociales certes, mais aussi structurelles à la question domestique.

Par ailleurs, une autre affirmation se décline dans sa complexité : « le privé est politique » ; cela s'analyse de plusieurs façons. À ne pas confondre avec « l'intime est politique ». J'ai des amis qui seraient prêts à dire, dans la défense des sexualités, que l'intime est politique. Moi je dis : « Le privé est politique ». Encore une invisibilité : fera-t-on la différence entre le privé et l'intime pour poser la question du politique ? C'est une discussion actuelle. Je fais la distinction entre l'intime, par exemple ma vie sexuelle, et le privé, c'est-à-dire ma vie dans l'espace domestique. Mais je suppose que certaines choses ne peuvent pas être dites : par exemple, quelle est ma vie sexuelle, peut-elle être discutée publiquement ?

C'est comme un escalier : à chaque marche se pose la question de la visibilité et de l'invisibilité. Avec le bouleversement récent, où l'on passe du service domestique au service à la personne, d'un emploi « périphérique » à un emploi mis au centre, la question de l'invisibilité perdure. Je me bats contre les tenants du *care* qui ignorent la réalité sexuée et inquantifiable du service. Ignorer l'enracinement du *care* dans l'histoire de la question du service domestique est une erreur. Il faut penser la division du travail, sexuelle, et salariée/non salariée, si l'on veut parler du *care*. On nous répond : qu'à cela ne tienne, on va changer tout cela, c'est justement ça la révolution, revaloriser le service, y inclure les hommes… Mais je suis trop connaisseuse de la tradition, à force de travailler cette question et d'avoir un regard sur l'histoire du XIXe siècle. Le *care* ne sera un idéal, c'est-à-dire jouable politiquement, que si l'on reconnaît la division sexuée du travail. Le service à la personne est assuré à 97 % par des femmes. Le faire passer pour neutre est un geste de prestidigitateur. Un exemple : une aide-soignante en zone rurale fait trois fois deux heures dans une maison de retraite, à 40 kilomètres de chez elle. Que fait-elle pendant ses temps de pause : elle rentre chez elle ? Elle dépense en essence ce qu'elle va gagner ? Ou bien elle attend dans sa voiture ? Depuis quinze ans, on sait que le temps partiel soi-disant adapté au temps des femmes (être à l'heure pour les enfants) est une vaste arnaque. L'invisible, ici, c'est que les conditions de travail sont en contradiction avec l'énoncé idéologique ; le temps partiel est globalement contraire à la disponibilité des femmes pour la vie de famille. Mon exemple corrobore ce que les sociologues analysent sur le terrain : pour faire ses 6 heures par jour, cette aide-soignante va être absente de chez elle très longtemps, sans possibilité d'utiliser ce temps pour elle. Si on veut changer la société, ce qui est le projet des tenants du *care*, on ne peut pas construire une théorie qui ne tienne pas compte, sauf à prendre ses désirs pour des réalités, de cette terrible tradition qui est celle de l'emploi de service.

Un deuxième élément mérite discussion sur le plan théorique, toujours à propos de l'invisible. On nous explique que les gens sont des atomes isolés, des électrons libres dans la société, et il faut créer, ou recréer du lien. Le *care* serait le souci de refabriquer du lien entre les êtres qui en sont désormais privés : l'individu consommateur, l'individu entrepreneurial, l'individu solitaire, le vieux... ou le jeune célibataire. Là encore, la lecture sexuée des choses fait que je vois ce qu'on ne voit pas. Pour deux raisons, de nombreuses femmes sont étrangères à cette réalité d'autonomie négative. Du côté des droits, on l'a vu avec la réforme des retraites récemment, elles sont encore dans un système de dépendance. Elles ne vont pas quitter leur jules à 60 ans parce qu'elles n'ont pas les moyens de le faire. L'hétéronomie des femmes est encore une réalité sociale, leur autonomie économique est fragile. L'individualisation complète des femmes, les juristes l'expliquent très bien, n'est pas réelle dans les pays européens. La deuxième chose, les médecins le savent bien : si quelqu'un est présent au moment de la naissance et de la mort des êtres, ce sont les femmes. Elles accompagnent le nouveau-né et le mourant. Les femmes n'ont pas cessé de faire le lien. Sans parler des familles monoparentales, où ce sont les femmes qui font le lien avec les enfants en l'absence des pères. Pour identifier l'individu dans son isolement, si on prend la loupe des deux sexes, on est obligé de dire qu'il y a deux histoires vraiment distinctes. Le nier ne peut être une bonne chose pour changer les choses justement !

Si je me passionne pour la question des sexes, c'est dans l'idée de montrer qu'on escamote l'enjeu sexué en pensant que c'est un obstacle à la pensée. Pour penser le *care*, croit-on, il faudrait laisser ces contingences malheureuses et avoir une vision universaliste, donc neutre. En fait, il faut penser l'universel avec la question des sexes. Les sexes ne sont pas un obstacle, c'est ce avec quoi on peut penser ; ce n'est pas une question contingente, anecdotique, juste bonne pour les sciences psychiques et la psychanalyse. J'ai envie de dire : ne faites pas comme s'il n'y avait rien à voir.

In fine, à propos de l'invisibilité : ce problème est au cœur même d'une démarche épistémologique et politique. Si je commence à voir les sexes dans leur disparité et leur inégalité, cela ne doit pas empêcher de penser l'universel. Avec le *care*, certains pensent qu'on peut changer le réel : le travail sera revalorisé et il y aura des hommes pour le faire… c'est une sorte de pratique magique. D'autres veulent penser en termes neutres comme si c'était possible de produire de l'universel sans réel. Ici, je raisonne à partir du concept d'égalité, et non avec la tradition anglo-saxonne du concept de justice. Faisons un peu plus de justice, dit-on. Et l'égalité ? Ce qui me tracasse dans le mot « service », comme dans le mot « consentement » d'ailleurs, c'est l'asymétrie (en plus de la hiérarchie). Comment pense-t-on la démocratie et l'asymétrie, la démocratie et la hiérarchie ? C'est un casse-tête. Toutes les philosophies du *care* sont des philosophies de l'amélioration d'une situation et non pas de l'égalité démocratique. Le plus surprenant, c'est qu'on y voit de la subversion.

Les infirmières sont toujours dans une problématique de servitude à l'égard du patient, mais aussi d'assentiment au médecin.

Le livre *Service ou servitude* s'appelait au départ *Femmes toutes mains.* Le consentement[1], comme service et servitude, pose la question de l'égalité en démocratie. Est-ce réciproque, mutuel ou hiérarchisé ? Quand on parle du « service mutuel », le « soin mutuel », expression employée par Martine Aubry, les bras m'en tombent. Avec les exemples : je taille ta haie, tu me donnes un cours d'allemand… on est bien loin de la vaisselle. Or le problème est justement de réfléchir à l'absence de mutualité. « Consentement », cela a deux sens. Soit « Si je veux » soit « Je n'en peux mais ». L'expression « consentement mutuel » prend forme à l'ère moderne avec le divorce, alors que, dans le mariage de l'époque, les parents consentent pour leur enfant, dans la hiérarchie des générations. Sur la question du viol, on l'entend bien, sur la prostitution, sur la question du foulard… Consentement et service posent le même problème vis-à-vis de la démocratie et de l'égalité. Ce sont deux énigmes de la symétrie ; difficile d'ignorer le double sens. Quant à l'infirmière : est-ce que je consens à cette situation, se demande-t-elle. Elles sont dans une ambivalence incontournable.

C'est la question du consentement. Rappelez-vous l'histoire du viol de cette Italienne qui portait un jean très serré : elle avait nécessairement consenti à enlever son pantalon. Le consentement peut soutenir les affirmations : « Un enfant quand je veux si je veux », ou « je me marie », « je divorce ». Mais le consentement peut être contraint sans qu'il soit d'ailleurs identifié comme

1. *Du consentement, op. cit.*

tel. Les infirmières ne sont pas dans la servitude vis-à-vis du médecin, elles consentent à une autorité.

Quand on parle d'invisibilité dans le soin, on se heurte à cette remarque : l'invisible n'est pas seulement dans le féminin.

On a vu qu'il y a des degrés dans l'invisibilité (les marches de l'escalier). En passant au débat théorique et politique autour du *care*, l'invisibilité prend la forme du neutre pour arriver à l'universel : le sexe empêcherait l'universel. Mon pari philosophique est à l'opposé. Dans les discussions avec un metteur en scène de théâtre, j'ai remarqué qu'à chaque fois qu'on abordait la question des sexes, il disait que ce n'était pas le plus important. Il fallait écarter cette question pour montrer le réel, ou le non-réel. J'ai proposé de se décaler, non pas de prendre la question du sexe comme un obstacle mais comme un moyen d'accéder à ce qu'il voulait montrer. Or l'invisibilité est présentée comme une condition de pensée, une condition de dire. Ce n'est pas seulement l'enjeu de la domination masculine. Cela met en danger la possibilité de la pensée. Or, il me semble qu'on peut penser à travers l'invisible.

Le travail de nuit est le lieu même de l'invisible. Pour qui est-ce invisible ? Qui n'a pas envie de voir ?

La nuit est un très beau sujet. Anecdote personnelle : j'ai vécu récemment un moment de nuit où un aide-soignant m'a interpellée ; nous nous lançons alors dans une longue conversation. Il dit exactement cela : « J'ai vu dans vos yeux… ».

J'ai été très frappée, en débattant du consentement, de ce que les gens se sentaient concernés. Dans leur prise de parole, toute leur vie était là : en quoi j'ai consenti, en quoi je n'ai pas consenti.... Service, consentement : pour que cela reste invisible il faut qu'il y ait des mécanismes pour ne pas se voir soi-même.

Ce travail invisible-là, avec le peu d'estime qu'on a pour les gens qui travaillent la nuit, c'est leur bénéfice. Mais c'est invisible pour les gestionnaires.

Inversement, le quantifié ou l'identifié n'est pas nécessairement efficace. Quand on parlait du salaire ménager, on savait que ce n'était pas la bonne idée. Une des réponses, autre élément dans la discussion avec les tenants du *care*, renvoie aux « deux gouvernements ». La démocratie s'est construite à la fin du XVIIIe siècle, avec la pensée du contrat social, en référence à Rousseau, sur la fin de l'analogie entre l'espace domestique et l'espace public. Montesquieu parlait de gouvernement domestique et de gouvernement politique. Le père et le roi étaient des images analogues. Avec le contrat social, l'analogie est abandonnée. Car la question de l'égalité est en jeu. Il aurait fallu passer de l'égalité démocratique à l'égalité dans la famille. Or les théoriciens du contrat ne veulent pas perdre le pouvoir familial. Par conséquent, il faut casser l'analogie, de manière à ce que la famille reste hors jeu démocratique. Cette histoire est la nôtre depuis 200 ans. Reprenons donc les deux gouvernements. Qu'ont fait les féministes et les réformateurs ? Depuis deux siècles, ils ont travaillé à faire rentrer l'égalité dans la famille (jusqu'au partage, récent, de l'autorité parentale). Les théoriciens du contrat ont donc perdu la bataille ; l'égalité s'est introduite dans la famille. Il y a à nouveau, aujourd'hui, deux espaces analogiques avec deux gouvernements, dans un espace démocratique. Alors, nous sommes loin du *care.* Il faut plutôt penser l'articulation entre famille et cité. Je n'aime pas le mot « conciliation ». Si on remet la démocratie à l'endroit, on trouve deux espaces de débat et de pouvoir : on voit qui fait quoi, qui s'occupe de qui, et on n'a pas besoin de dire qu'on externalise les vertus féminines qui seraient maintenant dans l'espace public… c'est un changement de paradigme. La question paradigmatique des deux gouvernements, valable pour le PACS, et pour le *care* aussi, est de rendre visible le lien entre la famille et la cité, le lien entre l'espace domestique et l'espace public ; et ainsi de produire leur « articulation ». Il n'y a plus d'invisible. En revanche, on doit réfléchir à la possibilité de l'universel en même temps qu'au traitement de la tradition. C'est un sujet magnifique.

Dans le domaine du soin, on est entre la famille et la cité.

On est aussi entre service et consentement. J'ai aimé cela, non pas réfléchir au travail domestique mais au « service ». Trouver une notion problématique qui rejoint une autre, aujourd'hui celle du consentement. Le consentement est-il une question politique, un « dire » politique ? Le « gouvernement » aussi est un concept pour identifier un problème. Deleuze a un joli passage là-dessus : trouver le mot pour la question posée. Ces mots-là : gouvernement, consentement… Même par rapport à la question du soin, on pourrait chercher le mot. Si je travaillais sur ce sujet, je chercherais le mot qui permette de penser. Les mots proposés jusqu'ici ne m'intéressent pas : soin, sollicitude… ce ne sont pas les bons mots. On pourrait discuter du mot *care* qui est incompréhensible, et intraduisible. C'est comme *gender* : en français, on peut dire « le genre » et « les genres », ce qui n'est absolument pas un enjeu de la langue anglaise. On accepte un petit escamotage et du coup, tout le monde se mélange les pinceaux. On dit « les genres » comme on dit « le genre » en français ; nos pauvres amies américaines, quand elles arrivent ici, ne peuvent pas comprendre. Le « genre » a été fait, à leurs yeux, pour ne pas dire « les », pour éviter la dualité. Mais il y a sûrement un mot qui est le bon pour *care*. Il faut le trouver. Je me méfie de « soin » car soin ne peut pas aller avec service, cela ne permet pas de prendre l'ensemble de la question posée, donc ce n'est pas le bon mot. Quel est le mot ? Il faut chercher du côté du « lien ». Mais au lieu de dire « on va créer du lien social », voyons où il y a déjà du lien. Il y a de nombreux lieux où il y a du lien, et ce sont les femmes qui font le lien depuis longtemps ; ce que personne ne veut vraiment savoir. À la naissance, pour éduquer les enfants, dans les familles monoparentales, à la mort pour accompagner les vieux parents, les femmes font en permanence du lien… Peut-être peut-on faire quelque chose avec ce mot « lien »…

LE FÉMINISME EST UNE HISTOIRE* —

Vous êtes une militante féministe depuis les années 1970 ; vous avez été déléguée interministérielle aux Droits des femmes (1997-1998) et députée européenne (1999-2004), qu'est-ce qui vous a conduite à vous engager ?

Je ne me suis pas engagée, j'ai été engagée par l'Histoire, à deux reprises, comme jeune femme de 1968 avide de la radicalité politique, et étudiante en philosophie, surprise de ce qui s'y disait des femmes ; puis, vingt ans plus tard, comme analyste de la démocratie exclusive, témoin du renouveau du féminisme, via la parité. Et je suis ainsi propulsée dans des fonctions politiques. Dans les deux cas, il est question de lier, dans un même mouvement, théorie et pratique, au plus loin du modèle de l'intellectuel généraliste de mon enfance personnaliste et au plus près de « l'intellectuel spécifique » proposé par Michel Foucault.

Regrettez-vous de ne plus participer au pouvoir politique ?

Je ne peux pas le regretter puisque mon métier de chercheuse (lire et écrire) fut mon unique choix existentiel et professionnel ; j'ai fait mon « service politique » comme on pourrait souhaiter que beaucoup le fassent, puissent le faire. Par ailleurs, je m'étonne de l'importance

* Nonfiction.fr, mars 2011. Propos recueillis par Sylvie Duverger.

(apparemment supérieure) donnée à ce moment de femme politique. Depuis 2004, cette question est persistante, insistante, et l'emporte toujours sur mon travail écrit. Dois-je en déduire que le féminisme activiste est préféré à celui de la pratique de la pensée ? Dois-je en conclure que la fascination pour le pouvoir politique sous-qualifie toute ambition de recherche de la « vérité » ?

Comment avez-vous concilié vos activités de femme politique avec celles d'historienne et de philosophe ? Comment conciliez-vous votre engagement et vos travaux de recherche avec votre vie de famille ?

1. Politique et pensée, savant et politique : en reprenant une thématique existentialiste, je mettrai la séparation ailleurs : se mêler, ou ne pas se mêler, de ce qui nous regarde ; disons que Simone de Beauvoir s'est mêlée de ce qui la regardait (femme, vieillesse, notamment) ; face à Sartre, c'est important. Dans cette lignée, j'ai fortement entendu la réflexion post-1968, plutôt maoïste, sur le lien entre théorie et pratique.

2. Je n'ai rien « concilié ». En effet, je récuse radicalement ce terme : a) concilier suppose qu'il existe des contraires alors qu'on peut penser l'addition, donc l'« articulation » des deux espaces, privé et public. b) Dans *Les deux gouvernements*, j'ai tenté d'expliquer comment nos pères fondateurs ont construit la dissociation des deux lieux, domestique et politique, pour empêcher l'égalité de pénétrer l'espace familial. J'ai donc bricolé l'articulation entre famille et vie publique suivant les moments de la vie (âge des enfants, activité du compagnon) et si une chose a pâti d'un trop d'activité, c'est l'amitié.

On dit souvent que les commémorations traduisent l'essoufflement de ce qu'elles commémorent. Les manifestations autour de l'anniversaire du MLF vous semblent-elles être le symptôme d'un étiolement du féminisme ?

Essoufflement, non ; je suis très sensible à l'arrivée des nouvelles générations féministes. En revanche, cette commémoration prend tout son sens quand on sait l'oubli et l'effacement dont les femmes font les frais dans l'écriture de l'histoire ; plus grave est, à mes yeux, la supposition, récurrente, que les sexes seraient pris, ou cantonnés dans « l'atemporalité ». L'important fut le travail d'inscription dans l'histoire, d'une part, et la mise en perspective de l'accumulation historique (de 1970 à 2010) et non d'une simple reviviscence, d'autre part. L'effacement de l'histoire des femmes se fait par les dominants, mais aussi par les dominées !

Dans À côté du genre, *vous observez que les débats sur la parité en tant que principe politique avaient ranimé le féminisme. Qu'en est-il aujourd'hui de ce renouveau ?*

La parité n'est pas un « principe » politique, mais un outil, un « habit » de l'égalité. Ainsi il faut s'en servir – « la parité est vraie en pratique et fausse en théorie » –, mais ne pas faire de faux débats philosophiques sur la parité (sur la question du fondement sexué du politique, ou sur la substance différenciée des sexes). Quant au mouvement pour la parité, il a permis, dans les années 1990, le renouveau du féminisme et il a clairement désigné l'ultime étape de l'égalité, celle de la présence des femmes dans les lieux de pouvoir. La parité est un mot de comptable (combien ?) très efficace pour révéler l'absence des femmes des lieux du pouvoir (politique, médiatique, intellectuel), et de tout pouvoir symbolique en général. Mais il ne recouvre pas l'ensemble de la question féministe.

LA RAISON DES FEMMES EST L'ENJEU DE LA MODERNITÉ*

Simone de Beauvoir est morte le 14 avril 1986. A-t-elle quelque chose à dire aux femmes qui ont aujourd'hui 25 ans ?

Simone de Beauvoir est une auteure importante du XXe siècle. En France, on veut bien la voir comme une figure politique, médiatique, historique. Or c'est une femme qui écrit et qui pense. C'est cela que trouvera une jeune femme, ou un jeune homme de 25 ans en ouvrant ses livres. En France, il est de bon ton de mépriser l'écrivaine. C'est une erreur.

Pour le centenaire de sa naissance, en 2008, vous avez écrit Le Privilège de Simone de Beauvoir. *Pourquoi le privilège ?*

« Privilège » est un terme paradoxal, incroyablement présent dans le langage existentialiste et pourtant marqué d'un parfum d'Ancien Régime. Simone de Beauvoir, dont un livre s'appelle *Privilèges*, suit ce fil rouge de son privilège de jeune femme du XXe siècle à qui on offre l'école et le savoir, de son privilège de femme vivant dans la mixité et le partage de la pensée.

Aussi, il me paraît nécessaire de trouver les notions qui éclairent la question posée par le féminisme, je l'ai

* *Le Monde*, 16 avril 2011. Entretien réalisé par Josyane Savigneau.

tenté avec celle de « service » – hiérarchie domestique et démocratie –, de « consentement » – entre choisir et accepter, comment se pense l'émancipation des femmes ? « Privilège » est un mot polysémique autant que synthétique : le privilège est-il pour moi seule, ou offert à autrui en partage ?

Vous parlez de son trajet risqué d'une femme qui pense. Cela a été aussi le vôtre ?

Vous savez bien que toute pensée est un risque ! Et travailler sur la question des sexes est, en France, peu légitime. Donc oui, il y a risque pour Simone de Beauvoir comme pour toutes celles qui envisagent un savoir sans limites. Or l'éducation des femmes fut toujours comprise comme circonscrite, dans le champ de l'apprentissage – couture plutôt que mathématiques –, comme par la reproduction de l'espèce – l'activité de l'utérus serait inversement proportionnelle à celle du cerveau.

La raison des femmes est le grand enjeu de la modernité, tous les droits en découlent, citoyenneté, autonomie économique, contraception – l'*habeas corpus* des femmes. Et puis le savoir est une jouissance tout en s'élaborant – ou non – avec de la souffrance.

Vous êtes philosophe. Considérez-vous Simone de Beauvoir comme une philosophe ?

Oui, il faut lire et relire l'introduction du *Deuxième Sexe*. C'est un discours de la méthode : affirmation d'un *cogito* situé, celui d'une femme, nécessité du détour par une pensée de toutes les femmes pour introduire un récit subjectif – les *Mémoires* à venir – réflexion sur les catégories dominées, eux et nous, énigme de l'origine de l'oppression – sans événement –, statut de l'analyse de la domination – être juge et partie, pour les hommes comme pour les femmes. Mais *Le Deuxième Sexe* ne fait pas *Les Méditations* de Descartes. J'aime bien quand elle se décrit comme « correspondante de guerre »...

Que vous a apporté la lecture de Beauvoir ? Quels ont été les livres les plus importants pour vous ?

L'important, c'est son style : il n'est pas « beau », comme on dit, mais il est d'une densité époustouflante. Je l'ai compris avec la publication des *Cahiers de jeunesse* (Gallimard), en 2008. On la voit tout lire, à 20 ans, et tout restituer de ses lectures y compris son jugement, plutôt sûr, sur ce qui paraît en philosophie ou en littérature. Un exemple, que je ne prends pas au hasard : ma mère souligne dans son exemplaire du *Deuxième Sexe,* en 1949, l'expression « fécondité absurde » : *a priori,* fécondité renvoie aussi bien aux hommes qu'aux femmes ; jusqu'à ce qu'on y associe « fertilité » et « fécondation », qui féminisent le propos.

Mais c'est « absurde » le plus intéressant : absurde, dit la philosophie, est le cri de l'être humain face au silence de Dieu ou du monde, absurde souligne l'incompréhension d'un seul sexe qui enfante, absurde paraît l'asymétrie des sexes au moment même où l'universel de l'égalité se proclame dans les grands textes d'après guerre. On est loin des chicaneries concernant la non-représentativité d'une femme sans enfant... De cet absurde philosophique, nous devons partir pour poser la question de la maternité au XXIe siècle.

Selon vous, Le Deuxième Sexe *n'est pas à l'origine du féminisme contemporain, comme on peut le comprendre en lisant votre dernier livre À côté du genre.*

Je l'inscris dans une histoire longue, avec la reprise de l'idée d'égalité des sexes au XVIIe siècle – et la geste féministe depuis le XIVe siècle –, la mise en procès, juridique et politique avec et après la Révolution française. Plus encore, la pensée féministe ne peut faire l'économie d'une question adressée à la tradition philosophique : où se trouve logé l'objet, le philosophème, sexe ou genre ? Dans les notes en bas de page, dans les digressions des philosophes masculins, ou dans le texte même comme monnaie d'échange de la pensée ? Précisons que le mot « sexe » ne disparaîtra pas dans le concept de genre.

Car l'essentiel réside dans la – future – réponse que nous apporterons à l'anhistoricité, à ce que j'appelle la ritournelle, à l'œuvre dans les pensées de la domination comme dans celles de l'émancipation. La sexuation du monde fabrique de l'histoire, et cela n'est pas si facile à prouver.

En tout cas, la question de l'« origine » du féminisme contemporain est une très mauvaise question. On peut, au passage, s'interroger sur le choix académique de parler désormais de « vague » féministe… Je viendrais de la deuxième… L'image de la vague est intéressante car elle dit le déferlement et le ressac, l'offensive et l'apaisement ; mais numéroter les vagues est clairement problématique…

La première vague coïnciderait avec la IIIe République, en fait avec l'apparition du néologisme « féminisme ». Mais que deviennent les saint-simoniennes, les femmes de la révolution de 1848 ? Il n'y a pas d'origine, seulement de la provenance, dit Michel Foucault.

Je m'intéresse à la provenance, reconstruction de la généalogie, reprise des morceaux du puzzle, de l'émancipation comme de la domination…

Pourquoi un homme est-il dispensé d'écrire sur son sexe ?

Simone de Beauvoir ne dispense pas les hommes, elle dit qu'ils n'auraient pas « l'idée » d'écrire… Par là s'ouvre la question du « qui » pense, ou agit. Il n'y a pas d'ange, dit-elle ; à quoi, en écho, on posera la question de l'intellectuel : « se mêler » ou ne pas se mêler de ce qui nous regarde, pour reprendre une formule sartrienne. Simone de Beauvoir se mêle de ce qui la regarde, les femmes, la vieillesse.

Michel Foucault proposait, et j'y souscris, d'être des intellectuels spécifiques, de se placer – penser ou agir – à partir d'un savoir précis, situé. Alors, quiconque peut écrire sur le sexe, son sexe.

Que voulez-vous dire quand vous écrivez : « Ni Germaine de Staël ni Virginia Woolf n'ont eu ce sens du partage avec d'autres femmes "éclairées" » ?

Chez ces deux écrivaines, je puise régulièrement de l'énergie. Simone de Beauvoir, je la situe ailleurs, dans cette lucidité étonnante du lien entre le « une femme » sûre de la conquête des privilèges et « toutes les femmes » à qui ce privilège doit être restitué. À partir de là commencent les difficultés, explorées dans *À côté du genre,* celle de la « contradiction démocratique d'une société sexuée », du « contretemps » de l'émancipation des femmes, d'un « devenir sujet » qui coexiste avec la « permanence de l'objet ». Mon ambition est de contribuer au « dérèglement des représentations » que l'égalité des sexes introduit, dans l'art comme dans la vie.

Pensez-vous que nous soyons dans une période de régression, non seulement du féminisme, mais de la situation des femmes dans les pays occidentaux ?

Oui.

CE QUE L'ÉGALITÉ FAIT À L'IMAGINAIRE, CE QUE L'ÉGALITÉ FAIT AU SYMBOLIQUE*

La philosophie morale encercle les débats dits de société ; le bien et le mal sont des repères obligés. Or le débat moral esquive l'historicité de l'égalité des sexes.

Alors ma proposition, sur un tout autre registre : l'« affaire DSK » ne dépend ni d'un débat moral sur la bonne et la mauvaise sexualité ni de la ritournelle sur l'inévitable frontière entre vie privée et espace public. Il suffit juste de prendre au sérieux le mot « égalité », celui de l'égalité des sexes, et de voir son effet théorique et politique sur des affaires classiques de la vie humaine, la vie sexuelle et le statut de l'intimité…

D'ABORD L'IMAGINAIRE…

Pas de sexualité sans fantasmes, sans rapports improbables, sans limites décentes franchies. Oui, le sexe a à voir avec l'excès plutôt qu'avec la maîtrise. Alors que peut produire l'égalité dans ce lieu de l'imaginaire qui est aussi un espace réel ?

---

* *Regards*, juillet-août 2011. Paru sous le titre « Une si désirable égalité des sexes ».

On se souvient que le mariage fut longtemps le garant de cette situation risquée, celle du rapport sexuel. Du point de vue d'aujourd'hui, la question est plus globale, l'institution de la relation sexuelle est marginalisée et c'est pourquoi tout le monde est obsédé par la « frontière » entre public et privé. Or le débat est ailleurs.

Deux remarques : la première est simple, elle touche au consentement dans sa mutualité, sa symétrie. C'est cela l'égalité : non pas la vérification du bon (ou mauvais) consentement – dont on sait que seul le sujet, en connaît la teneur, « de vous à vous-même », comme dit Pascal –, de sa véracité ou de sa contrainte, mais l'égal vis-à-vis, le jeu du même plan entre deux personnes, pour un oui, ou pour un non.

On sait aussi que la hiérarchie est tapie dans nos gestes, la hiérarchie des consentements (adhérer ou accepter ?), la hiérarchie du service domestique, héritage des temps anté-démocratiques. Mais l'horizontalité de l'égalité, mutualité, symétrie, est le présent politique contemporain ; et pourtant encore neuf si l'on en croit les réactions aux affaires récentes.

De l'égalité en plein dans cet espace imaginaire de la vie sexuelle ? Oui. Alors plus personne n'a à craindre qu'une frontière entre privée et public soit mal tracée. Ce n'est pas la vie privée, intime, qui est en danger, c'est le risque du partage qu'il faut accepter, celui de l'égalité face à l'imaginaire du sexuel. C'est simple, et c'est tout.

Puis le symbolique...

La mixité culturelle et libertine de l'Ancien Régime aurait fabriqué, dit-on, une tradition française ? Non, c'est prendre l'effet pour la cause. Le temps précédant la démocratie post-révolutionnaire fut peut-être le creuset du plaisir d'une vie sociale emplie de désirs équilibrés ; il fut aussi celui du sceau monarchique de la masculinité divine qui indique clairement la symbolique du côté d'un seul sexe. La puissance abstraite de l'incarnation de Dieu sur la terre, doublée d'une référence à la transmission du trône de mâle en mâle (inscrite dans la loi par un décret d'octobre 1789), a doté le pouvoir politique d'un fort coefficient sexué.

Ainsi, aujourd'hui encore, tout ce qui touche au pouvoir, ici, en France, s'adosse à la symbolique masculine. Gageons que notre liberté des mœurs en est simplement le complément dans le réel : comme une affaire d'équilibre, la rigueur symbolique se compense d'arrangements concrets.

Alors les pouvoirs, politiques, médiatiques, académiques aussi, sont bien l'héritage d'une capacité de droit divin si joliment renforcé par la transmission (établie par la Révolution, je le souligne) masculine… En somme, je vous parle de l'envers du décor : derrière la galanterie et la mixité du salon d'Ancien Régime, la certitude du sexe du dominant. Alors le féminisme se comprend comme une simple proposition d'égalité, y compris dans les lieux de pouvoir.

Je traîne depuis trop longtemps dans la pensée féministe, vaille que vaille, pour ignorer l'âpreté de l'affrontement. L'enjeu ? Ne pas toucher au symbolique, nous amuser avec un peu de querelle sur la mixité à la française, et ne pas parler d'égalité.

Ce que l'égalité des sexes peut faire au symbolique, c'est comme un crime de lèse-majesté… Mais si l'égalité intervient comme outil politique des relations humaines, alors l'espace domestique sera reconnu, comme l'espace public, comme un lieu de pouvoir, donc de partage de ce pouvoir.

Alors on se souviendra de Kant et on le laissera derrière nous : il nous dit qu'une personne, dans le désir, devient chose ? Non, elle est un sujet désirant qui est aussi objet de désir. On peut être sujet et objet dans le jeu du sexe. Mais l'objet du désir n'a rien à voir avec la chose. Une femme violée n'a pas été traitée en objet (voire en marchandise), mais bien en chose. Cette distinction est cruciale. Et cette inégalité de traitement, entre une personne et une chose, peut être mortelle. C'est pourquoi l'égalité de sexes est si désirable…

AFFAIRE DSK : LE FAIT DIVERS, C'EST DU POLITIQUE*

Cinq idées, cinq bornes sur le chemin du politique contemporain. La spectaculaire « affaire DSK » est ici centrale et non périphérique… Tel est mon propos, ma proposition de réflexion.

L'histoire du service, du service domestique, vient en amont de notre démocratie. Que devient cette situation ancestrale après la Révolution française ? Il est toujours utile de rappeler que Proudhon, penseur du mouvement ouvrier, classait les femmes en *« courtisane ou ménagère »*. Or la citation se complète d'un *« et non pas servante »*. Dans son monde de l'égalité sociale, il y aura du sexe et du ménage, mais pas de domestique ! Or le troisième terme, « la servante », disparaît dans la saga socialiste : « putain ou maman », mais pas domestique, cela ferait désordre dans l'attribution des places sexuées du monde à venir. Les femmes, avant d'être des personnes (travailleuses ou citoyennes), ont un statut : ménagère, prostituée, servante. Au XXe siècle, la servante laisse place à l'emploi de service, à la « femme de ménage ». On passe donc du statut à la fonction. Mais de la femme et du ménage,

---

* *Libération*, 9 août 2011.

qu'en dit la pensée démocratique ? Le service implique la hiérarchie. On en pense quoi, en politique ?

L'histoire du consentement de l'individu contemporain se pense au présent de notre démocratie : la généalogie politique du citoyen, avec la volonté d'adhérer au contrat social et la reconnaissance du consentement mutuel pour se marier, et surtout pour divorcer. Il y a bien là une personne juridique, celle qui contracte, qui dit oui ou qui dit non. Personnage abstrait, abstrait de toute contingence de sexe, de classe, de race, d'emploi. Or la position juridique de la personne qui consent se double, n'en déplaise au libéralisme politique, d'une situation donnée. Alors le consentement individuel (pas seulement sexuel) apparaît dans une complexité remarquable et qui prend la forme d'un cube : trois histoires possibles, l'union sexuelle ou conjugale, le contrat social dans son ensemble, et l'individu contemporain dans son autonomie. Et à chaque fois deux possibilités à ce consentement : libre ou éclairé, tacite ou explicite ; et puis une alternative toujours présente : donner ou arracher un consentement, choisir ou accepter le rapport à l'autre… Consentir : nous n'avons pas fini d'en parcourir les arcanes ; nous n'y trouverons aucune vérité (le bon ou le mauvais consentement…) mais nous comprendrons que ce mot ne saurait suffire à donner une bonne ou une mauvaise conscience politique. Dire oui ou dire non, c'est bien ; mais à qui, à quoi ?

L'histoire de la frontière privé-public, fil rouge passé, présent ou futur, dans la dynamique démocratique. Que cachent les cris de celles et ceux qui défendent une frontière entre les deux espaces, les deux vies ? Une réalité simple, et visiblement dérangeante : les deux lieux, privé et public, marchent ensemble, dans un régime démocratique comme dans un régime monarchique. Mais la démocratie fait rupture dans ce qu'elle rend possible, à savoir l'égalité, l'égalité sociale certes, mais aussi l'égalité entre les femmes et les hommes. Or cela change tout : la notion d'égalité peut s'introduire jusque dans la chambre à coucher. Peu importe que cela soit visible ou pas, ou que le privé se confonde avec l'intime. Penser l'égalité sexuelle est un enjeu important. On comprend que le penseur du *Contrat social* veuille tenir hors d'atteinte du politique l'espace conjugal et domestique. Le geste de Rousseau est limpide : l'analogie entre famille et cité (père et roi) est obsolète. En effet si père et monarchie vont tranquillement de pair, on ne saurait imaginer, à l'inverse, que l'égalité citoyenne inspire et produise de l'égalité conjugale. Tocqueville puis Alain diront de même. Or, la démocratie n'a pas à maintenir une frontière entre privé et public, mais à établir une cohérence entre les deux.

L'histoire de la France sert d'argument au présent féministe : on aime le jeu de positions entre les deux côtés de l'Atlantique, avec distribution des cartes de la radicalité de l'émancipation des femmes (modérée ou intransigeante). Il y aurait un féminisme français adossé à une galanterie politique, sociale, domestique, légendaire, et un féminisme anglo-saxon fait d'affrontement catégoriel de sexe à sexe. Il y aurait une mixité de bon aloi, opposée à une logique clairement revendicative. Or le féminisme français, né à l'ère post-révolutionnaire, nous explique le mécanisme de la domination masculine comme un tout :

la galanterie, ou mixité, est le contrepoint d'un pouvoir masculin fortement symbolique. Le réel de nos bonnes mœurs est comme la compensation d'un absolutisme marqué d'un seul sexe, le sexe mâle ; le réel convivial est la pratique d'une soumission à une domination masculine d'autant plus puissante. Symbolique et transcendance masculine ne sont supportées que par un jeu de rôles et d'agrément entre les deux sexes. En bref, il s'agit d'un recto verso de la domination, pas d'une tradition meilleure qu'une autre. L'intérêt de l'histoire ? Loin d'un service idéologique, la conscience d'un enjeu politique, celui de l'émancipation des femmes.

Un fait divers ne fait pas de la politique, dit-on avec insistance. Deux remarques, pour finir : la reconnaissance du viol appartient à l'actualité de notre temps (la personne et son consentement ; le corps à soi, entre être et avoir). Oui, mais la sexualité se tient hors de la grande histoire, ajoute-t-on alors.

C'est peut-être vite dit. Je ne conteste pas la hiérarchie des affaires, affaires du monde, affaires de sexe. Mais l'économie qui pense les échanges, les moyens d'échange, les lieux de l'échange, ne saurait être indifférente à ce qu'un fait divers change la politique. On disputait jadis pour savoir si ce sont les hommes ou les structures qui font l'histoire. Que les sexes fassent l'histoire pourrait aussi être entendu sérieusement, politiquement. Ceux qui dénoncent une « instrumentalisation » de cette affaire sont sourds à l'histoire humaine : les sexes sont une monnaie d'échange, y compris en politique.

L'IRONIE DU SERVICE*

Le service domestique, ménage traditionnel ou soin du vulnérable, relève de l'ironie, ironie d'une question sociale difficile (servir ?), embarrassante (l'égalité des sexes…) et politiquement provocatrice. Sa critique s'avère improbable. Le travail domestique est un irréductible de la vie quotidienne de l'espèce humaine, et l'exploitation des femmes, domestiques salariées ou femmes au foyer, reste invisible pour beaucoup de monde. L'ironie désigne donc l'opacité du problème autant que la solution introuvable. La « question » du service domestique ne permet pas de réponse facile, et son analyse n'a pas le droit d'éviter paradoxes et contradictions.

Aujourd'hui, deux chemins de traverse sont d'actualité, deux chemins où la question démocratique se mêle à la vie privée : un événement – la rébellion d'une employée d'un grand hôtel – d'un côté[1], et un débat, l'utopie du service à la personne, de l'autre.

L'irruption de femmes de chambre dans l'espace public est toujours une image forte. Dans les rues de New York, en mai 2011, leur manifestation en marge d'une

* *Le Monde diplomatique*, septembre 2011. Paru sous le titre : « Éternelles invisibles ».

1. Lire Rachel Sherman, « Grands hôtes, maîtres et valets », *Le Monde diplomatique*, juillet 2011.

audience judiciaire dans l'affaire Strauss-Kahn fut décrite comme une manipulation syndicale, tant l'image de ces travailleuses, femmes de chambre et de ménage, est nécessairement celle de femmes isolées, d'une présence émiettée dans les espaces hôteliers. Elles ont franchi une frontière, une barrière : celle des murs de la vie privée et intime, d'une maison particulière ou d'un hôtel. Franchir la ligne de séparation entre le privé et le public est un acte transgressif. À l'espace public correspond une parole collective, un slogan – ici « *Shame on you* », « honte à toi », adressé à l'homme puissant supposé agresseur.

Espace public, parole publique : les domestiques, femmes de service, n'y ont pas accès ; et pourtant, elles sont « des travailleuses comme les autres », disent-elles depuis plus d'un siècle, depuis la naissance du syndicalisme. Du Syndicat des gens de maison, à la fin du XIXe siècle, à la section employées de maison de la Confédération française démocratique du travail (CFDT) dans les années 1970, puis au manifeste brésilien des domestiques adressé à l'Organisation internationale du travail (OIT) en juin 2011, le projet politique et anthropologique de ces salariés est d'appartenir à la classe ouvrière et travailleuse. Rappelons que les ouvriers des années 1900 se méfiaient de cette revendication, venant de celles et ceux qui vivaient trop près des patrons…

Hors des murs domestiques : on les voyait jadis à l'extérieur des maisons, lorsque les services impliquaient des rôles d'apparat, portiers, chauffeurs ; on les a moins vus quand la « crise de la domesticité » survint à la fin du XIXe siècle, redoublée par la première guerre mondiale, et qu'il fallut se rabattre sur la simple « bonne », « bonne à tout faire ». Intéressant est alors le petit film de Charles-Lucien Lépine, *La Grève des bonnes* (1906), où un regroupement s'organise de l'espace familial vers le marché, jusqu'à la Bourse du travail et au commissariat ! La grève des bonnes imaginée hier, une manifestation de femmes de ménage bien réelle aujourd'hui : une expression politique presque incongrue au regard du lieu de notre imaginaire protégé, la chambre, l'appartement, la maison privée. On rappellera, à ce propos, les grèves récentes des femmes de ménage d'Arcade, sous-traitant d'Accor (2002)[1], et du Crowne Plaza à Paris (2010). Cette effraction politique – la présence dans la rue, la vie syndicale, la grève – illustre un paradoxe contemporain. Comment penser ensemble service et démocratie, hiérarchie domestique et égalité sociale ? Si les journalistes et les spectateurs furent sidérés par l'image de femmes de ménage devant un tribunal de New York, c'est parce que l'expression démocratique moderne se liait, sous leurs yeux, à l'archaïsme du service ancestral, fort d'une tradition vieille comme le monde lui-même : le serviteur, la servante est un archétype inoxydable. En deçà de la dialectique hégélienne du maître et de l'esclave, qui signe le rapport et la lutte possibles, en deçà du jeu des dramaturges du siècle des Lumières qui, de Marivaux à Beaumarchais, aiment inverser les rôles entre domestiques et maîtres, le serviteur est une catégorie sociale hybride : dans et hors de la famille, familier et étranger, pauvre et vivant chez les riches… Il

1. Cf. le film d'Ivora Cusack, *Remue-ménage dans la sous-traitance* (2008), 360° et même plus, 2011.

est en outre situé (voyez Aristote) avec les femmes et les enfants.

On sait aussi que le domestique (masculin) n'est pas citoyen sous la Révolution française. Comme il dépend d'autrui, son autonomie politique individuelle est évidemment problématique. On ne s'étonnera pas, alors, qu'une femme de ménage soit d'abord sans visage : depuis vingt-cinq siècles, la « servante de Thrace » dont parlent les philosophes n'a pas de nom. La servante de Thrace est connue pour rire quand Thalès le savant, tout occupé par les étoiles, tombe dans un puits. Elle n'a pas de nom car elle est interchangeable : elle est une fonction sociale, une nécessité domestique. Elle doit s'appeler « Marie », « Marie la bonne », écrit Léon Frapié dans un roman du début du XXe siècle bien nommé *La Figurante* (1908). Mais pourquoi l'homme puissant, politique ou savant, a-t-il un nom, ou un visage ?

Tandis que l'effraction politique nous rappelle l'archaïsme de la figure de la servante, un débat s'ouvre sur la nécessité du « service à la personne », du soin, du *care,* de la sollicitude, du lien à construire et à reconstruire entre les générations et entre les individus atomisés de la société contemporaine. Il ne s'agit plus, désormais, de « servir » quelqu'un de plus privilégié que soi, mais de « rendre un service » nécessaire à autrui. Le service à la personne déplace radicalement le regard, en le faisant porter sur celle, ou celui, à qui on rend service. La convention collective désigne désormais la personne en situation de service comme « le salarié du particulier employeur ». On appréciera la périphrase.

La volonté de supprimer le terme de « service » s'inscrit dans une longue histoire terminologique. On avait proposé les termes d'« employée de maison », puis d'« emploi familial », pour échapper au stigmate de la « bonne » ou pour conjurer la disqualification de la « femme de ménage ». L'enjeu était, encore une fois, d'intégrer la personne « en service » au monde global de l'emploi contemporain. Reste à distinguer utilement, ici, la femme de chambre d'un grand hôtel de la femme de ménage qui bricole un temps partiel, un sous-emploi. Reste aussi à préciser que le soin d'une personne âgée n'est pas du travail ménager, même si la confusion rôde souvent.

On peut graduer les travaux dits « de service » du plus agréable (l'humain) au plus désagréable (la saleté), on peut faire la part de la nécessaire solidarité humaine et de l'inéluctable oppression sociale. N'empêche : la sexuation de l'histoire du service ne peut s'effacer. On pourrait même avancer l'idée qu'il n'a jamais été aussi féminin qu'à notre époque. Faut-il dire encore et à nouveau que le service domestique prend racine dans le travail domestique « gratuit » des femmes ? Faut-il toujours se souvenir que certaines sont payées pour faire ce que d'autres exécutent gratuitement (ménage ou soin) ? Comment ne pas s'étonner que cette part de notre vie reste comme un tabou politique ? « Tabou politique », car la confrontation entre gratuité et salariat est aiguisée par l'époque contemporaine qui a fait de l'autonomie économique de l'individu un repère essentiel.

Ainsi, paradoxalement, la féminisation croissante de cet emploi est liée à l'histoire du XXe siècle, au développement du salariat d'une part et à la tentative de professionnalisation de la maîtresse de maison d'autre part. Il faut, alors, s'étonner sérieusement que le salarié du « particulier employeur » soit présenté comme une personne neutre, asexuée, alors qu'il s'agit aujourd'hui, concrètement, à 98 % de femmes.

Malgré tout, cette perspective nouvelle inciterait à réfléchir autrement : les débats sur le soin et la sollicitude, le *care* et le souci d'autrui vulnérable, ne transforment-ils pas en profondeur le statut, le rôle, la fonction de la personne qui se met « au service de » ? On sait que la hiérarchie sociale, imposée par le rapport entre maître et serviteur, ou maîtresse et servante, a traversé les régimes politiques, et que, si elle fut une évidence pour la société monarchique, elle ne semble pas l'être moins pour une société démocratique soucieuse d'égalité. D'où les enjeux théoriques et politiques de notre actualité : comment mettre en œuvre une organisation sociale adaptée à l'allongement de la vie et à la demande accrue de garde d'enfants en transformant une subordination ancestrale en utilité sociale ? Ou, au contraire – et les tenants du *care* nous y invitent fortement –, comment renouveler l'espoir démocratique en pensant le service non comme soumission et servitude, mais comme don et lien ? En ce cas, l'absence de symétrie, l'impensable égalité entre le servant et le servi n'a aucun sens, et ne fait pas un problème politique. D'ailleurs, nous dit-on, le service à la personne souligne que le faible est la personne servie, et non le servant. Alors l'utilité sociale et la solidarité entre individus isolés forment, ensemble, l'horizon d'un changement de société. Notons cependant que celui qui sert est également en situation de vulnérabilité. Le service à la personne est donc une relation entre deux vulnérables.

On aperçoit clairement le pari politique : refaire du lien social, redonner à ce lien un sens, serait pensable à partir du lieu même du travail primitif, le service. Retournement complet de situation, par conséquent : si le service perdit de son importance au siècle dernier, il redeviendrait un lieu central de la société à venir, éclairé éventuellement d'une subversion politique. Car il placerait d'emblée dans l'espace public ce qui relève d'une nécessité privée. De ce point de vue, la « frontière » entre les sphères publique et privée a une chance d'être repensée. À cela s'adjoint un deuxième pari : se soucier d'autrui comme vulnérable, malade, personne âgée, enfant en bas âge, permettrait de puiser dans le vivier de qualités humaines bien connues, historiquement féminines, domestiques, maternelles, puis de les faire circuler dans l'espace public, de les externaliser, comme on dit, en valorisant à l'extérieur du monde domestique des qualités dites ou reconnues comme féminines, dont on laisse ainsi imaginer qu'elles peuvent être dissociées du sexe qui les porte.

Jeanne Deroin, féministe radicale de la révolution de 1848, parlait déjà de ce « grand ménage mal administré de l'État » où elle comptait bien travailler à l'avenir. Elle proposait d'utiliser politiquement la valeur domestique hors du foyer. L'argument valait comme stratégie militante de persuasion, et ce paradoxe sert encore aujourd'hui dans de multiples lieux du politique ; mais on en sait la relativité, voire la nullité historique. Par ailleurs, la mixité de cet emploi de service n'est à l'ordre du jour que dans la pensée magique d'une société sans hiérarchie entre les sexes, sans domination masculine.

Deux pôles dessinent, désormais, le champ de cette notion de service : l'archaïque et le futur. D'un côté, on lit la vieille histoire de la servante tenue loin de l'espace public, du droit de porter plainte auprès de la justice, de manifester sa colère, de rire des puissants. De l'autre, on entend l'histoire renouvelée des qualités inépuisables du sexe féminin, disponible à tous points de vue, sexe et propreté, soin et nourriture, avec l'espoir de conjuguer, sans trop de frais égalitaires, vie privée et vie publique. Une seule certitude : le service à la personne n'est pas l'avenir de la mixité.

JE SUIS DU PARTI DU SAVOIR*

Inaugurée fin mai par le secrétariat général de l'enseignement catholique, relayée par Christine Boutin puis par 80 député-e-s de droite, soutenu-e-s par l'Association des familles catholiques et par 113 sénatrices et sénateurs, la polémique contre le genre a été portée à son comble (provisoire ?) par Jean-Marc Nesme. Le 6 septembre, ce député de l'UMP a en effet dénoncé « la promotion de l'idéologie du gender dans les manuels scolaires » auprès de la Mission interministérielle de vigilance et de lutte contre les dérives sectaires (Miviludes).

Les détracteurs et détractrices des nouveaux programmes et manuels de SVT en premières ES et L jugent que la mise en relief de la complexité des facteurs biologiques, sociaux et individuels sur lesquels reposent les identités sexuées et les sexualités serait préjudiciable à la construction identitaire des adolescent-e-s. Cet enseignement, arguent-ils/elles, ne serait nullement scientifique, il relèverait de la « théorie du genre », idéologie de provenance américaine – et homosexuelle, ajoutent certain-e-s – qui s'oppose aux dogmes de la dualité des sexes et de l'hétérosexualité comme sexualité normale et naturelle. Il « privilégie le

*Cet entretien, réalisé par Sylvie Duverger, est paru le 21 septembre 2011 sur le blog Féministes en tous genres. Entretiens et articles de chercheuses sur le genre et les sexualités, hébergé par le site du *Nouvel Observateur*.

genre considéré comme une pure construction sociale, sur la différence sexuelle », s'alarme Claude Berruer, adjoint au secrétaire général de l'enseignement catholique. Quant à Jean-Marc Nesme, il écrit au président de la Miviludes que, « derrière l'utilisation de l'expression "genre" au lieu du mot "sexe" se cache une idéologie qui cherche à éliminer l'idée que les êtres humains se divisent en deux sexes, c'est-à-dire en deux identités sexuelles distinctes », ce qui, estime-t-il, « risque de déstabiliser notamment les jeunes et les adolescents, et d'altérer leur développement, comme le soulignent des psychologues, des pédopsychiatres et des sociologues ».

Vous n'êtes vous-même nullement opposée à « l'acceptation des différences » que visent explicitement les nouveaux programmes. Cependant vous n'êtes pas pour autant une franche adepte du genre, à côté duquel vous continuez à vous situer. Que reprochez-vous pour votre part au concept de genre, et comment vous situez-vous au sein de la polémique actuelle ?

Dans votre question, vous suggérez la distinction entre le souci de la « sexualité » (diversité, orientation sexuelle) et l'innovation conceptuelle du « genre ». Vous soulignez également que je peux soutenir la reconnaissance de la diversité des orientations sexuelles tout en restant à distance de l'usage du mot « genre ». En revanche, si je résume les opposants aux nouveaux manuels scolaires, on peut dire qu'ils récusent le lien entre genre et sexualité dans une perspective d'enseignement, tout en ignorant la distinction entre le concept utile à la recherche et l'individu dans sa singularité. Par conséquent, s'adossant à cette contradiction, ils s'autorisent à énoncer qu'il ne s'agit ni de savoir ni de science, mais d'opinion et d'idéologie.

Pour commencer, je trouve qu'il faut affirmer le droit au savoir, choisir le « parti du savoir » comme dit un texte que j'ai cosigné dans *Le Monde* du 17 septembre[1], savoir en biologie comme savoir en philosophie. De plus, je pense qu'on peut défendre les orientations sexuelles sans mettre en péril l'organisation sociale. Telles sont mes deux propositions, l'une dit l'importance du savoir à offrir aux enfants et adolescent-e-s, l'autre dit la possibilité anthropologique des sexualités.

Reprenons les choses au point de départ : « genre » est un concept, un concept est un outil et non le contenu d'une proposition intellectuelle. Aucun contenu ne peut être sous-entendu. Quant à l'objet de la recherche usant du concept de genre, il est en cours de construction, depuis maintenant quatre décennies (en France, et pas seulement aux États-Unis). Pour beaucoup cependant, ce champ de savoir et de pensée reste illégitime, y compris dans les institutions scientifiques ; je peux en témoigner comme chercheuse[2]. Aussi, cela peut se comprendre quand on voit que dans l'histoire de la pensée, la « question des sexes » n'est pas identifiée comme telle. Discuter l'usage du concept de « genre », c'est affirmer qu'il ne peut suffire dans mon travail de recherche, parce que le mot « sexe » permet aussi de penser (et pas

1. Collectif, « Défendons les études de genre à l'école ! Les politiques n'ont pas à dire la vérité scientifique », *Le Monde*, 17 septembre 2011.
2. Voir « La différences des sexes », in *À côté du genre*, *op. cit.*, p. 13.

seulement dans son acception « sexe biologique »). Sexe et genre ne s'opposent pas comme la nature et la culture (en cela je me distingue de bien des collègues, je vais y revenir). Freud écrivait qu'il fallait privilégier le concept de libido sur celui d'éros. Heureusement que le XXe siècle ne l'a pas suivi sur ce point. Maintenez donc que le terme « sexe » est utile dans la pensée. Par ailleurs, ma méthode, et ses conséquences épistémologiques, privilégient, pour penser cette question sexe/genre, les concepts classiques (service, consentement, représentation, gouvernement, par exemple).

Pour contribuer à la construction d'un champ de pensée, mieux vaut le complexifier plutôt que le réduire. On évite ainsi les raccourcis dans la pensée. Contrairement à nos élus signataires des pétitions convaincus que « genre » et « homosexualité » forment un couple douteux, à maudire, les chercheurs savent bien que la sexualité et les sexualités ne sont qu'une partie du champ de recherche. Pour résumer : « Le genre est un concept philosophique neuf. Il s'emploie au singulier plutôt qu'au pluriel. Il déplace les sexes vers un espace de pensée prometteur. Mais il est à la fois une loupe grossissante et un écran trompeur ; un écran qui neutralise les femmes autant qu'une surface où s'écrivent les effets du sexe »[1].

En bref, si difficultés il y a, elles ne sont pas dans le fantasme du « genre sexuel », mais dans le patient travail de la recherche, toutes sciences confondues. On aime à dire qu'il y a un « retard » français en matière d'études de genre ; je dirais plutôt qu'il se manifeste un « blocage » ;

1. *Ibid.*, p. 10.

la polémique actuelle en est un symptôme parmi d'autres. Parler de « retard » arrange tout le monde : on sous-entend que la recherche française est inexistante et qu'elle ne se manifeste dans notre pays qu'en venant d'ailleurs. Or il existe, depuis longtemps, une production française. C'est pourquoi il s'agit d'un « blocage » chronique de la réception de cette production. En France, du monde politique au monde intellectuel, on observe, en effet, une indifférence, voire un mépris, de tout ce qui ferait de la question sexe/genre un espace d'intelligibilité du monde.

Alors le terme de « sexe » peut rester confronté au terme de « genre » sans que cela recoupe l'opposition entre nature et culture. En effet, l'opposition nature/culture est l'axe épistémologique de la polémique actuelle. Là-dessus, partisans et opposants aux manuels scolaires de cette rentrée sont d'accord : il y a le biologique, le naturel, et il y a le social, le construit. Or cette opposition n'est qu'un modèle de pensée, historiquement daté (plein XXe siècle) et susceptible d'être discuté, remanié, remis en cause. Pour ma part, je trouve ce schéma obsolète et rigide[1] ; surtout il empêche toute pensée de l'historicité, à moins de réduire l'histoire à la construction sociale ; ce qui est fort triste. La fabrique de l'histoire et la mécanique sociale gagnent à être distinguées pour mieux nous faire comprendre que les sexes font l'histoire justement ! On suppose ainsi une nature hors du temps, hors du temps scientifique qui plus est : l'homme et la femme, c'est Adam et Ève, ou Mars et Vénus. Ce sont donc les récits fondateurs, les récits anthropologiques qui parlent

1. *Ibid.*, par exemple p. 363.

en lieu et place de la biologie. Or la biologie, à notre époque, ne cesse de s'enrichir de nouvelles connaissances quant aux processus de sexuation et d'identité sexuelle.

Il n'y a donc pas d'un côté un savoir définitif (et atemporel), et de l'autre des représentations partisanes qu'on renverrait au cours de philosophie (merci aux détracteurs du genre pour cette représentation stupide de la philosophie !). Par ailleurs, si nous nous contentons du clivage entre nature et culture, on peut affirmer, et là je rejoins mes collègues, qu'au moins deux savoirs sont possibles, celui de la science exacte, et celui des sciences humaines ; je dis bien « savoir » et non idéologie. Dans les deux cas, ces savoirs sont intéressants à offrir à la jeunesse, l'un parce qu'il avance dans la lignée de l'évolutionnisme, d'un savoir des choses qui croise l'histoire, l'autre parce qu'il s'adosse à l'ère démocratique où nous vivons pour faire de l'égalité des sexes une condition de la réflexion. Dans les deux cas, il y a savoir ; et non d'un côté un ordre immuable qui, de la Bible au XXIe siècle, n'aurait qu'une chose à dire (« il y a deux sexes ») et de l'autre des opinions, idéologies et discours qui sous-entendent que la philosophie n'engage rien d'autre que l'individu-e philosophant.

Dernier point, essentiel : le mot savoir renvoie à l'instruction. Mettre des limites au savoir pouvant être offert aux élèves relève d'une aberration. Je peine à imaginer que le savoir puisse être nocif. Un manuel scolaire contribue au matériel nécessaire à l'instruction. Et puis, il y a l'éducation, distincte de l'instruction. Et l'éducation peut aussi appartenir à la vie de lycée. Témoin la circulaire datant de 2003 (la date est politiquement importante) demandant d'organiser une « éducation à la sexualité » ; à l'école primaire comme au lycée, précise la circulaire ; pour les petits et pour les grands, par conséquent. Où en est l'application de cette circulaire ? J'aimerais que nos élu-e-s enquêtent sur cet élément réel plutôt que de s'adonner à un angoissant imaginaire. Il me semble que ce type d'investigation relève de leurs responsabilités. En attendant, je me satisfais pleinement qu'on distingue l'éducation à la sexualité de l'instruction du savoir sur le genre (du biologique au philosophique en passant par toutes les disciplines concernées). Il faut les deux, l'instruction et l'éducation, dans des espaces et des temps scolaires précis. La polémique d'aujourd'hui est un symptôme de la confusion intellectuelle toujours complaisamment entretenue lorsqu'il s'agit de sexe et de genre. Voilà pourquoi je suis du parti du savoir ; et tel est l'enjeu politique.

Cette croisade anti-genre est contemporaine de l'affaire DSK. N'y a-t-il là selon vous que coïncidence ?

Toutes les coïncidences donnent à penser. La première, et la plus récente, est la coexistence de deux postures de l'Église catholique : pendant que certains députés croient au danger de l'homosexualité enseignée aux lycéens, des adultes meurtris dans leur enfance par la pédophilie d'ecclésiastiques attaquent la papauté. C'est troublant : l'homosexualité serait un vice socialement dangereux quand la pédophilie serait un vice institutionnellement pardonné.

Si rapprochement il doit y avoir avec l'affaire DSK, cela se situe du point de vue de la conscience que la question sexe/genre relève de l'espace public, et pas seulement du lieu privé (je n'ai pas dit l'intime)[1]. Oui, l'affaire DSK relève du public car elle pose des questions liées à la démocratie (le service domestique, le consentement, la frontière et le lien entre privé et public, l'histoire française de la domination masculine) ; oui le savoir sur le genre doit être porté à la connaissance des lycéens car il est ici question de science et non de conviction. La coïncidence révèle donc simplement l'importance intellectuelle, dans une démocratie, du débat sur la question « sexe/genre ». Il s'agit de comprendre ce que veut dire le mot « égalité ».

1. Cf. « Ce que l'égalité fait à l'imaginaire, ce que l'égalité fait au symbolique » (voir *supra*, p. 449-452) et « L'ironie du service » (voir *supra*, p. 457-464).

RÉVOLUTIONS ARABES : LA DÉMOCRATIE, INCOMPATIBLE AVEC LE DROIT DES FEMMES ?*

Au sujet du droit des femmes, dans l'après révolutions arabes, les commentateurs se focalisent sur la religion et la charia. Or la question me semble bien plus compliquée.

On peut distinguer deux perspectives, qui se rejoignent dans une réflexion sur les mécanismes de la mise en place de la démocratie.

1. L'égalité menacerait la différence entre les sexes

En travaillant sur le lendemain de la Révolution française, pour comprendre la naissance du féminisme collectif aux XIXe et XXe siècles, j'ai rapidement compris que les « humeurs » des hommes révolutionnaires contre l'action politique des femmes se fondaient sur de profondes résistances.

Au moment de l'installation de la pensée démocratique, on a soudainement du mal à imaginer que les femmes puissent être les égales des hommes. La vraie question politique est aussi philosophique : comment joindre,

* Le Plus (web du *Nouvel Observateur*), 4 novembre 2011. Transcription de Louise Pothier.

dans le réel, similitude des humains et différence des sexes ?

Si l'on installe la démocratie et que l'on est tous parfaitement égaux, la différence sexuée pourrait être mise en cause, ou tout au moins fragilisée. On comprend ainsi un défaut structurel de la démocratie : comment préserver la différence des sexes (l'amour qui est altérité, et non l'amitié qui efface les différences...). D'où de multiples freins, idéologiques et juridiques, pour stopper les revendications des femmes.

Et là, il n'est pas question de religion (qui sert d'ailleurs plutôt d'argument pour suspecter les femmes de dépendance), plutôt du fondement même de la pensée de l'égalité.

On rencontre ce problème chaque fois qu'il y a rupture du lien social, comme dans une révolution ou une guerre. Quand le lien social est historiquement ébranlé, la question du lien sexuel se pose toujours. La peur existentielle de l'homme face à l'égalité des sexes est extraordinaire ; et l'épouvantail de la rivalité, ou de la confusion (ce qui est à peu près la même chose) est brandie.

La représentation de la similitude choque quand on aborde la question sexuée. Et si l'on maintient la différence, on connaît les conséquences (hiérarchie et inégalités).

Quel est alors le rôle de la religion ? Elle est plus importante que jamais au XIXe siècle, et, en même temps, on s'en sert d'argument pour dénier aux femmes la capacité à être citoyenne : sur « les genoux de l'Église », comment voulez-vous qu'elles puissent voter en toute indépendance ? On rencontrait encore cette opinion il y a quelques décennies.

En Tunisie ou en Libye, le rappel de la religion, de son importance et de ses règles, sonne comme un paravent, un cache pour freiner la participation politique des femmes.

Dans le cas présent, la religion est la bienvenue ; on utilise la charia pour conserver la différence des sexes sous une autorité symbolique. Évidemment, l'histoire n'est pas la même ; ce qui précède la révolution arabe est une dictature (avec certains droits pour les femmes, le divorce par exemple), et non une monarchie (qui n'est pas fondée sur le droit individuel).

Importance politique du divorce dans notre histoire française : Louis de Bonald, artisan de l'interdiction du divorce au début du XIXe siècle (ce dernier avait été autorisé en 1792), écrivait que le divorce « menace » l'État. Oui, cela crée de l'autonomie, donc, potentiellement, de la citoyenneté…

Il y a quelques mois, j'ai retenu mon souffle en voyant toutes ces femmes prendre part aux révolutions. Car ce que l'on vit aujourd'hui suscite des réminiscences historiques. On marginalise les femmes dans un processus démocratique. D'où la formulation « démocratie exclusive »[1].

2. Les contretemps de l'émancipation des femmes

Il y a une deuxième perspective importante : si on observe le déroulement du XIXe siècle, on constate qu'il est dit

1. *Muse de la raison*, *op. cit.*

aux femmes qu'elles ne sont jamais dans le bon tempo. Et souvent leur demande d'émancipation est renvoyée à un « mauvais moment » politique. Ce que j'appelle le « contretemps » de l'émancipation des femmes : on leur dit qu'elles viennent trop tôt, ou, au contraire, trop tard…

Quand elles veulent être citoyennes, on les soupçonne d'ignorance, de soumission aux prêtres. Elles doivent donc rattraper leur supposé retard pour participer à l'histoire. D'abord l'éducation, ensuite les droits (civils et politiques).

Et quand elles militent pour la Révolution, on leur dit qu'il est plus urgent de faire lutte commune (lutte des classes), et que la question de l'égalité des sexes, de leurs droits, viendra plus tard. En ce cas, elles sont donc en avance ; et on leur demande de patienter. Leurs droits seront dans la corbeille du lendemain de la révolution…

Ainsi, sont-elles en avance ou en retard, mais jamais dans la bonne chronologie historique…

Cette stratégie argumentative renvoie simplement à de la domination masculine à l'œuvre. Grande question que de savoir si le dominant a conscience de sa pratique de la domination. On justifiait bien l'esclavage par la paresse.

La religion a donc bon dos aujourd'hui. Ou plutôt, la religion ne suffit pas à expliquer la marginalisation des femmes en Tunisie et en Libye. Même si on sait que tous les monothéismes fonctionnent de la même manière, du côté de la domination masculine.

Reprenant la généalogie de la démocratie, je pensais trouver des explications à l'histoire, celle de la domination, comme celle de l'émancipation. Mais je me serais bien passée de la voir à l'œuvre. Face aux révolutions arabes, je constate que nous sommes dans le même bateau…

De la même autrice

La liste des publications de l'autrice est consultable sur : www.cnrs.academia.edu/genevieveFraisse/

Femmes toutes mains. Essai sur le service domestique, Seuil, 1979 ; rééd. augmentée : *Service ou servitude. Essai sur les femmes toutes mains*, Points, 2009, 2021

Clémence Royer. Philosophe et femme de sciences, La découverte, 1984, 2002

Muse de la raison. Démocratie et exclusion des femmes en France, Alinéa, 1989 ; Gallimard, « Folio Histoire », 1995, 2017

Les femmes et leur histoire (reprise partielle de *La raison des femmes*, 1992), Gallimard, « Folio Histoire », 1998, 2019

Les deux gouvernements : la famille et la cité, Gallimard, 2000 ; coll. « Folio Histoire », 2001, 2019

Le mélange des sexes, Gallimard-Jeunesse, 2006

Du consentement, Seuil, 2007, édition augmentée 2017 ; Points, 2022

Le privilège de Simone de Beauvoir, Actes Sud, 2008 ; édition augmentée, Gallimard, « Folio essais », 2018

L'Europe des idées, suivi de *Touriste en démocratie, chronique d'une élue au Parlement européen, 1999-2004*, (avec Christine Guedj), France Culture/L'Harmattan, 2008

À côté du genre. Sexe et philosophie de l'égalité (reprise de *La différence des* sexes, 1996, *La controverse des sexes*, 2001, et autres textes), 2010 ; PUF, coll. « Quadrige », 2022

Les excès du genre. Concept, image, nudité, nouvelles éditions Lignes, 2014 ; Points, 2019

La sexuation du monde. Réflexions sur l'émancipation, Presses de Sciences Po, 2016

La suite de l'Histoire. Actrices, créatrices, Seuil, 2019

Féminisme et philosophie, Folio, 2020

Direction d'ouvrage

Histoire des femmes en Occident (avec Michelle Perrot), Volume IV (XIXe siècle), sous la direction de G. Duby et M. Perrot, Plon, 1991 ; Perrin, coll. « Tempus », 2002

En collaboration

Deux femmes au royaume des hommes (avec Roselyne Bachelot et la collaboration de Ghislaine Ottenheimer), Hachette littératures, 1999

Éditions

Opinions de femmes de la veille au lendemain de la Révolution française (M.-A. Gacon-Dufour, O. de Gouges, C. de Salm, A. Clément-Hémery, F. Raoul), édition et présentation, Côté-Femmes, 1989

Fanny Raoul, *Opinion d'une femme sur les femmes*, le passager clandestin, 2011

Choderlos de Laclos, *De l'éducation des femmes*, éditions des équateurs, 2018

Rapports d'initiative parlementaire

Théâtre et arts du spectacle dans l'Europe élargie, Parlement européen, 2002

Femmes et sport, Parlement européen, 2003

Ce livre a été imprimé en France par les imprimeries Corlet sur un papier certifié PEFC provenant de forêts gérées de façon durable et sous le label Imprim'Vert, qui garantit des pratiques respectueuses de l'environnement au sein de l'imprimerie. Nos publications sont diffusées par Harmonia Mundi, diffuseur et distributeur indépendant situé à Arles. Le passager clandestin est une Scop (société coopérative et participative) qui réunit trois éditrices. Ce livre est le résultat de leur travail organisé de manière collaborative, horizontale et joyeuse entre l'Ardèche, le Morbihan et le 18e arrondissement parisien.

PEFC
10-31-1510
Certifié PEFC
Ce produit est issu de forêts gérées durablement et de sources contrôlées.
pefc-france.org

IMPRIM'VERT®

IMPRIMÉ EN FRANCE

Dépôt légal : 3e trimestre 2022
Achevé d'imprimer en juillet 2022
sur les presses de l'imprimerie Corlet en Normandie

Numéro d'impression : 22050655
ISBN :978-2-36935-556-4